アルプス文化史

越境・交流・生成

踊 共二 [編]
Odori Tomoji

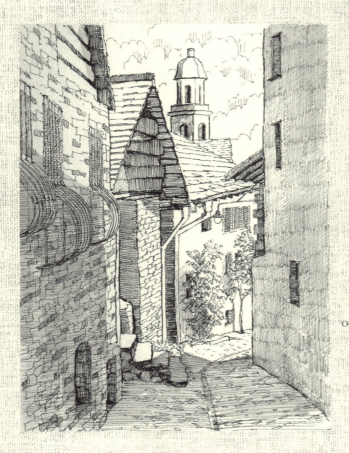

昭和堂

アルプス文化史

◎目次◎

序章 001

踊 共二

第1部◉人とモノ

1章 川と湖と峠道——アルプスの政治史 014

踊 共二

1 さまざまな境界 014

2 王家の故郷 017

3 スイスの誕生と成長 020

4 川と湖と峠道 026

5 13邦時代のスイス 027

2章 スイスの戦争と平和——永世中立への長い道のり 033

森田安一

1 現在の中立政策 033

2 中立の始まり 036

3 宗教改革と戦争 038

4 ルイ14世とスイス人傭兵 041

5 フランス革命からナポレオン体制へ 042

6 ウィーン体制 044

7 試練の中立 046

3章 工業化するスイス──チューリヒ農村の場合　050

渡辺孝次

- **1** 問屋制家内工業の特徴　051
- **2** オーバーラント地方への家内工業の普及　052
- **3** 結婚のあり方の変化と人口動態　059
- **4** 衣食住の変化　061
- **5** 改革派の倫理との関係　065

4章 スイス・アルプスへの旅──アルピニズム・鉄道・観光業　071

森本慶太

- **1** ツーリズムの黎明期
  ──アルプスの「発見」からアルピニズムへ　071
- **2** 近代ツーリズムの誕生──鉄道・ガイドブック・旅行会社　074
- **3** 「ベル・エポック」の時代──産業化するツーリズム　076
- **4** ツーリズムの「暗黒時代」　081
- **5** 現代マス・ツーリズムの展開　087

ケーススタディ

アルプスと地中海──ジュネーヴからマルセイユへ／深沢克己	090
都市民・農民の「名誉」文化──アルプスとその周辺地域／田中俊之	096
アルプス環境史の試み──川が結ぶ都市と森林／渡邉裕一	101
ヴァチカンのスイス衛兵──その衣装の成立／黒川祐子	106
アルプスの少女ハイジ──その世界観と歴史的背景／渡辺孝次	110
ホテル経営者ザイラーとツェルマットの観光開発／森本慶太	114

第2部◉思想と表象

5章 アルプス世界のルネサンス──南と北のあいだ　120

踊 共二

- **1** 概観　120
- **2** 旅するルネサンス人　122
- **3** 桂冠詩人　129

6章 宗教改革とカトリシズム──バロック文化の隆盛期まで　137

本間美奈

- **1** ツヴィングリとカルヴァン
  ──ヒューマニズムから宗教改革へ　138
- **2** スイス改革派教会とヨーロッパ──広がるネットワーク　141
- **3** アルプスのカトリック改革と宗教戦争　145
- **4** 行き交う亡命者──山を越え谷を縫って　148
- **5** アルプスのバロック文化　152

7章 アルプス発の文明批判──ジャン＝ジャック・ルソーの世界　160

小林淑憲

- **1** 『学問技芸論』における習俗批判　161
- **2** 『人間不平等起源論』における文明批判　165
- **3** 「サヴォワ人助任司祭の信仰告白」の課題　170
- **4** 無神論に対する批判　172
- **5** 「信仰告白」の思想と18世紀のカルヴィニズム　174

8章 ヨーロッパ世界のナショナリズムとアルプスの多民族国家 179

穐山洋子

1 19世紀のネーションについての理解　180

2 19世紀スイスのネーションついての考え方　183

3 スイスのナショナル・アイデンティティ　192

9章 アルプス絵画──その曙からたそがれまで　201

岡村民夫

1 初期フランドル派とコンラート・ヴィッツ　202

2 ルネサンスの巨匠たち　206

3 イギリス・ロマン主義とターナー　210

4 おわりに──スイスの画家たち　215

ケーススタディ

中世の巡礼路──銀嶺の世界からサンチャゴへ／猪刈由紀　222

異端者たちのアルプス越え──自由を求めたイタリア人／高津美和　228

知の交差点──大学と出版の町バーゼル／佐藤るみ子　232

飛び交うニュース──フッガー家の通信網とアルプス／栂香央里　238

改革思想を歌にのせて──活字と楽譜の伝達力／本間美奈　244

調和する不調和──ブルクハルトのヨーロッパ認識とスイス／森田猛　252

あとがき　257

索　引　259

執筆者紹介　270

序章

踊 共二

アルプスとは

　ヨーロッパのアルプス地域は、文明社会とは隔絶した険しい「自然世界」ないし「周縁」の印象を与える。しかし、そこには数多くの川と湖と峠道が毛細血管のように走っており、それらは（現代国家の名称を便宜的に用いれば）スイス・ドイツ・オーストリア・フランス・イタリアを結びつけ、人とモノを、また思想と表象を血液のように循環させてきた。それらの国々の彼方には、地中海・大西洋・北海・バルト海が広がっている。アルプス文化史はしたがってヨーロッパ文化史そのものでもある。

　地理学上のアルプス山脈は、西から説明すれば、地中海・リグリア海に臨む地域（イタリア北西部・フランス南東部）から始まる（見返しのアルプス地形図を参照）。海港都市ニースのすぐ北にアルプスは迫っているのである。よく知られているようにフランス南東部ではミストラルと呼ばれる北風がアルプスの冷たい空気を運んでくる。マルセイユもその影響を受ける。マルセイユはローヌ河口の東に位置する都市であるが、この川の源流はスイスにある。

　アルプス山脈はイタリアを囲むようにして北に延び、レマン湖の南からスイス方面に東に向かって続いている。この大山脈は西アルプス山脈と東アルプス山脈に分けられるが、両者が接するのはスイス東部（グラウビュンデン）である。東アルプス山脈はオーストリア、スロヴェニア方面に及ぶ。アルプス山脈全体の長さは約 1,200km である。ただし幅は 100 〜 200km であり、最高峰モンブランのような 4,000 m 級の高山があったとしても、深く刻まれた渓谷をたどり、川と湖を船で行き、最後には山道を歩いて 1,000 m 台の峠を越えるルートが古代から随所にあった。

なおアルプスの語源について述べれば、それは「高山」を意味する中世高地ドイツ語のアルベ（albe）に由来するという。ラテン語で「白い」という意味のアルブス（albus）も、白銀の高峰を連想させるため、アルプスの語源とされることがあるが、これは正しくないようである。

　ヨーロッパの人々は、古くからアルプスを通り抜けて旅をしてきた。それはたとえば商品を運ぶためであり、知識を得るためであり、戦争を遂行するためであり、和平の交渉を行うためであった。また布教を行うためであり、霊場におもむくためであった。

　アルプス山脈はヨーロッパ人にとってたしかに交通の障害であったが、その地理的位置は、それをのり越える努力をこの山脈の南北の、また東西の民に促してきた。アルプスはその自然的景観から受ける印象とは正反対に、古くから多くの旅人が到来し、さまざまな言葉が飛び交い、文化的な出会いと交流が起こった場所なのである。当然のことながら、そうした出会いと交流が新しいものの生成を促すこともしばしばであった（図1）。

アルプス研究の歩み──「周縁」論を超えて

　本書を編むさいにわれわれが参考にした「アルプス文化史」あるいは「山の歴史学」に関する先行研究を紹介しておこう。ただし、研究の蓄積は十分とはいえない。というのも、歴史家たちはむしろ「海」に熱い視線を注いできたからである。このことは、ヨーロッパを育てた母なる「地中海文明」や「大航海時代」といった歴史用語を想起すればすぐに了解されるであろう。「植民地」も「海外」という言葉を冠することが多い。

　そして何よりアナール学派のブローデルの名著『地中海』（1949年初版、参考文献①）が近年のヨーロッパ史研究の方向性を決定づけてきた。そのブローデルは「平地の都市」の文明からの「隔絶」の相のもとで「山岳」をとらえている。端的にいえば、ブローデルは「山岳」の歴史的意義を打ち消すところから「地中海」の研究を開始している。その大著の第1部は「まず初めに山地」と題する考察から始まる。「山々とは、地中海の貧しい地方、

図 1 ヨーロッパの交易路とアルプスの峠道（1500年頃）

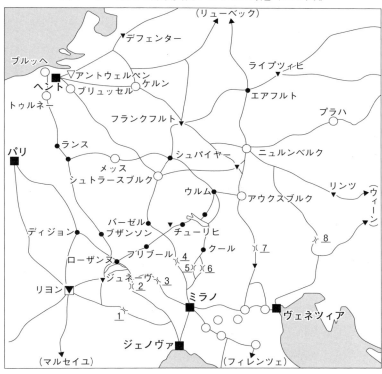

■▼ 人口 5 万人以上の都市
○▽ 人口 2〜5 万人の都市
●▼ その他の重要な都市
▼▽▼ 重要な大市開催都市
── 主要な交易路

1 モン・スニ峠
2 グラン・サン・ベルナール峠
3 シンプロン峠
4 ザンクト・ゴットハルト峠
5 シュプリューゲン峠
6 ゼプティマー峠
7 ブレンナー峠
8 ラートシュテッター・タウエルン峠

（注）U. Im Hof et al., *Geschichte der Schweiz und der Schweizer*, Basel: Schwabe 2006, S. 296 により作成。

地中海のプロレタリア予備軍」、「他人が使うための人間をつくりだすところ」、「文明普及の大きな流れの周縁」、「常軌を逸した文化［魔術］の特権的な避難所」（引用文中の［　］は編者の挿入である）。こうした言葉が、まさに「山」のように出てくるのが第1部である。それらはブローデルの山岳観を明快に示している（参考文献① 42、48、72頁）。都市文明史観に慣れ親しみ、農村を一種の「未開の地」とみなし、そこでどれほど合理的な農業経営や共同体自治が行われていても、都市世界の合理性には「劣る」と確信する歴史家たちは、ブローデルの山岳の章の内容は（たしかにそのとおりだと判断して）忘れてしまい、その先を読もうとする。

　しかしながらブローデルは、山岳はみな同じだとは主張してはいない。アルプス山脈は「その資源、集団的規律、そこに住む人間の特性、大きな街道が数多いという点で例外的な山なのだ」と力説しているのである。別の箇所では「山は自由の、デモクラシーの、農民共和国の避難所である」とも論じている。さらにまた、「地中海の生命力はきわめて強力であるので、必要に迫られると、敵意に満ちた山の起伏の障害を、数多くの地点で炸裂させる。アルプス山脈の23の山道のうち17はすでにローマ人によって利用されていた」と述べている（参考文献① 45、56、59頁）。

　この事実はきわめて重要である。海から山に、またその山の彼方に向かう人とモノ、思想と表象の流れはつねに太いものであった。しかし、それと同時に、その逆の流れ、つまり山から平地へ、そして海に向かう流れにも、われわれは注目しなければならない。それは自然の摂理によって高所から低所に向かう川の流れであり、それによって運ばれる人やモノ、思想や表象の流れである。

　ブローデルは山岳の歴史研究を掘り下げて行うことはなかったが、アナール学派に影響を与えたミシュレはすでに19世紀後半に『山』（1868年、参考文献②）という書物を著し、預言者ないし詩人のような語り口で、平原の都市の「粗野な精神」を批判し、「大いなる自然」を讃えつつ、山岳地帯の環境史ないし自然史を構想していた。そこには学術研究を超越した

要素もあるが、アルプスに関する歴史研究に多くの示唆を与えている。た
とえばアルプスの通行路の役割を論じた章でミシュレは、「一つのガリア
がイタリアに生まれ、一つのイタリアがガリアに生まれた。アルプスの両
側で同じ魂ができたのである」と述べている（参考文献②50頁）。ミシュレ
にとってアルプスは「周縁」でも「障害物」でもなく、「同じ魂」をもつ人々
が行き来してきた場所なのである。

　20世紀のアルプス（文化）史研究の金字塔は、ギショネ編『アルプスの
文明と歴史』（1980年、参考文献④）である。この論集は先史から現代まで
射程におさめ、地理・歴史・民俗からツーリズムまで扱っており、貴重な
基礎文献である。そのなかでたとえば歴史家ベルジエは、アルプス地域の
歴史のなかに「閉鎖」と「開放」のサイクルをみいだし、山岳地帯が「障
害物」になるか「開放された通路」になるかは時代状況によるとの認識を
示しており、きわめて示唆的である（参考文献④第1巻、163〜241頁）。

　ヴィアッツォの歴史人口学的な研究『高地の共同体』（1989年、参考文
献⑧）も、「閉鎖性」および「自立性」の問題を扱っている。なおポラー
ドの「周縁」論はアルプス史の先行研究に多くを負っている（参考文献
⑦）。彼はベルジエの論考を引きながら、中央スイスの山岳農村が家畜や
乳製品をイタリアのロンバルディアやフランスのブルゴーニュ、アルザ
ス、ドイツのシュヴァーベン、バイエルンなどに輸出していた時代には
この山岳地帯（生産地）は「中心」であり、平野部の諸地域（消費地）が「周
縁」であったと述べ、中心と周縁の関係を固定的に捉える歴史観を批判
している（参考文献⑦16、140頁）。この批判を真剣に受けとめれば、「通り
道」としてアルプス（の谷や峠）という位置づけにも修正の余地が生まれ
る。というのも、そこでは生産地・輸出国としての、また後述するツー
リズムの目的地としてのアルプス山岳農村世界の実像が見失われ、その
（ありうべき）中心性や求心力についての理解が妨げられることになるか
らである。

　ところで、20世紀のアルプス研究は、18世紀後半から19世紀の自然

科学的な高山研究、温度計や気圧計の発明と実用化、地理学や植物学の発達（とりわけドイツのアレクサンダー・フォン・フンボルトの業績）、地図学、地質学、地形学、気候学、雪氷学、20世紀からの人文地理学その他の学問的蓄積（参考文献③）のうえに行われたが、「地球環境」の問題が国際的に議論されるようになってからは、政治や外交の課題とも関わるようになった。70年代までは熱帯雨林の減少や砂漠化が世界的な話題となっていたが、やがて山岳地帯の環境破壊も注目されるようになり、スイスや日本を含む世界各地で国際会議が開かれるようになった。

そして1992年、リオデジャネイロで開かれた国連環境開発会議（地球サミット）の行動計画「アジェンダ21」に「持続可能な山地開発」と題する章がもうけられた。さらに2002年には、国連によって「国際山岳年」が提唱された。そうしたなか、多くの分野の研究者たちが山岳に関心を示すようになった。歴史学も同じである。スイスではルガーノのスイス・イタリア語圏大学（アルプス史研究所）やルツェルン大学でプロジェクトや個別的研究が進展している。

その両方に関係している代表的な研究者はヨン・マテューであり、彼は『アルプスの歴史——1500～1900年』（1998年初版、参考文献⑤）と『第三の次元——近代比較山岳史』（2011年、参考文献⑥）の刊行によって注目を集めている。マテューの論点は多岐にわたるが、先進的な平地の都市と遅れた山岳農村を対比させる古い歴史理解を多くの面で相対化しようとしている。ただしマテューは、山岳地帯を「自由」の砦とみなす歴史観にも批判的である。アルプス中央部や東部のグラウビュンデンでは山岳農民による共同体自治の高度な発達の例がある一方、アルプス西部のサヴォワ公国では君主による中央集権化の顕著な例がみられ、またオーストリア方面に目を転じるとケルンテンのように地方貴族による伝統的な農民支配（農奴制）の要素が強く残った地域もあるからである。

またマテューは、山岳地帯およびその前哨地帯における穀物栽培、牧畜、林業（都市への木材供給）、鉱山業、峠道の交通、租税制度、家族のあ

り方、移民の問題から高山の宗教的意味（神聖性）、冬季のスポーツ、五輪大会、ツーリズム（国際観光）の誕生と変遷、「スイス」と「アルプス」の記号化とその世界的普及、それらの表象のステレオタイプ化、さらには新しい山岳環境問題など、中世末期から近現代まで視野に収め、各種のテーマをひろく扱い、今後の研究の跳躍台を提供している。

アルプス文化史の現代的意義

　上述のように、アルプス山脈は複数の国・地域にまたがっている。本書においてとくに重視したいのは、近代国家の出現による「国境」の閉鎖化の時代になっても中立政策（全方位外交）ゆえに開かれた通路を諸国民に（平和を乱さないかぎり）提供してきたスイスという国である。しかもスイスは、19世紀後半以降、「通路」から「目的地」へと変貌を遂げた。その背景は鉄道時代の到来とツーリズムの隆盛、中立主義の確立と国際機関の集中である。この時代以降のスイスは、すでに確立していた工業力も支えとしながら、文化的発進力を増大させていった。

　本書の原稿を仕上げた2014年は、そのスイスが日本と出会い、修好通商条約を結んで150年の節目にあたる。本書にはその記念の意味もある。日本は海に囲まれた山国であり、スイスは山に囲まれた湖水の国であるから、地勢的には大きな違いがある。しかし、山岳地帯と平地と大きな海が「つながっている」という基本的な事実は同じである。

　ともあれ、ヨーロッパ的な視野で、あるいは世界史的な観点でアルプス地域における文化的な越境と交流と生成の諸相を探ろうとする本書の試みは、日本の歴史と現在を考える材料にもなるであろう。とりわけ、グローバル化とボーダレス化の不断の進行のなかでいやおうなく越境者たちと出会い、あるいは自ら越境者となって異文化間の衝突や交流を日常的に体験し、また何か新しいものの生成に立ち会っている人たちに、本書が少しでも役立つことを願ってやまない。

本書の構成とねらい

　本書の構成について述べれば、まず第1部は「人」と「モノ」に焦点を
あて、越境・交流・生成の視点でアルプス地域の文化史上の諸問題を扱っ
ている。1章から4章までのテーマは、中世以来のアルプス地域とりわけ
スイスにおける交通のあり方と国家形成（踊共二）、戦争・平和・中立（森
田安一）、工業化の端緒（渡辺孝次）、そしてアルピニズム・鉄道・観光産業
（森本慶太）である。6つのコラム記事は、各章の内容に関連しつつも独自
の観点で書かれた高密度の事例研究（ケーススタディ）である。そのため4
章の後にまとめて掲載してある。その内容は、ジュネーヴとマルセイユを
事例とした地中海・アルプス交流史（深沢克己）、「名誉」の観念を軸にし
た都市・農村文化論（田中俊之）、木材供給地であるレヒ川上流域と中世都
市アウクスブルクを事例とした環境史（渡邉裕一）、ヴァチカンのスイス衛
兵を事例とした服飾文化史論（黒川祐子）、『ハイジ』にあらわれた自然観・
社会観の考察（渡辺孝次）、ツェルマットを事例としたアルプスの観光地論
（森本慶太）である。

　第2部は「思想」と「表象」に注目したアルプス文化史であり、5章か
ら9章までのテーマは、ルネサンス（踊共二）、宗教改革とカトリシズム（本
間美奈）、啓蒙思想と文明批判（小林淑憲）、ナショナリズム（亀山洋子）、ア
ルプス絵画（岡村民夫）である。ケーススタディはアルプスを通る中世の
サンチャゴ巡礼路に関する考察（猪刈由紀）、近世イタリアの異端者たちの
アルプス越えに関する事例研究（高津美和）、バーゼルを事例とした大学史・
出版文化史（佐藤るみ子）、中近世のフッガー家を中心とするアルプスをま
たぐ通信史（梅香央里）、カルヴァンの詩篇歌を事例とする音楽文化交流史
（本間美奈）、ヤーコプ・ブルクハルトを事例とするヨーロッパ認識論（森
田猛）である。

　これらの9章と12のケーススタディをつうじて、われわれは越境・交流・
生成のアルプス文化史を探求するが、それらはヨーロッパ全体に共通する
要素（普遍性）と特殊アルプス的な要素（個性）の両方を浮き彫りにするこ

とになるであろう。ただし各章・各ケーススタディのなかには、実証的な研究成果だけを示し、事実をして語らしめる姿勢をとっているものもある。その場合は、読者自身がその先へと考察を進めてほしい。

ところで本書は政治制度や法制度、経済現象も文化史的視点でひろく扱っており、執筆者は歴史家に限定されず、政治や経済の専門家も含んでいる。それは本書のテーマ設定自体が学際的アプローチを求めているからである。

ミクロヒストリアの大切さ——無名の山村と世界史的事件

もうひとつだけ、本書の内容について補足的に記しておきたいことがある。それは本書には小さい村や町の名前が（記憶しきれないほど）たくさん出てくることである。このことは、歴史学がそもそも抽象化・概念化以前の事実認識を重んじる性格をもっているからであるが、アルプス地域には歴史にとり残されたようにみえながらも重要な役割のある（かつてあった）山村や小都市が無数に存在することにもよる。

たとえばスイス・グラウビュンデン州とイタリアの境界地帯にソーリオという村がある（図2）。人口200人あまりのこの村の「歴史」に関心をもつ人はほとんどいない。アルプスの絶景と古めかしい村の景観が最大の魅力であり、ここは何百年も前から静かで平和な場所だったにちがいないと感じられる。しかし、その村は前近代のグラウビュンデンを支配した門閥のひとつであるフォン・ザーリス家の出身地であり、歴史上の大事件に巻き込まれた歴史がある。

その記憶をとどめているのは、この村にあるホテル、パラッツォ・サーリスである。その建物は17世紀に活躍した騎士身分の門閥政治家バプティスタ・フォン・ザーリス（バッティスタ・デ・サーリス）の邸宅であったが、18世紀末にナポレオン軍が攻めてきたときに接収されてしまった。それまでザーリス家を含むグラウビュンデンの門閥たちは、ヴァルテッリーナと呼ばれる（ソーリオに隣接する）イタリアの谷も支配し、経済的収奪を

図 2　ソーリオの家並み（大場和夫画）

行ってきた（ヴァルテッリーナはブドウを豊かに産する土地である）。三十年戦争の時代にはその地にオーストリア、スペイン、フランスの侵略軍がやってきたが、グラウビュンデンの支配層は巧みな交渉によって支配権を保つことができた。しかし革命の名のもとに進軍してきたナポレオンにとって、ザーリス家のような「封建勢力」は打倒の対象でしかなく、彼らは亡命を余儀なくされた。その過程で、またそれ以前からも、北イタリアには多くの分家が生まれており、あちこちにその邸宅がある。

　編者はスイス国境に近いティラーノのサーリス邸を見学したことがあるが、それは宮殿と呼ぶべき壮麗な建物であり、そこでは伝統的なワイナリーが営まれ、催事場にもなっていた。経営者はその昔、ソーリオから出た一族の末裔である。

　こうしたミクロヒストリアは、越境・交流・生成のアルプス文化史の具体的事例として価値をもっている。われわれが無名の村や町に注目するの

は、未知の事例を丹念に掘り起こすためである。

　最後になったが、本書は幸いなことに編者の勤務する武蔵大学の出版助成を受けて上梓することができたので、ここに記して謝意を表したい。

参考文献

① ブローデル、フェルナン（浜名優美訳）『地中海Ⅰ　環境の役割』藤原書店、2004 年。
② ミシュレ、ジュール（大野一道訳）『山』藤原書店、1997 年。
③ グラウェルトゥ、ギュンター（佐々木博ほか訳）『アルプス──自然と文化』二宮書店、1980 年。
④ Guichonnet, Paul (dir.), *Histoire et Civilisations des Alpes*, 2 volumes, Toulouse: Priva/ Lausanne: Payot, 1980.
　先史から現代まで射程におさめたアルプス文化史の基本書（論文集）。自然環境についても詳しくわかる。
⑤ Mathieu, Jon, *Geschichte der Alpen 1500-1900*, Wien: Böhlau 1998.
　アルプス地域の歴史を近世から 19 世紀まで概観した書物。入門者用。
⑥ Mathieu, Jon, *Die Dritte Dimension. Eine vergleichende Geschichte der Berger in der Neuzeit*, Basel: Schwabe 2011.
　アルプスと世界の山岳地域を比較した「山」の文明史。
⑦ Pollard, Sidney, *Marginal Europe. The Contribution of Marginal Lands since the Middle Ages*, Oxford: Clarendon Press, 1997.
　アルプスを「周縁」ととらえる通説を批判する研究。中世から近代まで扱う。
⑧ Viazzo, Pier Paolo, *Upland Communities. Envilonment, Population and social Structure in the Alps since the sixteenth Century*, Cambridge UP, 1989.
　16 世紀のアルプスの村や町に関する歴史人口学的な研究。環境論を含む。

第1部
人とモノ

1章 川と湖と峠道
アルプスの政治史

踊 共二

はじめに

　アルプス山脈は天然の要害であり、人の住みやすい平地と別の平地を隔てる幅広い境界地帯である。古代ローマ帝国の支配者たちは、この地をゲルマン人の侵入を防ぐ砦としていた。アルプス山脈およびその手前のプレアルプスは、どうみてもヨーロッパ世界の国家形成の中心地ではなかった（プレアルプスはアルプス前方丘陵地帯のことであり、スイス中央部だけでなく、フランスと西部スイスにまたがるサヴォワ・プレアルプスやドイツ南部のバイエルン・プレアルプス、イタリア北部のヴェネト・プレアルプスの存在も忘れてはならない）。しかし中世以降の歴史を丹念に調べれば、そこはたんなる辺境ないし周縁ではなく、活発な国家形成（および再編成）の舞台であったことがわかる。

　この章では、アルプス山脈中部およびその南北にまたがるスイスの誕生と成長の過程をたどりながら、この地の歴史が、外部の諸勢力との衝突、交流、新しいものの生成を伴いながらダイナミックに展開していたことを示したい。

　なお本章は、政治のあり方も文化史の考察対象であるという認識にもとづいて書かれており、必要に応じて経済の動向にも言及している。中世国家の盛衰と農業・商業は密接に関係しているからである。いずれにしても文化史は芸術や文学や宗教を扱うだけでは成り立たない。それらは政治や経済から影響を受け、またそれらに影響を与えてきたからである。

1 さまざまな境界

　アルプス山脈の真ん中にはスイスがある。アルプスは東アルプス山脈と

図 1-1　アルプス地域の言語

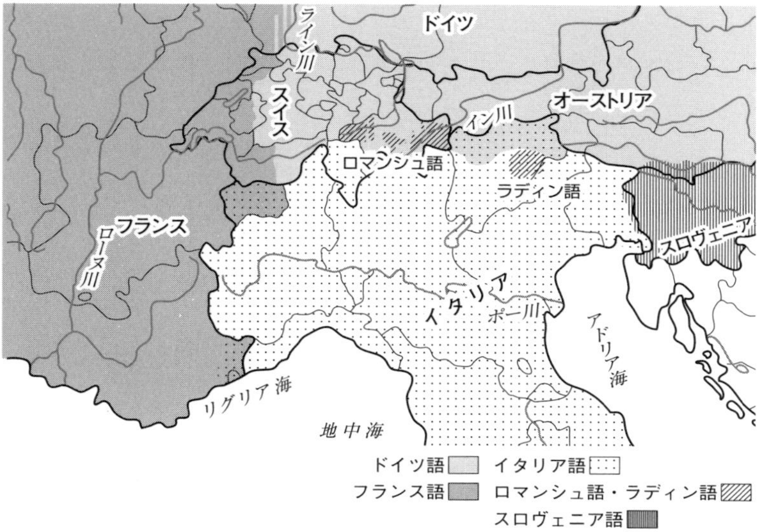

ドイツ

ライン川

スイス

オーストリア

イン川

ロマンシュ語

ラディン語

フランス

ローヌ川

スロヴェニア

イタリア

ポー川

アドリア海

リグリア海

地中海

ドイツ語 ■　イタリア語 ::::
フランス語 ■　ロマンシュ語・ラディン語 ////
スロヴェニア語 ■

（筆者作成）

西アルプス山脈に分かれるが、それらはスイスで出会う。

言語境界と政治的境界

　この地には、その地勢ゆえに多くの境界線が走っていた。たとえば言語の境界である。現在のドイツ語（ゲルマン語）とフランス語（ロマンス語）の境界は、その昔、7世紀から9世紀にかけてアーレ川とザーネ（サリーヌ）川の流れに沿って形成された（図1-1、図1-4）。

　すでに触れたように、スイス一帯は古代においてはローマ帝国の版図に含まれていたが、ライン川を渡って南進するゲルマン人たちの攻勢に耐えかねたローマ人たちは、4世紀末（最終的には401年）にアルプスの南に去っていった。すでに当時、いわゆるリーメス（ライン川とドナウ川をつなぐローマの防塁）はすでに境界の機能を失っており、アルプス山脈そのものが防壁であった。ゲルマン人はそれも越えて北イタリアに諸王国を築

いたのである。

しかしアルプス以北にもローマの文化と言語は残りつづけ、アルプスの深い谷にはドイツ語地域、フランス語地域、イタリア語地域が生まれることになった。

ロマンシュ語（イタリア語に近い独立の言語）の地域も忘れてはならない。そこはいまでこそスイスの一部であるが、元来ヘルウェティア（スイスの古称）の一部ではなく、ローマ属州時代はラエティアと称した。

宗教上の境界

中世におけるキリスト教化の進展にともなって成立した司教区の境界も重要である。その名を列挙すれば、コンスタンツ、ローザンヌ、バーゼル、クール、シオン、ジュネーヴ、ブザンソン、ノヴァラ、コモ、ミラノ（大司教区）である。それらは封建支配とも重なり合い、境界争いが頻発していた。なお司教区は言語境界とは一致しておらず、たとえばバーゼル司教区にはドイツ語圏とフランス語圏が含まれていた。

司教区とならんで修道院も境界問題を考えるうえで見過ごせない。西部ではサン・モーリス修道院、東部ではザンクト・ガレン修道院、聖ヨハネ修道院（ミュスタイア）などが重要である。サン・モーリス修道院はブルグント王国（西アルプス山脈の一部を支配したゲルマン国家）の王によって建てられたものであり、修道院は世俗支配の拠点でもあった。ザンクト・ガレン修道院はフランク王の庇護を受け、カール大帝（在位 768 ～ 814 年）の時代にヨーロッパ全体の文化的中心のひとつになった（カロリング・ルネサンス）。聖ヨハネ修道院もフランク王権にとって重要であり、この修道院にはグラウビュンデンの峠道を通ってイタリアに至る道を監視する役割もあった。修道院の重要性は 10 世紀のオットー大帝以後の神聖ローマ帝国（ドイツ）時代になっても変わらなかった。司教（区）も王権の世俗的支配の補強にとって有意義であり、司教や修道院長自身が領域支配を試み、諸侯の地位さえ手に入れた。中世の領域図はモザイクどころか三次元の立体図でなけ

れば示せない。

　宗教改革後に生まれた宗派の境界も重要である。それらは神聖ローマ帝国については領邦国家や帝国都市の、スイスについてはカントン（邦）の境とおおむね一致している。しかし、プロテスタントとカトリックが混在する多宗派地帯も多かった。

　いずれにしても、アルプス地域には幾重にも境界線が走っていた。その錯綜ぶりは、境界内の境界をあちこちに出現させ、それは越境、遭遇、交流の日常化をもたらしていた。重要なのはその点であり、アルプス地域とりわけスイス一帯が大陸ヨーロッパの中央部と地中海世界を結ぶ結節点であったこと、また政治的のみならず言語的・文化的な境界が複雑に走る場所であったことを思えば、けっしてそこは周縁とは呼べないであろう。もし「辺・境」という表現を使いうるとすれば、それは境界的状況ゆえに各種の交流の最前線となった場所、という意味においてである。

② 王家の故郷

　すでに部分的に言及したように、貴族（王族）の支配の境界もアルプス中央部、スイス一帯に縦横に走っていた。

　周知のように、ローマ帝国の支配が崩れた後は、フランク王国、ブルグント王国、ランゴバルド王国がしのぎを削って対立と融和を繰り返し、やがてはフランクの勝利と神聖ローマ帝国による支配権の継承（および西方のフランス王国の成立）が歴史の基本線となる。しかし地方の大貴族が台頭し、それぞれ境界線を引こうとする分散化の傾向も無視できない。そもそも神聖ローマ皇帝の地位も地方の大貴族が選挙によって獲得するものであった。

シュタウフェン家とブルゴーニュ公家
　たとえば12 〜 13世紀に貴族（騎士道）文化を開花させたシュタウフェン家はシュヴァーベン地方を本拠地としていた。なおこの家門は、帝国レ

図 1-2　中世アルプス世界の貴族領とスイス（14世紀後半）

（注）U. Im Hof, *Die Schweiz. Illustrierte Geschichte der Eidgenossenschaft*, Stuttgart: Kohlhammer 1984, S. 29 より作成。

ベルの「イタリア政策」の推進者でもあった。シュタウフェン家はアルプス地域と関係の深い西南ドイツから出た王家なのである。

　アルプス山脈西部についてはブルゴーニュ公家やサヴォワ公家、アルプス中央部とその北の平野部についてはハプスブルク家、アルプスのすぐ南側についてはミラノ公家が重要である。ブルゴーニュ公家は中世初期のブルグント王国の領地を受け継いでおり、フランス王家（カペー家やヴァロア家）の血筋を引く大貴族として栄えたが、現在のブルゴーニュ地域圏だけでなくアルザスやスイス西部にも領地をもっていた。

サヴォワ公家

ブルゴーニュ公国の南にはサヴォワ公（1424年以前は伯）の支配地が広がっていた。サヴォワ公は3つの峠（グラン・サン・ベルナール、プティ・サン・ベルナール、モン＝スニ）をおさえ、アルプスをまたいでピエモンテにも所領をもっていた。レマン湖周辺もサヴォワ家のものであり、モントルーの近くにあるシヨン城（レマン湖畔）も同家の支配下にあった。そこではアルプス交通の監視と関税の徴収が行われていた。

しかしこの城は1536年にスイス人（ベルンの軍勢）に奪われ、その後サヴォワ公国の首都もフランスのシャンベリからイタリアのトリノに移った。サヴォワ家（イタリア語ではサヴォイア家）は18世紀にサルディーニャ島を獲得したが、アルプスの「峠の国」ないし「山国」としての発展の後に「海洋国」の性格も強めた点は興味深い。

もちろんアルプス交通は地中海交通と接続しており、「峠の国」の時代にも人とモノの行き来は海と山の両方を経由してなされていた。しかも近世のサヴォワ公は現フランスのニースを領有しており、公たちはその海港を活用していた。

ところで、1871年にイタリア統一を成し遂げるヴィットーリオ・エマヌエーレ2世は、サヴォイア家から出た君主である。アルプスの北と南の歴史は中世においても近代においても深く関係しているのである。

ハプスブルク家

ハプスブルク家もアルプス中央部（スイス一帯）につねに力を及ぼしており、スイスの歴史はハプスブルク家の歴史であるといっても過言ではない。もともと同家はアルザスを拠点とする小貴族であったが、10世紀以降スイスのアールガウ、チューリヒ、ウーリ、ルツェルン方面に支配を広げていった。鷹の城（ハプスブルク）と呼ばれた居城はアールガウにあった。同家のルドルフ1世はドイツ王（神聖ローマ皇帝）となり、1282年にオーストリアに広大な領地を獲得してウィーンに拠点を移すが、アルザス・西南

ドイツの所領とオーストリアを結ぶ通路としてスイスの山岳地帯は重要でありつづけたので、支配を緩めようとはしなかった。このヨーロッパ有数の王家の故郷がアルプス地域にあり、家名の起こりはスイスにあったことは記憶されねばならない。

ミラノ公家

アルプスの南側に割拠したミラノ公（ヴィスコンティ家）も、中世アルプス世界の政治史における重要なアクターであり、その権力は神聖ローマ帝国に由来していた。現代スイスのティチーノ州（イタリア語圏）もミラノ公に支配された時代がある。ともあれアルプス世界（とくに西部と中央部）は、ヨーロッパ有数の権門の歴史が展開した場所であり、けっして「文明普及の大きな流れの周縁」（ブローデル、序章の参考文献①）ではなかった。

❸ スイスの誕生と成長

スイスという国名は、この国の中央部のシュヴィーツというカントン（州）の名に由来する（前近代については「邦」という用語を使う場合が多い。なおカントンはフランス語であり、ドイツ語ではオルトという）。

スイスの誕生

「建国」の年月日については複数の説がある。長らく信じられてきた1291年8月1日説は、現在の歴史学では不確かとされている。しかし、13世紀末から14世紀にかけて、アルプス山脈中央部にのちのスイスに発展する同盟組織が生まれていたのは事実である。その主体は王族や大貴族の支配を敬遠し、地方的な特権や経済的権益を守ろうとする在地勢力であった。

ハプスブルク支配下のウーリ、シュヴィーツ、ウンターヴァルデン（原初3邦）の「農民」がリュトリの草原で誓いをたて、「圧政」に抵抗して「自

由」を獲得し、1291年に「永久同盟」を締結したという建国伝説は、その立役者としてのウィリアム・テル（ドイツ語ではヴィルヘルム・テル）の実在とともに疑わしく、多分に創作を含んでいる。ただしテル伝説が広まった15世紀後半、スイスは現実に貴族（ハプスブルク家やブルゴーニュ公家）と正面から戦う平民国家に成長していた。建国伝説に出てくるゲスラーという「悪代官」の家名も架空のものではなく、14世紀前半からハプスブルク家に仕えて代官や宮廷顧問官を出した一族が実在している。

　しかし、上述の原初3邦の自立化は、かならずしも「圧政」への「抵抗」ではなかった。そもそも原初3邦の指導層は一握りのエリート集団であり、ウーリのアッティングハウゼン家やウンターヴァルデン（オプヴァルデン）のフンヴィル家のように身分的には（下級の）貴族であった。彼らは封建的支配秩序の内側にあり、ハプスブルク家との緊張関係の打開を他の大貴族による保護に求めていた。

　ウーリの渓谷共同体は1231年、ハプスブルク家からの解放を約束する「自由特許状」（皇帝以外の支配を受けない「帝国直属」の地位）を得たが、それは前述のシュタウフェン家が皇帝を出した時代のことである。シュタウフェン家はアルプスの峠道とりわけザンクト・ゴットハルト峠を使ってミラノやジェノヴァに至る交通路を確保しようとしており、そのために在地勢力を味方につけようとしていた。こうして渓谷共同体の牧人（農民）たちは、下級貴族の指導下、願ってもない特権を享受することになった。なお3邦すべての帝国直属を1309年に認めたのはルクセンブルク家の皇帝ハインリヒ7世である。さらに重要なのは、この皇帝が3邦全体を「帝国代官区」とし、アールガウの小貴族ヴェルナー・フォン・ホームベルクをその代官に任命していたことである。在地の有力者に率いられた3つの渓谷の民は、外来の帝国代官によって束ねられていたのである。

　最近の研究では、ハインリヒはこの体制によってイタリア侵攻のための軍事力を編成しようとしていたとも推測されている。また一説によれば、ハプスブルク家のオーストリア公レオポルト1世が1315年にシュヴィー

ツ領に攻め込んできたとき、シュヴィーツ側の軍勢の先頭には帝国代官フォン・ホームベルクが立っていた（モルガルテンの戦い）。牧人戦士が騎士軍を撃破したとされるこの戦いも、視野を広くとって観察すれば貴族どうしの争いでもある。また、このときハプスブルク支配下の都市ルツェルンやツーク、帝国都市チューリヒから馳せ参じてレオポルト軍に加わった騎士たちがいたことにも注目したい。のちに「スイス化」する都市も、このときにはスイスの敵だったのである。ともあれ「平民の共同体」対「悪しき貴族の封建支配」という二項対立的な図式は成り立たない。

山岳農村のエリートたち

　しかし、暴君を倒したテルの伝説が流布した15世紀後半以降の時代には、アルプスの谷に住む人々の社会にも変化が起こっており、貴族出身者ではないエリート層が力をもつようになっていた。牧畜、運送業（陸運と舟運）、傭兵業などに従事する大農たちである。なお家畜、食肉、ハードチーズなどは長距離輸送が可能であったため、アルプスの民は輸出業者でもあった。

　一方、穀物や塩は平野部からの輸入に頼っていた。傭兵は個々の兵士にとっては出稼ぎであり、それを組織する在地の指導層にとっては利益の大きな実業であった。それは王侯貴族相手の「外交」とも一体であった。その「得意先」にはフランス王もいればローマ教皇もいた。ともあれこの山岳農村の住民を中世ヨーロッパの平野部の「農奴」のイメージでとらえてはならない。そもそも、貴族の荘園支配がほとんど及ばない環境のなかで、アルプスの民の多くは自由民であり、貴族の特権とされる狩猟を日常的に行う誇り高き狩人でもあった。伝説のテルがクロスボウ（弩弓）の名手であったこと、貴族たちに物怖じしない態度をとったことは、そうした文化を背景として理解されねばならない。

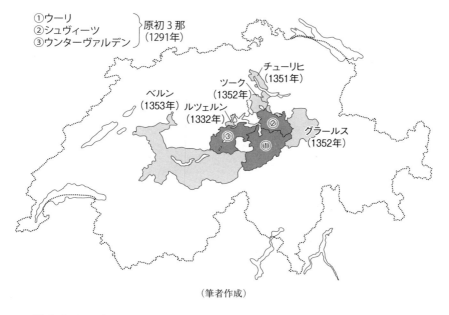

図 1-3　拡大するスイス（8 邦同盟の時代）

①ウーリ
②シュヴィーツ　｝原初 3 邦
③ウンターヴァルデン　（1291年）

チューリヒ（1351年）
ツーク（1352年）
ベルン（1353年）
ルツェルン（1332年）
グラールス（1352年）

（筆者作成）

拡大するスイス

　スイス原初 3 邦は 1315 年に「永久同盟」を更新（再確認）し、連帯の輪を都市にも広げ、ハプスブルク支配下の都市ルツェルンと同盟を締結する。それは 1332 年のことである。1351 年には帝国都市チューリヒと、1353 年には帝国都市ベルンとも同盟関係に入る。こうしてスイスは「農村邦」と「都市邦」の同盟組織になった。その間、農村邦グラールス、都市・農村の複合邦ツークも同盟に加わっていた（1352年）。スイス人はこれ以後、15 世紀後半まで「8 邦同盟時代」を過ごす（2 章、図 2-1 も参照）。

　このスイス拡大史は事実のレベルでは多くの概説に書かれているが、ここでは農村と都市の同盟締結はヨーロッパ史のなかで例外的な現象であったことを強調しておきたい（農村だけの自立的同盟組織はピレネー地方、ドーフィネ、フリースラント、ディトマルシェンにも存在していた）。

　チューリヒやベルンのような「帝国都市」でさえアルプス山岳農民の共

同体（原初3邦）を対等な同盟相手にしたのは、そもそも原初3邦が帝国代官に率いられた「帝国直属」の団体であり、代官が任命されなくなった時代にも特権を保ち、王や貴族と、また都市共同体とも交渉を行うことができる立場にあったからである。つまり「帝国代官のいない帝国代官区」であったからこそ、スイスは自立化の道を歩むことができたのである。

　もちろん都市にとって山岳地帯の峠道が通商上重要であったことや、山岳農村が乳製品の販路と穀物の輸入先を都市支配下の平野部に、またライン川以北の穀倉地帯に求めていたことも、農村と都市の同盟締結の経済的背景として重要である。なお、都市邦の支配地にも牧人たちがおり、牧草地の広域的な利用をめぐる取り決めやアルプスの道の整備、そして何より安全保障を都市邦と農村邦が共同で実現する必要があった。

　さらに15世紀前半には、諸邦が占領や購入によって獲得した「共同支配地」の統治も連帯を促進した（最初の共同支配地はハプスブルク家から奪ったアールガウ地方である）。このころスイス諸邦は「盟約者団会議」と呼ばれる使節会議を催し、共同支配地問題を含め、各種の案件について協議を行った。なお、共同支配地の統治は諸邦が交替で出す代官によって行われ、それは封建領主の支配と似かよっていた。ただし共同支配地内の小都市や村の自治権は比較的強かった。

　ところで、スイス諸邦とくにウーリはアルプスの南側への侵攻に意欲的であり、ミラノ公と争いながらイタリア語圏にも支配地を広げていった。そのさい言語の境界は問題ではなかった。たとえば都市ベルンの支配地もフランス語圏を含んでいた。そうした支配地の代官は通例バイリンガルであり、公文書も早くから複数言語で作成されていた。

スイス諸邦の統治形態

　中世のスイス諸邦は、それぞれが独立の共和国のようであり、その統治権力は都市邦の場合は市長、農村邦の場合は知事と呼ばれる首長によって代表されていた。ただし首長たちは、都市邦の場合も農村邦の場合も、合

議制の参事会とともに政治上、司法上の諸問題に対処していた。市民権の
ある住民が集う市民総会や、村民権のある住民が集う村民集会（ランツゲ
マインデ）を重視する地域もあった。

　なお参事会や市民総会、村民集会には「寄り合い」以上の力があった。
15世紀前半のスイス諸邦のほとんどは、高級裁判権（死刑や身体刑の判決・
執行の権限）、徴兵権、関税徴収権、貨幣鋳造権、森林支配権、狩猟権、漁
業権など、王権に由来する多くの特権を集積し、領邦君主に匹敵する力を
もっていたからである。

盟約者団の結束と内部対立

　スイス諸邦の人々は盟約者と自称し、彼らが支配する地域に住む者に
はハプスブルク家の臣民にも忠誠誓約を求めた。このアルプス中央部の
盟 約 者 団は軍事的にも強力であり、1474年にはブルゴーニュ公による
圧迫に苦しむアルザスの諸都市（バーゼル、シュトラースブルク、コルマール、
シュレットシュタット）を助け、当時ヨーロッパ最強といわれたブルゴー
ニュ軍をナンシーの戦いで撃破した（ブルゴーニュ戦争）。この戦争でスイ
ス側についた都市ゾロトゥルンとフリブールは1481年にスイスの一員と
なった（これによって10邦時代が始まる）。

　なお、この年スイス諸邦は、農村邦と都市邦の対立によって崩壊の危機
を経験した。問題は、市民たちによって支配されていた都市周辺の農村地
帯の反乱を農村邦（主権邦）が扇動し、自立を助けるといった内部対立に
あった。しかし、賢者の誉れ高い隠修士ニクラウス・フォン・フリューエ
（オプヴァルデンの元政治家）の仲裁によって都市邦の市民たちと農村邦の山
岳農民たちは和解し、スイス内の問題解決に武力を用いないことや反乱の
原因になる無許可の集会を取り締まることを約束したのであった（シュタ
ンス協定）。

図1-4 スイスの川と湖

1	ボーデン湖	2	ヴァーレン湖	3	アーレ川
4	フィーアヴァルトシュテッテ湖	5	マジョーレ湖
6	ルガーノ湖	7	ヌシャテル湖	8	レマン湖
9	リマト川	10	ティチーノ川	11	ビール湖(ビエンヌ湖)
12	ツーク湖	13	ロイス川	14	チューリヒ湖
15	リント川	16	イン川(エン川)	17	トゥーン湖
18	ライン川	19	ローヌ川	20	トゥール川
21	ブリエンツ湖	22	ムルテン湖(モラ湖)	23	ザーネ川(サリーヌ川)

(筆者作成)

4 川と湖と峠道

スイス諸都市の多くは水運に恵まれた場所にある。ルツェルンやチューリヒ、またベルンもそうである。

アルプスの水の都

ルツェルンはスイス中央部のフィーアヴァルトシュテッテ湖(ルツェルン湖)に面し、その水はロイス川に流れだし、ロイス川はアーレ川に合流する。そのアーレ川に面しているのがベルンである。そしてアーレ川はラ

イン川に合流する。チューリヒ湖から流れだして市街を二分するリマト川の水もアーレ川に合流してラインに流れ込む。ライン川はスイスの随所で急流や瀑布（滝）をつくりだしているが、バーゼルを過ぎると大河となって北をめざし、ヨーロッパを貫いて流れ、北海に注ぐ。

　チューリヒやルツェルン、ベルンはそれぞれ「水の都」であり、湖水、河水は人とモノを大量に運んでいた。イタリアからザンクト・ゴットハルト峠を越えてきた旅人は、スイス誕生の地を見守るフィーアヴァルトシュテッテ湖を舟で行き、ルツェルンに着いた。さらに北をめざす人たちは、ロイス川、アーレ川、ライン川を使い、また必要に応じて陸路も用いてバーゼルへ、そしてそこからドイツ・フランス各地、ネーデルラント、イングランド方面に旅した。バーゼルはアルプス世界の出入り口であった。

交通網と通信網

　ところで、フィーアヴァルトシュテッテ湖とは「4 森林邦の湖」という意味である（四州湖という訳語も使われる）。4 森林邦とは原初 3 邦とルツェルンをさす。それらの 4 邦は、この湖を経済活動にも軍事にも活用していた。森林邦という表現は、孤立した山奥を連想させるが、通過交通は最高度に発達していた。それは当然のことながら情報の伝達も助け、アルプス地域の、そしてアルプスを越える通信網（駅逓制度）を生みだした。なお街道に沿った地域に住む山岳農民とりわけ運送業を営む人々は情報通であり、各種の新思想にも敏感であった。いずれにしても、アルプス国家スイスを繁栄に導いたのは、川と湖と峠道であった。

5 13 邦時代のスイス

　1501 年、都市バーゼルがスイスに加わった。それはハプスブルク勢力との激しい戦争の後の出来事であった。

シュヴァーベン戦争とスイス

ハプスブルク家の皇帝マクシミリアン1世は、帝国最高法院や一般帝国税などを諸侯に認めさせる改革を1495年のヴォルムス帝国議会をつうじて断行していたが、スイス諸邦はそれを拒否し、その結果1499年にスイス東部（グラウビュンデン方面）にハプスブルク軍が侵攻してきた（シュヴァーベン戦争）。しかし、結局スイス側が勝利し、スイス諸邦はヴォルムス帝国議会の諸決定から除外されることになった（ただしスイス諸邦はその後も神聖ローマ帝国に形式的には属しており、その関係は後述する市民革命の時代まで残った）。

当時バーゼルは帝国の諸侯である修道院長と自治を行う市民たちの力が交錯する複雑な状況を抱えた都市であったが、シュヴァーベン戦争のさいには中立を保ち、ハプスブルク家との平和条約の舞台を提供した。その後1501年にバーゼルはスイス盟約者団に迎えられるが、そのときバーゼルには諸邦間の紛争のさいに中立の立場で仲裁を行うことが求められた。スイス内部の中立邦の存在は、やがて宗教改革時代以後にみられるようになるスイス全体の意識的な中立政策の下地となったといえるであろう。

13の主権邦

なお1501年には都市シャフハウゼンもバーゼルとほぼ同じ条件でスイスに加わった。こうして都市邦が増えつづけたが、1513年には農村邦アペンツェルが従来の「従属邦」の立場から正式の邦すなわち「主権邦」に格上げされ、バランスがとられた。この時点からスイスは、1798年のスイス革命（ヘルヴェティア革命）まで13邦体制を保った。これらの13邦はもちろん、それぞれ川と湖と峠道で結ばれていた。シャフハウゼンとバーゼルはライン川でつながっており、アペンツェルを流れるジッター川も最終的にはラインに注いでいるのである。

従属邦と2つの同盟国家

ところで、スイスにはこれらの13邦と諸邦の共同支配地のほかに従属

邦（準州）と呼ばれる存在があった。それらは 13 の主権邦のもつ権限の一部しかもっておらず、スイス盟約者団全体の意思決定には参画できなかった。主要な従属邦をあげれば、ザンクト・ガレン（修道院領および都市）、ジュネーヴ、ビール（ビエンヌ）、ミュルーズ（現在はフランス領）、ロットヴァイル（現在はドイツ領）、バーゼル司教領、ヌシャテル侯領などである。さらにスイスとは別の国家として、グラウビュンデン自由国が東に、ヴァリス共和国が西にあった（スイス盟約者団とは緩い同盟関係にあった）。前者は 52 の、後者は 7 つの自立的な共同体組織から成っていたが、そこには山岳農村と都市が混在していた。

おわりに──生成の場

　ハプスブルク家とスイスはしばしば衝突し、天敵のように描かれることが多い。しかし、1474 年の「永久講和」や 1511 年の「永代同盟」のように和解を実現したこともある。最新のハプスブルク史研究によれば、先述の皇帝マクシミリアン 1 世は 1507 年、コンスタンツでの帝国議会にやってきたスイス諸邦の使節に対して、自らを「生まれながらの良き盟約者」と呼び、サンチャゴ巡礼路の途上にあるアインジーデルン修道院への参詣、スイス・アルプスでのカモシカ狩り、スイスの偉人ニクラウス・フォン・フリューエを列聖するための協力を約束した。マクシミリアンはスイス人を悪魔呼ばわりしたこともあるが、スイスの文化や伝統、スイス人の価値観を熟知していた。ハプスブルク家にとってもスイスは故郷だからである。

　ハプスブルク家がオーストリアに拠点を移してからは、スイス東部のグラウビュンデンのいくつもの峠道が交通路として新たに重要になっていた。それらは西南ドイツの領地にもイタリアにもつながっていたからである。

　オーストリア・ハプスブルク史は多くの点でスイス史と重なり合っており、それらはともにアルプス文化史の研究課題である。それらの歴史は、同じ川や湖、そして峠道の歴史でもある。これに「城」の歴史も加えてよ

いかもしれない。スイスのアールガウ州では 2008 年にハプスブルク史に関連する記念行事が行われ、展示会や研究集会、演劇などのプログラムが組まれた。それはアールガウにあるハプスブルク城の名が史料に初出した 1108 年から 900 年目の記念祭であった。テル伝説からもわかるように中世のスイス人は貴族の城をしばしば破壊したが、いまやその廃墟が——廃墟であるからこそ——歴史的世界へのノスタルジーを呼び起こしている。

　アルプス世界は、ヨーロッパ有数の王族、大貴族が、また在地の小貴族、山岳農民、都市民が接触し、性質の異なる価値観や制度を組み合わせ、独特の新しいものを生成させる場であった。アルプスのドイツ語圏には「エーデルバウアー」というファミリーネームがあるが、これは「高貴な農民」という意味であり、その「概念」はこの地域の長い歴史に根ざしている。というのもスイス一帯の山岳農民は中世後期から自由な貴人の自覚をもち、しばしば血統的な貴族と互角に交渉し、また戦うなかで、身分的境界を事実上相対化し、政治的にも文化的にも独特のハイブリッドな存在になり、その矜持を子々孫々まで伝えたからである（このことはグラウビュンデン自由国やヴァリス共和国についても同じである）。もちろん山岳農民の門閥社会には、遠い祖先に騎士や家人層がいる場合もあったから、血統的な融合も起きていた。

　　リベルタス［自由］はスイス人の祖先たちの武勇を讃える。ああスイスよ／古き高貴な民よ／汝の名は世界に響きわたる。スイスは語る／その昔わが戦旗は白かった／だが今それは燃えるように赤い／かくもしばしば血に染まったからだ（参考文献⑥504頁）。

　この台詞は 1633 年にバーゼルで印刷された『不和と一致』という演劇の台本に出てくるものであるが、スイスでは都市民も山岳農民も共有していた勇猛な戦士にして「貴人」という自己理解を余すところなく伝えている。
　ドイツ史やオーストリア史は、皇帝と領邦国家、そして都市と農村の歴史の束であるが、スイス史もそれらのすべての局面に関わっている。ただ

しスイスは、農民と都市民が協力して創出した同盟組織を国家形成の基盤としたため、君主政的要素は時代を経るごとに弱まり、逆に共和政的要素は強まっていった。19世紀（1848年）に近代的な連邦国家が成立する以前のスイスは、幾多の小共和国の連合体であった。対極にあるのはフランス王国のような集権国家である。

　なお、スイスの都市邦は周辺の農村部を支配しており、たとえばフィレンツェのようなイタリアの都市コムーネが農村領域（コンタード）を支配したのと似ている。しかしスイスには都市邦と対等な農村邦が存在しており、そこが独特な点である。一方、ドイツにおいては都市と農村は対等ではありえない。ただし、ドイツ農民戦争時代（1524〜1525年）の反乱者の同盟組織に都市勢力が加わっていた事実を想起すれば、スイス的状況が生まれる可能性がなかったわけではない。

　わが国の西洋史学には、ヨーロッパの古い研究に依拠して「都市の自由」と「農村の不自由」を対照的に描く傾向がいまでも強く、それは時として理論を現実（歴史的世界）に押しつけ、重要な事実をみえにくくする作用を及ぼしている。事実をみつけても例外視し、まるでなかったかのように扱う歴史家もいる。現実のヨーロッパには、農村が自由であり、地方的な同盟組織を形づくった場所もある。スイスはその典型例である。なおオーストリアに関しては、領邦議会に農民代表が出ていたチロル地方の例がよく知られている。アルプス世界の歴史は、そこが独特の新しいものを生成させる場であったがゆえに、ヨーロッパ比較史の羅針盤の役割を果たすのである。

参考文献
① 踊共二『図説スイスの歴史』河出書房新社、2011年。
② 踊共二・岩井隆夫編『スイス史研究の新地平──都市・農村・国家』昭和堂、2011年。
③ スイス文学研究会編『スイスを知るための60章』明石書店、2014年。
④ U・イム・ホーフ（森田安一監訳）『スイスの歴史』刀水書房、2003年。
⑤ ナッペイ、グレゴワール（藤野成爾訳）『スイスの歴史ガイド』春風社、2014年。

⑥ Guggisberg, Daniel, *Das Bild der "Alten Eidgenossen" in Flugschriften des 16. bis Anfang 18. Jahrhundert (1531-1712)*, Bern: Peter Lang 2000.
16世紀から18世紀の印刷物のなかに登場するスイス国家のイメージを浮きぼりにした研究。

⑦ Maissen, Thomas, *Geschichte der Schweiz*, 4. Aufl., Baden: hier+jetzt 2012.
最新の研究を反映させたスイス史の概説。

⑧ Niederhäuser, Peter (Hg.), *Die Habsburger zwischen Aare und Bodensee*, 2. Aufl., Zürich: Chronos 2010.
アルプス地域を舞台としたハプスブルク家の歴史を多角的に検討した論文集。

⑨ Sablonier, Roger, *Gründungszeit ohne Eidgenossen. Politik und Gesellschaft in der Innerschweiz um 1300*, 4. Aufl., Baden: hier+jetzt 2013.
スイス誕生の歴史について新しい解釈を提示した話題の書物。「農民」を主役にすえた歴史像を批判。

スイスの戦争と平和
永世中立への長い道のり

森田安一

1 現在の中立政策

2000年に改定された現行のスイス連邦憲法では、中立に関する規定が2ヵ所に見られる。連邦議会と連邦参事会(内閣)の権限を規定している第173条①aと第185条①である。そこには「スイスの対外的安全、独立および中立の維持のための措置を講じる」権限が連邦議会と連邦参事会にある、とされている。

これらの規定は近代スイスの体制を作り出した1848年制定の連邦憲法以来、大筋において変わらない。1848年憲法では、国民議会(下院)と全邦議会(上院、カントンの代表議会)の合同議会の権限として、第73条6項で「対外安全保障、スイスの独立と中立の維持、宣戦と講和のための措置」があるとし、第90条9項で連邦参事会には「対外安全保障、スイスの独立と中立の維持のために監視する」権限と義務があるとされている。この1848年憲法における、中立にかかわる文言がある条項は1874年の大改正においてもまったく変わらず、1999年まで残された。そしてその精神は現行憲法にそのまま継承されている。

これらの条項で注目すべき点は、「独立と中立」という言葉がつねにセットになっており、しかも「永世中立」という言葉は憲法上出てこないし、「中立」は憲法の主要構成要素にもなっていないことである。それはこれまで歴史的にも法制史上でも、中立が国家制度上の目的であったことはないからである。中立はあくまで国家利益を実現するための対外政策、安全保障政策の手段と位置づけられてきた。スイス外務省はホームページ上で現在(2014年)次のように「中立」を規定し、公表している。

スイスは持続的な中立国家である。ただし、持続的とは永世を意味しない。自ら選んだ中立をスイスはまた自由に放棄することができる。しかし、中立に留まる限りは、配慮すべき一定の決まりがある。中立が危機に陥る場合には軍事力でそれを守ることが特に求められる。それゆえ、スイスの中立には三つの特徴、自選・持続・武装をあげることができる。

　スイスでは永世中立を標榜せず、自ら選んだ中立は場合によっては自由に放棄できるとしている。それは 1983 年に来日したスイス連邦の閣僚が明確に述べている。長期にわたり閣僚を経験し、3 度（1967 年、1980 年、1984 年）大統領の地位にあったクルト・フルグラーの発言である。「スイスの中立主義は、中立を目的としているのではなく、スイスの自由、国家の独立を維持するための手段にすぎない」と。つまり、中立は持続されるべきだが、永世ではなく、手段として放棄されうるものと見なしている。
　一方、スイス政府は中立を維持するためには武装中立の道しかありえないことも強く訴えている。具体的な例で示せば、「軍隊なきスイスを目指すグループ」が軍隊廃止をもとめた時に見られる。「軍隊なきスイスを目指すグループ」は 1982 年に結成された団体で、1986 年に「軍隊なきスイスと包括的な平和政策のために」というイニシアティヴ（国民発議）を起こした。イニシアティヴには有権者の 10 万人以上の署名が必要だが、11 万強の署名を集めることに成功して、1989 年（11 月 26 日）の国民投票に持ち込んだのである。その内容は当時の連邦憲法の第 17 条と 18 条を改正し、「スイスは軍隊をもたず」、「スイスは民族の自決と諸民族間の連帯を促進する包括的な平和政策を推し進める」という改正提案であった。この国民投票日の直前の 11 月 9 日に東西対立の象徴であった「ベルリンの壁」が崩壊し、東西融和の雰囲気のなかで投票は行われ、このイニシアティヴに有利な状況が生まれていた。この時の国民投票の投票率は 68.6％という高率を示し、人々の関心の高さを示しただけではなく、おおかたの予想に反して 35.6％という高率の賛成票を獲得した。当時の国防大

臣は賛成率が 1/3 を超えることがあればスイスの武装中立の国際的立場が失われるとさえ述べていた。政府が国民にこのイニシアティヴ反対を呼びかけた際に、政府は反対理由の一部で次のように述べていたのである。

> 小国スイスはヨーロッパにおける戦略上重要な要衝を占めている。この地域の防衛は安定に寄与し、他の諸国の利害にもなっている。この理由から国際社会は我々の中立の承認を自衛の義務と結びつけてきた。それゆえ軍隊の廃止は我々の中立とは相いれない。非武装の国は中立に留まる力はもはやない。

この国民投票の 10 年後に「軍隊なきスイスを目指すグループ」は、ふたたび「信頼に足る安全保障政策と軍隊なきスイスのために」と名づけられたイニシアティヴの提出に成功し、2001 年 12 月に国民投票にかけられた。内容は前回とほとんど変わっていなかったが、投票率 37.93％、賛成率 21.9％で、前回の関心とは大きな違いを示した。これは、連邦政府が 5 つの理由を挙げて国民に軍隊の必要性を説いた結果といえる。軍隊が国内の災害時に出動し、国民の安全に寄与したこと、国際的な平和維持に軍隊を派遣して貢献したこと、前回のイニシアティヴ時より軍事費を 1/3 に縮小したこと、前回のイニシアティヴを含めそれ以来の軍隊にかかわる国民投票は否決されたこと、以上 5 つの理由を指摘した。その上でとくに軍隊が国土防衛に不可欠であることを次のように説明している。

> 国民が平和、自由、独立の状態で生きる望みを叶えるためには、スイスは軍事的攻撃を防御する能力を持たねばならない。さもなければ、防衛には他国あるいは軍事同盟に頼らねばならない。そのような従属はスイスの中立とは相いれないものである。

武装中立が一貫して支持されているが、「軍隊なきスイスを目指すグ

ループ」は次に徴兵制廃止を目指すイニシアティヴを起こし、2013年9
月22日に国民投票が行われた。ここでも73.2％の反対にあい、18～34
歳の男性全員に兵役を課す国民皆兵制は維持されることになった。スイス
国民は現在でも武装中立を有効な政策として賛成しているのである。

2 中立の始まり

中立という言葉は中世ラテン語の ne uter（どちらでもない）から派生し、
neutralitet というドイツ語を生み出したが、それは1536年のチューリヒ
の外交訓令書に見られる。なぜこのころに「どちらでもない」という立場
が生まれることになるのだろうか。スイスでは15世紀末から16世紀初
頭にかけて国外勢力と幾多の戦いを繰り返していた。ブルゴーニュ戦争
（1474～77年）では、日の出の勢いのシャルル突進侯を打ち負かし、ブル
ゴーニュ公国を解体させた。これによりスイス西部への外からの圧力を排
除した。シュヴァーベン戦争（1499年）では、ハプスブルク家出身の神聖
ローマ皇帝マクシミリアン1世がスイスの故地を再び支配下に置こうと試
みたことを払いのけ、北からの脅威を除いた。強大な勢力に勝利したスイ
スは16世紀に入り、イタリア戦争に積極的に参画した。その結果、現在
のイタリア語圏スイスを支配下に入れた。

イタリア戦争はフランスがアルプスを越えてイタリア支配を目指して軍
隊を派遣したことに始まるが、そこには多数のスイス傭兵が加わっていた。
とくにフランス国王ルイ12世（在位1498～1515年）がミラノ公国の継承
権を掲げてイタリアへ進出したときに、ルイはスイスとの10年間の傭兵
契約同盟を結び傭兵の提供を受けた。その結果ルイはミラノ公国を占領す
ることに成功した。ところが、ミラノの支配者イル・モーロ（1452～1508年）
もスイス傭兵を獲得してミラノの奪回を試みた。ここにスイス人同士がイ
タリアの地において外国勢力のために戦う羽目に陥った。

スイス人同士が戦う悲劇は起こるべくして起きた出来事であった。それ

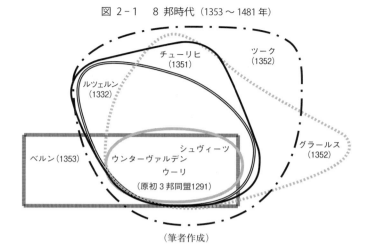

図 2-1　8 邦時代（1353～1481 年）

（筆者作成）

は当時のスイスの国のあり方にあった。正式にはスイス盟約者団を名のるスイスは、強い主権をもつ地域（都市国家と農村共和国）の緩い同盟体に過ぎなかった。8 邦時代（1353～1481 年）と呼ばれた時代の盟約者団の構造を図式すれば、図 2-1 のようになる。当時のスイスは 6 つの異なる同盟によって 8 つの地域（邦）が原初 3 邦（ウーリ、シュヴィーツ、ウンターヴァルデン）を核に結ばれた組織体であった。1513 年の段階で見れば、地域が 5 つ増え、10 個の異なる同盟体の総和が盟約者団の姿であった。各邦の代表が集まる盟約者団会議はあったものの、各邦はスイス全体の利益よりは自分たちの損得を優先する行動をとった。また、とくに各邦の有力者が私的に傭兵契約を勝手に結び、傭兵業を営むものがいたので、スイス人同士が戦場で相まみえるのは避けられなかったのである。

　イタリア戦争が展開する過程でフランスとの傭兵契約同盟の期限が切れると、力をつけたスイスはヨーロッパ列強の一員として北イタリアに覇権を唱えていった。1512 年パヴィーアでフランス軍との戦いに勝利して、スイスはミラノ公国に傀儡政権を立て、支配した。それだけではなく、現在のイタリア語圏スイス地域を各邦の共同支配地にして、スイス

図 2-2　フェルディナント・ホドラー
　　　　「マリニャーノからの退却」（1897/98 年）

チューリヒ美術館所蔵（スイス国立博物館のものは別作品で、そちらは 1900 年に完成した。220 頁参照）
（出典）Fendinand Hodler, *Catalogue réalisé pàr Jura Bruschweiler*, 1991. Martigny, Suisse, p. 221.

の膨張を図った。翌 1513 年にフランスはミラノ奪回を試みるが、スイスはノヴァーラの戦いでそれを退け、膨張時代の絶頂期を迎えた。しかし、名君といわれたフランソワ 1 世（在位 1514〜47 年）がフランス国王に即位すると、ただちに巻き返しが開始された。1515 年フランスの大軍とマリニャーノで矛を交えたスイスは大敗北を蒙り（図 2-2）、翌年フランスと「永久平和」を締結した。この時以降スイスは国家的行為として対外戦争に加わることをやめ、中立への一歩を踏み出した。ただし、スイス国内で外国勢力が傭兵を徴募することは認めている。1521 年にフランスと傭兵契約同盟を結び、各邦は年金を受けとる代わりに、フランスに対して、6,000〜1 万 6,000 人の傭兵を徴募することを認めた。年金額は総額 30 万〜40 万リーヴルという巨額になり、フランス国王はスイスに絶大な影響を及ぼすことになった。しかし、スイスはフランスとフランス以外の同盟国と板挟みとなる状況が生まれたときは、フランスに派遣している傭兵を引き揚げることにしていた。そうなると、フランスは外交・軍事上で重要な駒を失うことになるので、スイスの内外の平和維持に資する政策をとった。そのことは意図せずにスイスの中立を推し進める結果を生んだといえる。

3 宗教改革と戦争

　1519 年にフルドリヒ・ツヴィングリがチューリヒで宗教改革を始め、

その後スイス各地に改革運動が浸透すると、緩い結合体のスイスに不安定要素を与えることになった。2度にわたる新旧両宗派によるカッペル戦争（1529年と1531年）が起こった。1531年の平和条約によってカトリック諸邦と改革派諸邦のあいだで、宗教については各地域（邦）の統治機関が選択した信仰をその邦の信仰とすることが決められた。この段階では個人の信仰の自由は認められなかったが、この取り決めで宗教対立を現状で凍結し、盟約者団という緩い邦結合体を維持することに成功した。

　しかし、16世紀中頃から末にかけて隣国ドイツでは激しい宗教戦争が継続していた。戦争には優秀な傭兵が多数求められたので、新旧両宗派はスイスの宗派仲間に傭兵を求めたがった。しかし、その要求に公式に応えると、スイスの緩い絆がほころびる危険があった。最初の大規模なドイツ宗教戦争はシュマルカルデン戦争（1546〜47年）であったが、ドイツの新旧両宗派はスイスの両宗派に応援を求めた。しかし、スイス盟約者団会議は1546年8月に「この戦争にまったく関与しようともせず、不偏不党にとどまりたい。全盟約者団においてすべてのものは故郷にとどまり、祖国のことに注意を傾けるように名誉にかけ命令をする。しかし命令に反して出向くものがあれば、帰国後に相応の処罰が与えられよう」と返答している（史料③第4巻／分冊1d、658頁）。宗派的連帯より盟約者団の連帯を優先させたのである。

　三十年戦争（1618〜48年）はドイツを主戦場にヨーロッパ列強が覇権をめぐって戦った宗教戦争といわれる。両宗派はスイスに助力要請をした。三十年戦争の後半に入り、1631年に北欧の雄スウェーデン国王グスタフ・アードルフはスイス盟約者団に同盟を提案してきた。「スウェーデンとスイスは互いに世界でもっとも古い民族で、共通の祖先を戴いており」、ハプスブルクの覇権に協力して対抗する必要を説いた。このような同盟はカトリック諸邦に受け入れられるものではなかった。盟約者団は同盟の提案を断ったが、スウェーデンがこの提案をどこまで本気でおこなっていたかは疑問で、こうした提案交渉のもとで実際にはプロテスタント諸邦との個

別同盟を模索した。これを受け入れれば、スイスは分裂・瓦解する危険は高まったであろう。結局交渉に失敗したスウェーデンは翌32年にアルプスの峠道をカトリック側に封鎖すること求め、スイス盟約者団会議はそれを承認し、中立の立場を守る約束をした。

　ところが、1639年になると、今度はカトリック側の神聖ローマ皇帝が助力を求めてきた。盟約者団会議はこれに対して「これまで戦争に関与しようとも、介入しようとも思ってこなかったし、今後も中立にとどまるつもりである」と返答した。スイス国内の平和と国家的紐帯を維持するために外交的に中立をとったといえる。三十年戦争も末期に近づくと、しばしば外国軍が領土侵犯をしてきた。緩い同盟体であるスイスには連邦軍はなかったので、領土侵犯を防ぐのは国境の諸邦に負担を強いることになった。そこで盟約者団会議は1640年に国境防衛軍の創設を決定し、三十年戦争終結の1年前の1647年に「防衛軍事協定」が取り決められた。ここにはじめて参謀会議と3万6,000人から構成される連邦軍が創設された。これはスイス国家形成史のうえで画期的な出来事であった。すでに触れたように、スイスは複数の同盟関係の総和であって、単一の同盟条約で結ばれた統一体ではなかったからである。盟約者団会議も強制力をもたない話し合いの場に過ぎなかった。そこに軍事的側面ではあるが、盟約者団諸邦全体を覆う協定が結ばれ、緩い組織体に一本の強い紐帯が入ったのである。こうして未曾有の戦乱を通じ、中立と独立を維持したことが評価され、三十年戦争終結の条約であるウェストファリア条約の第6条でスイスは神聖ローマ帝国から独立することが国際法上で認められることになった。

　ただし、この時代では中立と傭兵契約は矛盾するものとは考えられていなかった。むしろ補完関係にあって、各国はスイスが傭兵徴募を認める限りあえて中立を犯そうとはしなかった。実際にスウェーデン王アードルフがスイスの中立維持を認めた裏には、5,000名を超えるスイス人傭兵がスウェーデン陣営の軍務についていた。フランスのリシュリューの軍隊には、

彼が三十年戦争に介入して戦争の終結までに5万人を超えるスイス人傭兵が働いていたのである。

4 ルイ14世とスイス人傭兵

「太陽王」と渾名されたフランス国王ルイ14世（在位1643～1715年）は、親政を始めた2年目の1663年にスイスとの傭兵契約同盟を更新した。その内容は1521年の傭兵契約同盟とほぼ同じであったが、彼はヨーロッパの覇権を目指した戦争にスイス人傭兵を積極的に投入した。ルイは次に掲げる4度の戦争を起こしている。

 ① ネーデルラント戦争（1667～68年）

 ② オランダ戦争（1672～78年）

 ③ プファルツ戦争（1688～97年）

 ④ スペイン継承戦争（1701～13年）

ルイの在位期間中、12万以上のスイス人傭兵が雇われたといわれるが、彼の起こした戦争はスイスの中立の歴史にさまざまな影響を与えた。最初のネーデルラント戦争ではルイがスペイン・ハプスブルク家統治下のブルゴーニュ自由伯領（フランシュ＝コンテ）を占領したために、スイスはそれへの対応を迫られた。自由伯領はスイスのジュラ地方に接しており、戦闘の被害がおよぶ危険が生じた。そこで1668年に盟約者団会議は、1647年に取り決めた「防衛軍事協定」の強化を図った。危険が迫ったときには軍事参謀会議が盟約者団会議から全権委任を受けて臨時政府の役割を担うこととされた。軍事面から国家的紐帯をさらに強めたといえる。

2番目のルイの侵略戦争であるオランダ戦争では、中立史のうえでさらに重要な歩みが見られた。1674年に盟約者団会議はスイスの外交基本政策として武装中立を宣言したのである。この年がスイス中立の始まりの年とされている。

3番目のプファルツ戦争、別名アウクスブルク戦争はスイスに多大な影

響を及ぼした。これまで通りスイスは戦争勃発と同時に中立を宣言したが、その3年前の1685年にルイが「ナントの王令」を廃止していたことがスイス傭兵に影を落としていた。「ナントの王令」は1598年にアンリ4世がユグノー戦争を終結させ、ユグノー（改革派）に礼拝の自由と公職就任を認めた王令である。この王令の廃止による改革派の弾圧によってスイスの改革派諸邦はフランスに背を向けることになり、改革派邦のチューリヒはフランスに敵対していたオランダと傭兵契約を締結した。このために戦場でスイス人同士が戦う結果を生んだ。

　同じような状況はスペイン継承戦争にも見られた。この戦争にあたってスイス盟約者団の会議は中立を宣言したが、各国にスイス人傭兵は入り込んでいた。フランスに2万3,000人、オランダに1万3,000人、サヴォワに5,000人、スペインに3,000人、神聖ローマ皇帝派のライン諸都市に2,000人、合計4万人以上のスイス傭兵が雇われていたという。スペイン継承戦争の天王山といわれる1709年の「マルプラケの戦い」はフランス軍とオランダ・イギリス連合軍の戦いといわれるが、実際に最前線で戦ったのはスイス人同士だった。各国がスイスの中立を認めたのは、スイス人同士が血を流したからといえるのである。

5 フランス革命からナポレオン体制へ

　スペイン継承戦争の和平交渉はスイスのバーデンでおこなわれ、スイスは国際的な外交舞台に登場することになった。しかし、フランスとの傭兵契約同盟は1723年に期限が切れ、しだいに傭兵制は衰退する傾向にあった。ところが、オーストリアの啓蒙専制君主ヨーゼフ2世がポーランド王国の分割に加わった後に、ハプスブルクの旧領回復を目指してスイスを攻撃する計画があると伝えられると、1777年に改めてフランスとの傭兵契約同盟を締結した。同盟内容は1663年時と同じで、契約期間は50年間だった。しかし、1789年フランス革命の勃発でこの同盟は1792年で終焉

図 2-3 「瀕死のライオン像」(1820～21 年) 　　図 2-4 　1799 年 9 月の第二次
　　　　　　　　　　　　　　　　　　　　　　　　チューリヒ戦役碑

筆者撮影、2011 年 9 月。　　　　　　　　　　　筆者撮影、2013 年 7 月。

を迎える。そのエピソードが同年 8 月 10 日に起きたテュイルリ宮殿の国王襲撃事件である。ルイ 16 世とマリ・アントワネットがパリの国民衛兵に襲撃されたが、無事逃れられたのは、宮殿を守っていたスイス衛兵のおかげであった。スイス衛兵は「栄誉と忠誠」を重んじて、600 名以上が戦死した。その「スイス人の忠誠心と勇猛さ」を讃える記念碑がルツェルンにある「瀕死のライオン像」で、ブルボン家の百合の花を描いた盾を抱えている（図2-3）。

　フランス革命はスイスにも大きな影響を及ぼし、1798 年にスイス革命が起きた。旧来の誓約同盟とはまったく異なるフランス総裁政府を真似た中央集権国家「ヘルヴェティア共和国」が誕生した。共和国政府は 98 年 8 月にフランスと「攻守同盟」を結び、反革命に対してフランス軍を招き入れ、鎮圧を要請している。この結果、駐留フランス軍によって軍の給養費の調達、物資の徴用・略奪がおこなわれた。98 年末にイギリスを中心に対仏大同盟が結成され、オーストリア・ロシア連合軍がスイスにも侵入してきて、スイスも戦場になった。フランス軍は当初劣勢であったが、1799 年 9 月の第二次チューリヒ戦役で優勢になった。この戦いの折にヨハン・カスパー・ラーヴァターが負傷している。彼はチューリヒのザンク

ト・ペーター教会の牧師で、ゲーテとも交流があった人物だが、観相学（人間の身体の特徴、とくに顔貌からその人の性質・運命を判断する人相学）の権威としてヨーロッパ中に知られていた。彼はかねてからフランス軍の駐留に批判的であったので、連合軍との密通の疑いをかけられ、一時バーゼルへと拘引されていた。許されてチューリヒに戻ったが、フランスと連合軍との第二次チューリヒ戦役の折に、路上で負傷した兵士を助けようとして彼も銃弾を受け、15ヵ月後に亡くなっている。

　スイスの歴史になじまない中央集権体制の「ヘルヴェティア共和国」は機能不能になり、ナポレオンの介入を受けた。スイスは「調停条約」を押しつけられ、ナポレオン体制の衛星国家となった。1803年、スイスはナポレオンと「防衛同盟」と「軍事協定」を同時に締結した。これらによってナポレオンはスイスの独立と中立を確保できるように表向きはしたが、1万6,000人のスイス人傭兵を徴募できる権利を得た。スイス人傭兵はスイス連隊としてナポレオンの「大陸軍」の一翼を担うことになり、モスクワ遠征にも参加した。しかし、遠征は失敗して、冬将軍に追われて退却しなければならなくなった。ベレジナ（ポーランド内のドニエプル川の支流）渡河の際にスイス連隊は殿（しんがり）をつとめ、ほとんど全滅する。このように、ナポレオン時代にはスイスは事実上中立を放棄していたに等しかった。

6 ウィーン体制

　ナポレオン敗退後、スイスでは「調停条約」が破棄され、新しい基盤で新スイスの建設を始めた。前節の「調停条約」下のスイスが小復古の時代といわれるのに対して、大復古といわれる「同盟規約」下のスイスである。この時代にスイスの永世中立が実現する。ナポレオン体制崩壊後、新しいヨーロッパ体制はオーストリアの政治家メッテルニヒ指導のウィーン会議で始まった。スイスは敗戦国扱いであったが、そこで巧みな外交を展開し、スイスの独立と中立を主張する。

スイスの同盟体制を一瞥すれば、もし中立が不確かであったり、政治や戦争の変化にただ放っておかれれば、スイス国民ほどヨーロッパのなかで不幸な国民はいないことをただちに納得させられるであろう。しかし、この際スイスの安寧だけが考えられているわけではない。この中立はドイツ、イタリア、それにフランスの平安にも決定的に大事なのである。これらの国々にとっては、ヨーロッパ内の最近隣国が最も強力な防衛位置であると同時に、最も危険な攻撃地点でもあるからである(参考文献⑥551頁)。

このように、スイスの中立と安全が全ヨーロッパの安全保障に直接連結することを主張したのである。曲折はあったが、ウィーン会議は 1815 年 3 月 20 日に「新しい国境におけるスイスの永世中立」を承認した。スイスは武装永世中立を国際法上認められたが、この日はナポレオンがエルバ島を脱出し、パリに入場した日でもあった。この時スイスの中立は放棄させられ、連合国とともにナポレオンに対し戦うことになった。勝利の結果、スイスは今度は戦勝国扱いでパリ会議に出席し、ウィーン会議の決定が正式に承認された。「スイスの中立と不可侵性、およびあらゆる外国勢力からの独立は、ヨーロッパ全体の政治の真の利益に合致する」ことを謳った『スイスの永世中立とスイス領土の不可侵性の承認と保証に関する文書』が 11 月 20 日にオーストリア、フランス、イギリス、プロイセン、ロシアの 5 大国によって署名され、正式にスイス永世中立が国際法上承認された。ただし、この永世中立は武装中立でなければならなかった。スイスはヨーロッパの戦略上の重要ポイントであり、争いが起きれば、列強はこの拠点の確保に走ることになるが、武装中立であれば、オーストリアにとってもフランスにとっても防壁の役割をしてもらえるからである。この中立維持のために、スイスは「同盟規約」第 2 項において「領土保全を確実におこない、スイスの中立を確保するために」各邦から人口 100 人につき 2 人の兵員を出し、軍を構成することを定めている。

ところで、このウィーン体制（メッテルニヒ体制）のなかで「瀕死のライオン像」が1820〜21年に制作されたことは注目に値する。スイス傭兵の忠誠心、勇猛さがこの像で讃えられていることは、ウィーン体制下にあって、スイス傭兵が各地の保守反動派の先兵として依然として求められていたからである。フランス、オランダ、プロイセンなどに2万3,000人のスイス傭兵がいたといわれる。傭兵制はその後もしばらく続くが、冒頭で触れた1848年のスイス連邦憲法の制定以降ようやく変化が生まれる。連邦憲法の第11条に明確に軍事協定締結の禁止がなされ、それを受けて1859年の連邦法で、スイス市民が外国軍隊に許可なしに勤務することが禁止された。これによって15世紀以来の傭兵出稼ぎは原則的に終止符が打たれることになった。

７ 試練の中立

　新しい連邦国家における最初の大きな試練は普仏戦争（1870〜71年）であった。ライン川沿いの北部国境の防備のために総動員令が下されたが、邦（カントン）ごとの分担派遣軍の編成不備、兵士の装備不備、そのほか資金不足に悩まされた。その結果、「ひとつの法、ひとつの軍隊」の標語のもとに軍事を含め中央集権化が叫ばれ、1872年に憲法の改正が提案された。しかし、このときには国民投票によって否決された。2年後、軍事面では連邦の権限を強化し、法の制度の面では統一を断念して、中央集権化を弱めた改正案が再度国民投票にかけられ、承認された。

　軍備が強化された中立政策の最初の試練は第一次世界大戦であった。スイスは1914年8月に中立宣言を出し、ライン川沿いの守りについた。その戦争のさなかに国境の町バーゼルに守田有秋（1882〜1954年）が滞在し、その体験を『瑞西より』（1918年）に書いている。彼は1900年に山川均と創刊した小雑誌『青年の福音』で皇太子の結婚を論じ、不敬罪で3年間入獄し、のちに東京二六新聞記者となった人物である。1916（大正5）年5

月1日の日付で次のように書いている。

> 今朝は先刻まで独逸の山の方で絶え間なく大砲の音がして居ました。又仏蘭西の飛行機が来たかと思ってバルコンの所まで出て見ましたが何も見えませんでした。霞がかかった山々の辺りに殺風景な、ヘルメット形の帽を被った人々が砲を並べて敵を待っているようには思われないほど平和な景色です——そらお聞きなさい。私の窓の近くには駒鳥が啼いているじゃありませんか。一体誰が、何処で戦争などと云う馬鹿々々しいものを遣って居るのでせう。（史料②62頁）

　中立国スイスの平安な様子を伝えているが、実際にはスイスの経済は大打撃を受けていた。食糧供給、原料輸入の途絶により物価が高騰し、ついにはゼネストも起きた。そうした状況下において、スイスの内外で中立に対する考えに変化が生まれた。大戦後の新秩序はヴェルサイユ講和会議の時に作られたが、スイスはその会議には参加できなかった。しかし、ヴェルサイユ条約435条でスイスの中立は一応承認された。「1815年の諸条約、とりわけ1815年11月20日の協定によって、スイスの利益を図って取り決められた保証、つまり、平和維持のための国際的諸義務の基礎となる保証」が再確認されている。これによってスイスの中立を承認する国は32ヵ国になったが、条約のうえでは中立という文言は使われていない。戦勝国が構想していた連帯による平和維持、つまり国際連盟と孤立による平和という中立の立場は相容れないものだったからである。
　スイスは国際連盟が成立しても、無条件では加盟せず、1920年になってから軍事制裁には加わらないという「制限中立」の立場で加盟を果たした。1935年にイタリアがエチオピア侵略をしたことに対し、国際連盟が経済制裁を決定すると、スイスもそれに加わった。しかし、経済関係の濃い隣国への経済制裁は自らにも経済的な苦しみを加えることになった。いっぽう、ドイツに対しては「恐独症」の状況で、ドイツが1936年3月7日にライ

ンラントに進駐すると、スイスでも非難の声が上がる。当時スイスに滞在していた長谷川静音（1911～85年）がドイツの状況に対する1人のスイス人の言葉を伝えている。長谷川はディーゼルエンジンの技術者で、『瑞西の思ひ出』と題する滞在記を書いている。3月20日の日付で次のようにしるしている。

> ナチス治下にゐる独逸人はあわれなものだ。瑞西人は言論の自由を持ってゐる幸福な国民だ。先日行はれた党選挙でもナチス党に投票したもの99.2パーセントと発表してゐるが、今の時勢ではうつかりナチス反対の投票でもしようものなら大変な目にあふ。
> 投票でも〇を書けば勿論ナチス党賛成、×をかけば之は逆マンヂ巴の卍のナチスの印だとして之れ又賛成投票としてゐるのだ。こういふ状態の独逸だ。（史料①68頁）

　こうしてナチスが中立国スイスを侵略することを恐れていた。その翌年の37年にイタリアが国際連盟を脱退し、翌38年に独墺合邦がなされると、連盟非加盟国（独墺伊）と加盟国（仏）の対立構図が生まれた。ここに至りスイスは国際連盟を離脱して、ふたたび完全中立に戻った。ところが、その後フランスもドイツに占領され、スイスは四面楚歌に陥る。それでも独立と中立を守り抜き、「20世紀の奇跡」といわれた。しかし、四面楚歌のなかでドイツとの交易、とくに精密機械や武器の取引をしていたことが戦後厳しい批判にさらされた。またとくに、ナチスの犯罪性が明らかになった段階でなおも中立を唱えることは非道徳的だと激しく非難された。
　第二次世界大戦後、国際連合（国連）が発足したが、大戦中の反省をこめてスイスは長い間国連には加盟しなかった。ただ、ベルリンの壁の崩壊、ソ連の解体などにより冷戦が終わると、国連の平和維持活動に積極的に関わり始め、2002年には国連にも加盟した。しかし、2014年現在でもEUには参加していない。それは中立問題だけではなく、むしろ長い歴史をも

つ特殊な国内の政治システムや国家体制を守ろうとする多くの国民の考え
があるので、当分 EU への参加はないであろう。

　以上、「中立」について論じてきたが、それはスイスという国の内政上
の問題であると同時にヨーロッパ全体の問題でもあること、そして周辺諸
国との絶えざる交流ないし交渉の産物であることを最後に再確認しておき
たい。言い換えればスイスの「中立」はスイスだけがつくりだしたもの
ではなく、アルプスを囲むヨーロッパの諸勢力がスイスとともに生みだし、
かつ変化させてきたものなのである。

史料

① 長谷川静音『瑞西の思ひ出』1937 年。

② 守田有秋『瑞西より』日吉堂本店、1918 年。

③ *Amtliche Sammlung der ältern eidgenoessischen Abschiede,* hrsg. auf Anordnung
　 d. Bundesbehoerden. Bd. 1: Die eidgenössischen Abschiede aus dem Zeitraume
　 von 1245 bis 1420. Luzern 1874-, Bd. 8: Die eidgenössischen Abschiede aus dem
　 Zeitraume von 1778 bis 1798. Zürich 1856.
　 中立史に限らず、スイス史研究全般に不可欠な史料であるスイス盟約者団決議録
　 集成。

参考文献

① 宮下啓三『中立をまもる――スイスの栄光と苦難』講談社、1968 年。

② 森田安一『スイス　歴史から現代へ』(三補版) 刀水書房、1994 年。

③ 森田安一『物語　スイスの歴史』中公新書、2000 年。

④ Bonjour, Edgar, *Geschichte der schweizerischen Neutralität: Vier Jahrhunderte
　 eidgenössischer Aussenpolitik.* 9 Bände, Basel 1965-1976.
　 中立の歴史のなかでも第二次世界大戦時について詳しい。7 巻以降は史料集。

⑤ Ritkin, Alois, *Neutralität am Ende? 500 Jahre Netralität der Schweiz.* In: http://
　 www.humboldt.hu/HN30/HN30-13-22-Neutralitaet_am_ende_500_Jahre_
　 Neutralitaet_der_Schweiz.pdf
　 著者は Historisches Lexikon der Schweiz (『スイス歴史学事典』) でも中立の歴史を書
　 いており、簡潔な中立史の記述がなされている。

⑥ Schweizer, Paul, *Geschichte der schweizerischen Neutralität.* Frauenfeld 1895.
　 19 世紀以前の中立史の古典。現在でも中立史の必携の書。

⑦ de Vallière, P., *Treue und Ehre: Geschichte der Schweizer in Fremden Diensten.*
　 Neuenburg 1912.
　 研究書ではないが、ヨーロッパの主要な戦争においてスイス人傭兵がどのように
　 活躍したかが、挿絵入りで書かれた大著。

3章 工業化するスイス
チューリヒ農村の場合

渡辺孝次

　スイスの工業はひじょうに早くから発達した。工「場」の登場には19世紀を待つ必要があるが、18世紀までにも、家内工業が農村部に広く普及していた。農村家内工業の発達は、今日では「プロト工業化」と呼ばれることが多い。その専門家として有名なR・ブラウンは、「多くの旅行記が牧人の国と紹介しているスイスが、18世紀の後半に、ヨーロッパ大陸でおそらくもっともプロト工業化が発達した国であったことは特筆に値する」と指摘している（参考文献⑥110頁）。広く普及した業種は、綿工業、絹工業、そして時計工業であった。

　農村への家内工業の浸透は、従事する人々の生き方を変えた。変化は、結婚のあり方や人口動態、衣食住など多岐にわたった。さらに、工業化した地域のほとんどが改革派の住む地域であるため、改革派の宗教エートス（倫理）が工業の受容につながったと指摘されている。具体的には、無為を悪とする倫理観が勤勉を奨励し、それが工業の普及をうながした。さらに工業には、不況や流行の急変によって収入を断たれるリスクがつきものであったが、それを引き受ける心構えが改革派にはできていたから、農業を捨て工業だけに生活を賭けることができた、とされる。

　ブラウンによれば、「プロト工業化」という用語を発案したのはフランス生まれの歴史家フランクリン・メンデルスで、初出の時期は1969年であった（参考文献②316頁、原注1）。『西欧近代と農村工業』という題の論文集（参考文献②）は、このテーマに捧げられたものだが、ブラウン自身も論文を寄稿している。その論文は、まだ「プロト工業化」という用語が登場する前に、民俗学的視点を採り入れて書かれた彼の博士論文（参考文献⑤）を紹介する内容である。著者自身が要約した論文であるとはいえ、かなり長い上に専門的で、平易とはいえない。そこで以下、彼の博士論文に依拠

しながら、家内工業によってチューリヒの農村がいかに変わったかを紹介したい。

■1 問屋制家内工業の特徴

農村工業は、問屋制家内工業として発達した。それは、フェアラークスズュステーム（Verlagssystem）とドイツ語で呼ばれることが多い。フランス語の文献では2語に区切るがフェアラーク・システーム（Verlag System）である（参考文献④ 154頁）。その中心となるのは「問屋 Verleger〔「移動させる者」の意味〕」である。問屋は、まず原料の調達を行う。綿工業を例とすれば、綿花を調達する。18世紀のスイスの場合、原綿を仕入れる産地は地中海東岸地域、いわゆるレヴァント地方で、具体的にはエジプトとシリアであった。産地からイタリア経由でジュネーヴに運び込まれ、そこからさらに東部のドイツ語圏スイスに運ばれた（参考文献④ 157頁）。

次に綿の糸や布を手作業で製造させるプロセスを説明すると、まず、チューリヒの糸問屋は綿花を製糸のために農村の家内労働者の家庭に運ぶ。通常の太糸の製糸には糸車を使うのが一般的だったが、この道具は安価なため農家でも所有できた。綿花を届けてから一定期間が経つと製品になった綿糸を回収し、新たな綿花を渡す。糸問屋は都市で綿糸を売りさばき、その後家内工に工賃を支払う。他方で綿糸を買った問屋は、糸を携えて織布農家に赴く。原綿を仕入れてから最後に農家から綿布を受けとるまで、問屋には何段階もの階層があった。原綿の調達のために遠隔地貿易に従事したのは大商人で、現地で農家に配給したのは小商人であった。いずれにしても、問屋は生産者ではなく商人であり、18世紀のチューリヒの場合、問屋になれるのは都市の市民だけであった。あとで詳しく説明するが、製糸業の担い手は山あいの奥まった場所に住むことが多かった。本章の主な考察対象となるチューリヒ高地地方（以下「オーバーラント地方」で統一する）がその代表例である。そうした辺鄙な場所に綿花や綿糸を届ける

のは重労働である上、現地の地理に詳しくないとできない。また、土地ご
とに違う慣習や入り組んだ人間関係などに通じていないと、家内労働者を
働かせる上で支障が出る。そのため、家内労働者の家を訪問する専門の仲
介業者が成立し、テュヒラー（Tüchler）やフェルガー（Fergger）と呼ばれて
いた（参考文献⑤ 15 頁・116 頁、⑥ 125 頁、⑦ 31 ～ 32 頁。⑦ 31 ～ 32 頁によれば、
前者が問屋の農村における代行者、後者は原料を家内工に届けたり製品を受けとった
りする運び屋で、前者が後者を雇っていた）。前述したように、18 世紀には臣従
民である農村住民は問屋になることを許されていなかったから、農村の比
較的富裕な者が仲介業者になった。

　織布業のプロセスに戻れば、機織り機は糸車よりはるかに高価であるか
ら、農家が自前で所持している場合もあったが、問屋が貸しつけるケース
が多かった。機織り機を使って手作業で布を織り上げると、問屋がやって
きて綿布を回収し、新たに原料である綿糸を渡す。回収した綿布が無事売
れると、問屋は家内工に工賃を支払う。このようにして、工場が出現し生
産が機械化される以前の綿工業は営まれていた。扱う原料や作業は違うが、
絹工業や時計工業でも、生産を組織する形態は問屋制家内工業であった。

② オーバーラント地方への家内工業の普及

　18 世紀末のチューリヒ邦（連邦国家ができる前の、のちの「カントン」のこと）
は、面積約 1,700km²、人口は 18 万人弱であった。そのうちチューリヒ市
に住む者は 27,000 人弱であったが（表 3-1）、完全な市民権をもつ者はその
1/5 程度であった。邦の住民全体に占める市民の比率はわずか 3％であった。

　さて、プロト工業化の進展によって家内工業が普及した地域の人口増加
率は、純然たる農業地域よりはるかに高かった。表 3-2 は、行政区ごとの
17 世紀中葉から 19 世紀後半までの人口増加率を示したものである。その
中の 1700 ～ 1762 年を見ると、高地地区であるオーバーラント地方の増
加率は 83.6％ときわめて高い。他方で農業地域の増加率は 15.1％にすぎな

表3-1 チューリヒ邦の人口 (1634〜1836年、絶対数と密度)

a	1634 b	1634 c	1671 b	1671 c	1700 b	1700 c	1762 b	1762 c	1771 b	1771 c	1792 b	1792 c	1812 b	1812 c	1833 b	1833 c	1836 b	1836 c
チューリヒ	15,209	−	20,511	−	20,081	−	27,246	−	25,351	−	26,973	−	25,720	−	35,216	−	41,775	−
クノーナウ	5,061	45	7,100	63	6,699	59	9,107	81	8,672	77	10,124	90	10,996	97	13,216	117	12,180	108
ホルゲン	6,152	59	9,932	95	9,100	87	13,724	131	14,495	139	16,814	161	17,642	169	19,245	184	20,956	201
マイレン	5,941	78	9,139	119	7,693	100	14,049	183	13,447	176	16,040	209	16,904	221	18,671	244	18,305	239
ヒンヴィル	4,485	25	8,684	49	8,304	46	15,455	86	15,437	86	22,086	112	22,490	126	26,893	150	25,463	142
ペフィコン	5,452	34	8,106	51	7,996	50	15,382	96	12,960	81	17,166	107	19,187	120	21,714	135	20,408	127
ウスター	4,570	41	6,567	59	6,391	57	11,017	98	10,334	92	11,767	105	13,641	122	16,153	144	16,360	146
ヴィンタートゥア	9,041	36	13,469	53	16,240	64	20,704	82	19,019	75	20,450	81	22,614	90	26,748	106	28,072	111
アンデルフィンゲン	7,170	43	11,788	71	10,646	64	12,233	74	10,571	64	12,292	74	12,574	76	15,771	95	15,716	94
ビューラハ	8,962	48	12,686	69	11,806	64	14,792	80	12,492	68	14,353	78	15,385	83	18,243	99	18,061	98
レーゲンスベルク	7,330	46	10,093	64	10,325	65	10,854	68	9,148	58	10,515	66	12,304	77	14,985	94	14,280	90
合計と平均	79,373	48	118,075	71	115,281	70	164,563	99	151,926	92	176,580	107	189,457	114	226,855	137	231,576	140

a：市行政区、b：人口の絶対数、c：1km² 当たりの人口密度。

(典拠) 1634, 1671, 1700, 1762, 1792, 1812, 1833, 1836 年の人口データは、Knonau, Meyer, Gerold von, *Die Volkszählung des Kantons Zürich am 9., 10. und 11. Mai 1836 — ein Nachtrag* (Zürich: Orell Füssli 1837) による。1700, 1762, 1771 年の人口データは、Waser, Staatsarchiv Zürich, BX 27 による。各地区および全邦の面積はチューリヒと湖を除いて計測されている。Schweitzerische Arealstatistik, edited by eidgenössischen statistischen Büro, Lieferung 184 (Bern: Stämpfli, 1912), p. 24.

(出典) 参考文献② 280頁、表 10-2 より引用。

表 3-2　チューリヒ邦の人口変動（1634～1870 年［%］）

期間 行政区	1634- 1671	1671- 1700	1700- 1762	1762- 1771	1771- 1792	1792- 1812	1812- 1833	1833- 1836	1836- 1870
チューリヒ	＋34.9	－2.1	＋35.7	－7.0	＋6.4	－4.7	＋36.9	＋18.6	＋16.8
クノーナウ	＋40.3	－5.6	＋35.9	－4.8	＋16.7	＋8.6	＋20.2	－7.8	＋6.1
ホルゲン	＋61.4	－8.4	＋50.8	＋5.6	＋16.0	＋4.9	＋9.1	＋8.9	＋16.3
マイレン	＋53.9	－15.8	＋82.6	－4.3	＋19.3	＋5.4	＋10.5	－2.0	＋6.0
ヒンヴィル	＋93.6	－4.4	＋86.1	－0.1	＋30.1	＋12.0	＋19.6	－5.3	－1.0
ウスター	＋43.7	－2.7	＋72.4	－6.2	＋13.9	＋15.9	＋18.4	＋1.3	＋3.9
ペフィコン	＋48.7	－1.4	＋92.4	－15.7	＋32.5	＋11.8	＋13.2	－6.0	－2.7
ヴィンタートゥア	＋49.0	＋20.6	＋27.5	－8.1	＋7.5	＋10.6	＋18.3	＋5.0	＋8.5
アンデルフィンゲン	＋64.4	－9.7	＋14.9	－13.6	＋16.3	＋2.3	＋25.4	－0.4	＋8.6
ビュラハ	＋41.6	－6.9	＋25.3	－15.5	＋14.9	＋7.2	＋18.6	－1.0	＋12.3
レーゲンスベルク	＋37.7	＋2.3	＋5.1	－15.7	＋14.9	＋17.0	＋21.8	－4.7	＋7.2
平均	＋48.8	－2.4	＋42.7	－7.7	＋16.2	＋7.3	＋19.7	＋2.1	＋8.3
農業地区平均	＋47.3	－4.8	＋15.1	－15.0	＋15.4	＋8.8	＋21.9	－2.0	＋9.4
高地地区平均	＋61.0	－2.8	＋83.6	－7.3	＋25.5	＋13.2	＋17.1	－3.3	＋0.1

農業地区：アンデルフィンゲン、ビュラハ、レーゲンスベレク
高地地区：ヒンヴィル、ウスター、ペフィコン
（出典）参考文献② 274 頁、表 10-1 より引用。

図 3-1　チューリヒ邦の行政区（1834 年）

（出典）参考文献② 286 頁、図 10-5 より引用。

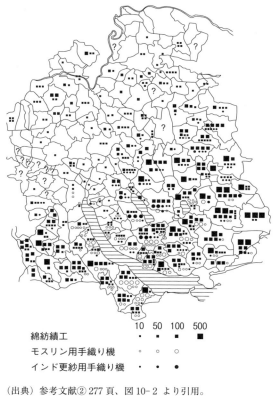

図 3-2　18世紀末のチューリヒ邦の綿工業

綿紡績工
モスリン用手織り機
インド更紗用手織り機

（出典）参考文献② 277 頁、図 10-2 より引用。
（注）　図内の？は不明は表す。

かった。チューリヒ湖岸にあるホルゲンとマイレンの増加率も高いが、ここでは工賃の高い絹工業の方がさかんであった。図 3-1 は、当時のチューリヒ邦の行政区を示し、図 3-2 は綿工業に従事する者の地域的分布を示す。綿工業の普及と人口増加率の高さの因果関係は明らかであった。

普及の理由 1：貧しさ

　次にオーバーラント地方に綿工業が普及した理由の考察に移る。その第 1 は、まさしく貧しさであった。とくに製糸業は、さして熟練を要さ

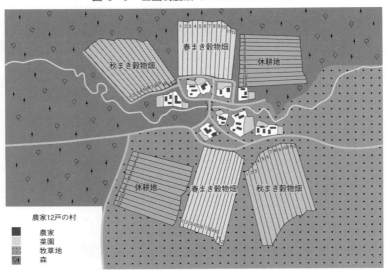

図 3-3 三圃制農法（Dreifelder Wirtschaft）

（出典）http://comeniuspro.net/MA/DE/LW/Dreifelder.jpg
（注）図内の数字は各農民の地条を表す。
「地条」とは、長さ数百mに達する長い畝数本から成る細長い土地のことで、幅数m、長さ数百mの帯のような土地が各農民の耕地だった。

ず、また道具である糸車が安価であることから、誰にでも従事できる仕事とみなされていた。しかし普及当初は、工賃が安すぎてそれだけで食べていくことはできなかった。むしろそれは、家長の稼ぎを支えるための家族の内職であった。老人から子どもまで、一家全員が家内工業に従事していた。また、機織り機を所有しているような比較的富裕な農家でも、力の弱い老人や子どもが製糸業に携わっているケースが多かった。

普及の理由２：農耕形態

オーバーラント地方に綿工業が普及した理由の第２としては、農耕形態が低地農業専業地域とは違っていたことが挙げられる。低地農業専業地域では、当時もなお三圃制農法が採用されていた。この方式を採る場合、村

の中央部に農家が固まって建ち、その周囲に畑が広がっていた。畑は、春まき穀物、秋まき穀物、休耕地という3つの部分に分けられていて、3年に1度のローテーションで輪作がくり返された（図3-3）。重要なのは、耕作がすべて集団作業であり、村をあげての活動として、いつ何をするかが事細かく決められていたことである。あらゆる活動が伝来のやり方として決まっているので、農家には副業に時間を割く余裕はなかった。つまり、農業専業地域には家内工業の浸透する余地はなかったのである。

これに対し、オーバーラント地方などの標高が高い場所では、農家が固まっている「村」は存在しなかった。ドイツ語には「村」を指すドルフ（Dorf）

図3-4　交替休耕式農法
（Egartenwirtschaft）

（出典）http://pan.cultland.org/cultbase/uploads/images/ae0ecf4e_resampled_Kuester_Shifting_Cultivation.jpg
（注）□のなかが畑、囲んでいるのが牧草地、その周囲には森がある。

に対し、「散村」と訳されるヴァイラー（Weiler）という単語がある。両者は人口の多さや、そこに教会があるどうかで区別される。人口が多く教会があるのがドルフで、人口が少なく教会をもたないのがヴァイラーである。上記の農業専業地域がドルフを形成したとしたら、オーバーラント地方にはヴァイラーしかなく、単独家屋が孤立して建っているか、あっても数戸の部落でしかなかった。ここでの農耕の仕方は、三圃制ではなく「交替休耕式農法（Egartenwirtschaft）」と呼ばれる方式であった。それは、土地を基本的には牧草地として用いる方法で、土地のごく一部を耕して2〜3年間穀物などを栽培し、それが終わればまた牧草地に戻すという方式であった（図3-4）。穀物畑の割合は三圃制より大幅に下がるが、高地であるため

に土地が痩せており、また気候も穀物の生育に不向きなため、こうした方式になったのであった。

特筆すべきは、この方式では農作業を集団ではなく、家族単位で行ったことであった。そのため、時間に融通が利き、副業をするのに向いていたのである（参考文献②282頁以下、⑤52頁、⑦14〜16頁）。場合によっては、穀物はいっさい作らず、全部を牧草地にしてしまうこともできた。そうすれば農作業に必要な労力は格段に減る。すると農業の比重は低下し、工業の方が本業になる。とりわけ、土地をもたない住民にとっては、工業収入だけが頼みの綱であった。

普及の理由３：人口抑制策の欠如

くり返しになるが、農業専業地域では三圃制農法に基づいて村民の仕事が事細かく決められていた。先祖伝来のやり方で毎年耕作するから、天候に左右されるとしても、収穫高はほぼ一定と想定されていた。とすると、村民の人口もほぼ一定に保つ必要性があった。人口増加を抑制するために、次のようなことが行われた。

(1) 入村定住税：外部からの人口流入を阻止するためにこれを課した。富裕な村ほどそれは高額であった。ただ、あまり効果を挙げなかった。

(2) 家屋の所有が前提：入会地などの村の共有財を利用する権利を得、また村の一員として認められる条件として家屋の所有を義務づけた。

(3) 家屋の増加を禁止：村に建つ家屋数の増加を認めなかった。新しく建てるには、いまある家屋をとり壊す必要があった。

(2)と(3)を組み合わせることで、外部の人間の移住はほぼ不可能となるだけでなく、現在の村の人口が増えすぎることも防止した（参考文献②277〜279頁、⑤46〜48頁）。

以上は農業専業地域の話であるが、オーバーラント地方に目を転じれば、そうした規制はほとんど存在していなかった。そもそもドルフを形成するほど人家が集まってないかったからである。排他的に守るべきドルフの空

間も、守られるべき村人も存在していなかった。さらに、入会地のような共有財もなきに等しかった。

　「かくして、次のような逆説的な状況が成立した。チューリヒの農村では、集落を作るにもっとも適さないような山あいの場所に、好んで新しい集落が作られた。それは『自然に反した集落』ではあったが、同時に、人間の作った法律をかいくぐる集落であった」（参考文献⑤49頁）。

❸ 結婚のあり方の変化と人口動態

　農業専業地域の村が、人口を一定に保つためにひじょうに閉鎖的であったことを上に述べた。こうした傾向は 17 世紀から強まった。それと平行して、相続に関しても単独相続が一般的になった。次にその面を考察する。

　長子単独相続は、日本でも馴染みがある。戦前までは全国的にそうだったからである。たとえば長男が家を継ぐと、次男や三男には財産はまったく残されず、外に出て独立するほかなかった。この時代のチューリヒでは、実家に残った次男や三男には生涯結婚が認められなかった。独身のまま、単なる労働力として生きたのである。

　ところがオーバーラント地方では、こうした習慣が成立しなかった。17世紀まで、相続する財産そのものがなかったからである。わずかながら土地を所有する場合でも、相続は均分相続であった。製糸業で現金収入ができると、ここでは、たとえ家を継がなくとも結婚することができた。家どころか、ほとんど財産をもたない若いカップルでも結婚できた。婚期は低年齢化した。結婚できる者の比率が上がり、かつ婚期が低年齢化すれば、当然人口は増える。他方で、農業専業地域では農業だけで養える範囲に人口を抑制しようとするから人口は増えない。かくして、長期的に見ると、家内工業地域の人口増加率は農業専業地域よりはるかに高くなった。

　ここで「乞食婚」、「夜這い」、「引責婚」という興味の尽きない話題を提

供したい。これらの考察には、民俗学的手法を採り入れたブラウンの本領が発揮されている。まず「乞食婚」とは、上で触れたような、ほとんど財産をもたない若いカップルの結婚に対して、当時の為政者や教会関係者が非難をこめて用いた呼び名である。「糸車が2つあるだけでベッドすらもたない若者が、考えもなしに結婚してしまう」（参考文献② 294 頁、⑤ 66 頁）。耕地を相続できない農家の次男や三男が結婚を許されない現実に合わせて、こういう無思慮な結婚は禁止すべきだという主張があとを絶たなかった。しかし、工業の普及によっていまある資産（ストック）ではなく、将来の収入（フロー）を見込んだ結婚が成立するようになったのである。同時代の批判者たちは、この時代の変化についていけなかった。

　「夜這い」の風習は、家内工業が普及する前から農村地帯に存在した。綿工業が普及する前、地元で採れる亜麻や麻から糸を撚る仕事があった。それを大勢が一部屋に集まって行う習慣ができ、「糸巻き棒の集まりKunkelstubeten」と呼ばれた。そしてこれが夜這いと同義になった。若い男女が同じ部屋で一緒に作業したのであろう。その後「灯りの集まりLichtstubeten」という語がこれと同義になった。これも語源は、灯りをともす燃料を節約するために集まる、ということだったのだろうが、実際には乱痴気騒ぎを意味した。綿工業が普及すると、若い男が娘の寝室に入り込むことを、前の語の「灯り」をとって「灯りの許へ行く〔チューリヒの方言で z'Licht go、標準ドイツ語では zu Licht gehen〕」と呼ぶようになった。それが可能であるためには、娘が個室に住んでいるか、あるいは両親のいない日を若者に知らせる必要がある。しかし、あとで述べるラスト制度（本書 67 頁）の普及により下宿する娘が多くなると、親にも歯止めがかけられなくなった。このようなことが日常化すると、当然娘が妊娠するという事態も起こる。その場合には、若者は責任をとって娘と結婚した。これが「引責婚 zu Ehren ziehen」で、いま風の言葉でいえば「できちゃった婚」である（参考文献② 296 〜 297 頁、⑤ 69 〜 71 頁、120 〜 121 頁、⑦ 42 頁）。

当時の為政者や教会関係者は、このような「ふしだら」には当然批判的であった。しかし、これはある意味で恋愛結婚の始まりである。財産のない者は結婚できないという当時一般的であった非人間的な風習より、はるかに人間的であり、自由であった。いずれにしても、オーバーラント地方では、このような現象の増加に伴って人口も増えたのである。

4 衣食住の変化

食生活

　家内工業の普及によって、オーバーラント地方では食べ物の嗜好が変化した。兼業であっても農地をもつ者は自給自足を目指して自分の農場で採れる物だけで済まそうとした。比較的豊かな農家でも、肉はほとんど食べなかった。牛乳に麦の粥、エンドウ豆に生か干した梨などが食事の内容であった。栄養価や満腹感は重視されていなかった。

　他方で、食料を買うしかない工業民にはそうした制約はなかった。肉、白パン、コーヒー、砂糖、ワイン、ブランデーなどが彼らのよく買う物であった。食生活は明らかに都市化した。さらに、単調な労働をまぎらわせる目的で、菓子などの嗜好品が買われるようになった。

　食糧を購入することがもたらした変化に加え、オーバーラント地方の食生活を変えたもうひとつの要素が、ジャガイモであった。ジャガイモは、プロイセンのフリードリヒ2世が普及させたことで有名なように、18世紀前半にはまだ新しい作物であった。そのため、低地農業専業地域の農民たちは警戒心を解いていなかった。そのような時期に、早々とジャガイモ栽培を採り入れたのはオーバーラント地方だった。ジャガイモ栽培に関しては、チューリヒ政府が普及を促進するために十分の一税の対象から外したこと、さらに、前節で触れた交替休耕式農法だと栽培作物の切り換えが三圃制より容易であったことが、オーバーラント地方で栽培が急速に広まった原因として挙げられる（参考文献⑤92〜99頁、⑦41

頁。⑦ 41 頁では、オーバーラント地方のうち、ウスターなどがある上グラット谷では、普及したのは 19 世紀になってからとされている）。

衣服

　着る物も変化した。家内労働者たち、とくに女工たちの最大の関心は、自分が農民と違うことを誇示することであった。つまり伝統的な農民的衣装から、安物ではあるが派手で目立つ服装になった。また帽子などにも流行を採り入れた。

　家内女工たちの嫌った、伝統的な農民の衣装とはどのようなものだったのか。まず、野良仕事では避けられない温度差や風雨に耐えられるよう、厚手でしっかりした作りであることが必要だった。デザイン、色、柄などは重要ではなかった。さらに、昔から服装は地位、性別、身分などによって決められていた。農民の服装は地味で質素でなければならなかった。世間の目も、決まりに従うことを強いた。富農の娘でも、村で派手な服装をしていると嘲笑の的となった。

　これに対し、家内女工たちは派手好きだった。世間はつねに、彼女らは服に金を使いすぎると非難した。また、彼女たちが伝統的な服装を否定し、都会風のモードに走っているという非難も多く聞かれた。これに対しブラウンは、次のように解釈を訂正している。まず、彼女たちはずっと以前から伝統的な共同体などには属していなかった。服装の変化は、そうした現状に合わせた結果にすぎない。また、都会のモードの単なる真似であるというのも正確ではない。派手すぎるのは、都会の上流階級ではむしろ否定されるであろう。安物だが派手という特徴は、農民との違いを強調したい家内女工たちのアイデンティティの現れであった。また、肉体労働に従事する農民の服から都会風に変わるには理由がある。屋内で過ごす時間が長い彼女たちの労働・生活様式そのものが、自然から切り離されているという点で都会化されていたからである（参考文献⑤ 101 ～ 108 頁、⑦ 41 ～ 42 頁）。

表 3-3 1634 ～ 1800 年にできた新集落

標高	600m 以下	600 ～ 700m	700 ～ 800m	800 ～ 900m	900m 以上
数	11	39	77	47	29

（参考文献⑤ 158 頁から筆者作成）

住居

　三圃制農法をとっている農業専業地域では、家屋は村の中心部に集まっており、家屋の数を増やすことは禁じられていた。したがって、前にも書いたように、跡取りでない次男や三男には家は持てず、結婚もできなかった。こうした地域では、ひじょうに大きな農家が一所にまとまって建っていた。さらに、村の外に家を新築することも禁じられていた。村の閉鎖性は徹底しており、移入者を受け入れないだけでなく、現在の構成員の増加も許さなかった（参考文献⑤ 156 ～ 157 頁）。

　他方で家屋が散在するだけのオーバーラント地方では、家の新築・増築は自由だった。例として、オーバーラント地方に水源を発し、ヴィンタートゥアを通ってライン川に注ぐテース川の流域を考察する。川の流域にあった集落（村、散村、独立家屋）の数は、1634 年には 260 であった。その後 1800 年までに 219 の新たな集落が作られた。その大部分がオーバーラント地方で、ゲマインデ（自治体）名ではフィッシェンタールが 90、シュテルネンベルクが 36、バオマが 39 であった。これらを合わせただけで 165 であり、新集落の 3/4 を成した。さらに、高度別にそれを示したのが表 3-3 である。新集落が高地に作られたことが一目瞭然である。

　当然人口も急増した。上に挙げたオーバーラント地方の代表的な 3 ゲマインデと、テース川沿いの低地 3 ゲマインデの人口増加を示したのが表 3-4 である。オーバーラント地方の増加率は低地の 3 倍以上であった。

　さて、このように人口が急増していたオーバーラント地方には特異な住居形態が発達した。フラルツハウス（Flarz-Haus）と呼ばれる住居がそれである。比較的小さい、幅の狭い 2 階建ての住居の横に、ぴったりとつけて 2 世帯目を増築する方式で、いわゆる「長屋」である（図 3-5）。

063

表 3-4　1634〜1771 年の人口の増加

	1643 年	1771 年
フィッシェンタール	466	1,789（＋1,323 人）
シュテルネンベルク	152	805（＋653 人）
バオマ	453	2,487（＋2,034 人）
小計	1,071	5,081（＋4,010 人、4.74 倍に増加）
低地の 3 ゲマインデ	1,700	2,354（＋654 人、1.38 倍に増加）

（参考文献⑤ 159 頁から筆者作成）

図 3-5　バオマのフラルツハウス（長屋）

（出典）http://images.gadmin.st.s3.amazonaws.com/n63539/
images/trzodetail/flarzhaus_freddi.jpg

　こうした、動物の節にも似た世帯がいくつもつながると、多節動物のような外観になる。ブラウンによれば、「多節動物」のたとえは外形だけのことではなかった。全部で1匹の生命体であるという点も共通していたのである。というのは、このような長屋に住んだのは、両親とその子どもの兄弟一族だったからである。作り方は、まずもともと単独で建っていた家屋を壊し、そこに2節がくっついた家を新築した。一方には両親が、もうひとつには長男夫婦が住んだ。この後、たとえば次男が結婚して所帯を構えると、左右どちらかに1世帯分増設した。これが孫やひ孫の代まで続けば、かなりの節の数になる。そして、住んでいるのはひとつの家族であった（参考文献⑤ 162 頁、⑦ 38 頁。⑦ 38 頁によれば、「長屋」形式が普及したことに、「戸数を増やさない」という農村社会の伝統的な考え方が影響を及ぼしていた）。

5 改革派の倫理との関係

カルヴァン派がそうであったように、チューリヒの改革派の教義を築いたツヴィングリ（1484～1531年）もまた、働くことの重要性を強調した。より正確にいうなら、働くことが尊い以上に、無為が悪とされた。ツヴィングリの教義を採り入れて以来、改革派の教会は、チューリヒの住民にこの教えをたたき込んだ。くり返しいわれたスローガンで表すなら、「無為はすべての悪徳の始まり」であり、また「無為は悪魔の枕」であった。ブラウンによれば、資本主義初期の児童労働の過酷さは、この文脈でのみ理解可能であり、また評価可能である（参考文献⑤ 183頁）。たしかに、睡眠時間すら満足にとれない1日16時間もの労働時間を子どもに課して親が何とも思わなかった理由は、怠けて悪魔に魂をとられるのを防ごうという親心からと考えれば、何とか理解できる。かくして、勤労の重要性が最大限に強調された。

ところで、スイスの工業製品の多くは奢侈品、贅沢品であった。このことから改革派は、思想上のジレンマに陥った。なぜなら、贅沢を嫌い倹約に努めることも改革派の倫理の重要な要素だったからである。いまでも「プロテスタント的禁欲主義」という言い方が聞かれるくらい、倹約は重要な徳目のひとつであった。そこで、ジレンマを解消するための知恵を借りようと、1779年にバーゼルのある民間団体が懸賞論文を募った。「国の命運が商業にかかっている国スイスで、市民の贅沢をどの程度抑えるべきか」がテーマであった。入選した論文の主張をまとめると、次のようであった。（1）器用さと勤勉は豪華さの父である。豪華な製品を作る能力は、作り手の欲求が繊細で幅広いほど磨かれる。（2）水にしか欲求を感じない者に、いいワインは作れない。（3）製品の品質でそれが売れるかどうか決まるが、高品質の製品を作れるのは、違いのわかる作り手だけである。

ここまでで、以下のようなことが明らかであろう。識者たちは次の道理

を見抜いていた。贅沢品の製造に国の命運がかかっているスイスでは、贅沢を敵視することはできない。また、高品質の贅沢品を作るには、作り手自身がそれに慣れ親しんでいる必要がある。ところが、これまで為政者や教会が叫んできたことは、贅沢は「肉（人間の欲望）の解放」で、国を滅ぼす最大の敵だということだった。国を滅ぼす最大の敵を製造することが国民を養っている、この矛盾に政府は悩まされた。

　余談だが、この議論はわれわれにも馴染みがある。1960年頃の高度経済成長期に、倹約を説くそれまでの道徳が突如として「消費は美徳」という価値観に変わった。このことと基本的には同じである。

　話を戻すと、結局、入賞した3論文（そのうちの1本は、有名な教育家であるペスタロッチが書いたものだった）はいずれも、贅沢禁止法を作ることには反対したが、どう考えればいいかを示すことはできなかった。この問題がやっかいなのは、贅沢が改革派の倫理に反する、というだけでは済まないことにあった。服装について前述した箇所でも述べたが、何を着るかは身分の観念と密接に結びついていた。したがって、自由にしてしまうと、身分というものの上に成り立つ現在の社会秩序まで瓦解するのではないかと政府は恐れたのである。しかし、オーバーラント地方の家内女工の行動パターンが示すように、そのような固定された身分制は、すでに過去のものになりつつあったのである。ブラウンは、この時代の贅沢と身分の関係を次のようにしめくくっている。「これまでは身分（の上下が）が贅沢を決めたが、いまや贅沢できる者が身分を決める」と。つまり、金のある者が上なのであって、もはや身分は形骸化していたということである（参考文献⑤108〜115頁）。

　次に、「時は金なり」の観念の成立を説明する。当時の庶民にとって家内労働は、仕事があればの話であるが、いつでもできるものであった。他方で農業の場合はそうはいかない。暗くなれば働けないし、悪天候だったり畑が雪に覆われればできない。ここで、もっとも庶民的で誰にでもできる、糸を紡ぐ活動を考えよう。作業に熟練は要らない。そして、量をこな

せばそれだけ現金に結びつく。「時は金なり」という近代のスローガンを
これほど実感させる作業はないであろう。

　一定時間働けば、一定額の金と結びつく。この考え方が、ある種のノル
マとして独り立ちし、さらに過酷になったものが当時「ラスト Rast」と
呼ばれた考え方かつ制度であった。Rast を辞書で引くと「休憩」とある。
当時チューリヒで使われた「ラスト」の語も、もとはといえば、際限がな
い家内労働の区切りとしてある仕事量を決め、それを達成したら休めると
いう目標作業量を意味した。子どもの場合は、宿題のようなもので、親が
決めた、それが終わるまで遊べない仕事量だった。たしかに、親と同居で
きる子どもならそれでよかった。しかし、当時のオーバーラント地方の現
実は厳しかった。

　たとえば、貧しい家内労働者の狭い家に子どもが7人いたとする。家は
飽和状態である。誰かが家を出てくれれば大助かりである。オーバーラン
ト地方の貧しい家内工の家庭では、ラストは自分の生活費を自分で稼ぐだ
けではなく、稼いだ金で下宿し、実家に住む人間を1人減らすことを意味
した。10歳にも満たない幼い子どもが他人の家に下宿させられた。これ
を原語でフェアコストゲルデン（verkostgelden）という。そのすべての費用
を賄えるだけの金額が彼らにとってのラストであった。この行為を通して、
親を養育の義務から解放することが「ラストを与えること＝ラストゲーベ
ン（Rastgeben）」と呼ばれた。非情というほかないが、貧乏人の子だくさ
んそのものだったオーバーラント地方の貧しい家内労働者にとって、子ど
もはある意味で重荷だった。できればいなくなってほしい存在だったので
ある（参考文献②299〜305頁、⑤82〜89頁、⑦38〜40頁。⑦38〜40頁によ
れば、家を持たず借家住まいだった貧民は子だくさんではなかったという。だとした
らここで描いている例は、粗末でも家を持つ家内工とはいえ、小さくて全員収容でき
ないような家に住む家族ということになる。また、そのような家庭環境であれば子ど
もも早く自立したいだろうから、ラストを非情とのみ捉えるのは誤りかもしれないと
指摘されている）。19世紀になって工場が登場すると、安価な児童労働が好

んで使われたが、その際多数の子どもたちが工場の近くに下宿させられた。しかし、親たちは子どもを手放すことにまったく抵抗を感じなかった。というのも、家内工業の時代から、すでにこのラスト制度によってそのようなことに慣れ親しんでいたからであった。ラスト制度は、チューリヒの工業化における陰の面の最たるものであろう。

　最後に、景気変動や流行の変化に収入が左右される不安定性を、オーバーラント地方などの貧しい家内労働者がどう考えていたかを説明する。前述したように、改革派にとって無為は罪であった。したがって、働ける者は誰しも働くべきであった。興味深いのは、教会が実施した救貧活動を受けるためには、自分でも製糸などの仕事をしていることが前提条件だったことである（参考文献⑤ 215 頁）。裏返していえば、働けるのに怠けている者を救う必要はないと考えられていた。そんな者を救うことは、罪人を救うに等しいのである。

　さて、オーバーラント地方の家内労働者たちはほとんどが貧しかった。貧しいから家内労働に従事していた。この、「貧しい」ということの捉え方も、宗教改革以来大きく変わった。新約聖書には「金持ちが神の国に入るより、らくだが針穴を通る方がまだ易しい」（マタイ福音書第 19 章 24）という一節がある。民衆はこの一節を、貧しさは人間を救うと捉えた（参考文献⑤ 224 頁）。しかし教会も政府も、この考え方を必死で退けた。貧しさが悪ではなく善だとしたら、物乞い行為が正当化されてしまうからである。教会も政府もそれを恐れた。実際、不況などで食えなくなった者が大勢で物乞いをして回る現象が、当時しばしば見られた（参考文献⑤ 237 〜 239 頁）。またその訪問を受けた側は、施しをするのが信者の勤めであると考えた。

　くり返しになるが、家内労働者の仕事は景気変動や流行の変化に左右された。何日も仕事がないこともまれではなかった。だが非常時のために節約して貯金をするという発想は、18 世紀の家内労働者にはなかった。景気がよくて収入も良好な時には、彼らは普段はできない贅沢をして金を使ってしまった。あるいは、むしろ働かないで遊んでしまう方を選んだ（参

考文献⑤ 231 頁）。

　そのため、仕事のない時は悲惨であった。狭くても菜園などを所有している者は、食糧をある程度自給できたからまだましであった。これに対し、まったく土地をもたない者は救貧活動にすがるほかなかった。実際、困窮期であった 1790 年には農村住民約 15 万人のうち 2 割近くが援助を受けており、さらにオーバーラント地方では困窮者が 4 割に達したという記録がある（参考文献⑤ 229 〜 230 頁）。そのような、餓死寸前という経験をすれば、次の好況期には将来のために貯えをしてもよさそうなものであるが、改革派の信者たちは困窮を神が与えた試練と考えて、避けるのではなくあえて耐え忍ぼうとした。興味深い話に、避雷針が敵視されたというものがある。避雷針は、落雷を避けるために、ヨーロッパでは 18 世紀中ごろに登場した工夫である。しかし多くの民衆は、避雷針を罰当たりな存在だと嫌っていたという。理由は雷が落ちるのは神の意志だと考えたからである。神がそこにいる人間、あるいは家を罰したくて落としているのである。それなのに人間が、その罰を免れる工夫をするのは、神への冒瀆と捉えられたのであった。このように、神が与えた試練なら甘んじて受け容れようという姿勢が、困窮に対しても見られた（参考文献⑤ 203 頁、⑦ 44 〜 45 頁）。

おわりに

　スイスの工業化について述べるにあたり、生産形態が手作業から機械に変わった（＝産業革命）こと以上に、人々の心と生活が工業の普及に合わせて変わったことのほうが重要だと考え、本章ではおもに産業革命に先立つプロト工業化を紹介した。ここでは 18 世紀チューリヒ農村を中心にとりあげたが、その後のスイスの工業化については、拙稿（参考文献③）と黒澤氏の詳細な分析（参考文献①）などを参考にしてほしい。

　本章のハイライトのひとつに「ラスト制度」が挙げられる。これについて、最後にひとつ思い出話をしておきたい。筆者は 1982 〜 83 年にベルン大

学に留学した。その際、ある時保育所のことが話題になった。当時スイスでは、昼に子どもを自宅に帰して食事させる学校が多かった。だから昼の市電は子どもで満員である。これでは母親は働けない。その話題の延長上で保育所の話になったが、スイスの女性は保育所に抵抗がある人が多く、だから保育所の数が少ないと知った。理由を何人かに聞いたところ、昔子どもを家から放り出して下宿させた時期があって、そうした過去の経験が記憶のなかで罪悪感になっているのだろうと一人が解説してくれた。いまにして思えば、このラスト制度のことに違いない。今日のスイスはひじょうに豊かになり、貧困など無縁に見えてしまう。しかし、このような暗い過去があったことも知ってほしいと思い採り上げた。

参考文献

① 黒澤隆文『近代スイス経済の形成』京都大学学術出版会、2002 年。
② ブラウン、ルードルフ「チューリヒ州におけるプロト工業化と人口動態」F・メンデル／R・ブラウン他著『西欧近代と農村工業』北海道大学図書刊行会、1991 年、267-322 頁。
③ 渡辺孝次「工業化、経済危機と社会運動」森田安一編『スイスの歴史と文化』刀水書房、1999 年、235〜261 頁。
④ Bergier, Jean-François, *Histoire économique de la Suisse*, 2è tirage, 1984 Lausanne.
⑤ Braun, Rudolf, *Industrialisierung und Volksleben*, Zürich, 1960, 2. Afl. Göttingen, 1979. 本書の英訳は、Braun, Rudolf(著), Hanbury Tenison, Sarah(翻訳), *Industrialisation and Everyday Life*, Cambridge University Press, 1990, 1st Paperback 2005.
⑥ Braun, Rudolf, *Das ausgehende ancien Régime in der Schweiz*, Göttingen und Zürich, 1984.
⑦ Jäger, Reto/ Lemmenmeier, Max/ Rohr, August/Wiher, Peter, *Baumwollgarn als Schicksalsfaden*, Zürich 1986.

スイス・アルプスへの旅
アルピニズム・鉄道・観光業

森本慶太

■1 ツーリズムの黎明期──アルプスの「発見」からアルピニズムへ

　スイスのアルプス地域が、日本を含む世界中から多くの観光客を集めていることは周知の事実である。しかし、そのツーリズムの歴史に関する研究は、最近まで活発ではなかった。なぜなら、スイスの観光業は貿易赤字の相殺に貢献している点で無視こそできないが、「輸出産業」としての地位は第4位にとどまり、決して基幹産業とまではいえないからである。スイスでもツーリズムに対する歴史学界の関心は高くなく、日本では「観光立国」として知られながら、その実像はなかなか伝わってこなかった。しかし、世界規模でのツーリズムの拡大による経済効果や環境・社会・文化に与える深刻な影響が注目されるにしたがって、ツーリズムへの関心は急速に高まっており、スイス・アルプスを対象にした研究も近年ようやく増加しつつある。

　本章では、19世紀後半から同様にアルプスを擁する周辺諸国にさきがけて、いち早く観光開発の進んだスイスを中心にツーリズムの歴史を概観する。その際に、ツーリズムが経済・文化・社会・政治のさまざまな側面にまたがる総合的な現象であることに留意して、スイス・アルプス地域のツーリズムの歴史的発達を展望したい。

アルプスの発見

　現在ではスイスの重要な観光資源となっているアルプスだが、近世までは悪魔の住む土地として、人びとの恐怖の対象となっていた。しかし、18世紀になるとアルプスへの関心が次第に高まってくる。
　その第1の要因としては、科学的研究の対象となったことが挙げられる。

アルプスは地質学、気候学、生物学、氷河学の研究に対する絶好の資料を提供した。たとえば、ドイツの文豪ゲーテは科学にも強い関心を抱いており、3度（1775年、1779年、1797年）にわたりスイス旅行をおこない、アルプスの自然体験に基づいた研究を発表している。スイスではすでに、チューリヒの医師で自然学者であったヨハン・ヤーコプ・ショイヒツァーが、数度にわたる研究旅行記として『スイスの自然史について』（1706〜08年）を著している。そこで書かれたアルプスの氷河の描写は、19世紀以降に氷河観光ブームが起こるきっかけとなった。

　アルプスへの関心が高まった第2の要因として、同時代に起こった自然観の変容を挙げることができる。ジュネーヴ出身の思想家ジャン＝ジャック・ルソーは、『新エロイーズ』（1761年）をはじめとする著作で、アルプスの自然を「発見」・称揚した。同時期のスイスでも、ベルン出身の医師アルプレヒト・フォン・ハラーの詩「アルプス」（1729年）が、アルプスへの憧れを表現した。こうして形成されたロマン主義的な自然観が、恐怖の対象だったアルプスを、「文明」や「都市」に対置される憧憬の地へと転換させることになった（8章も参照）。

アルピニズムの隆盛

　このような自然観の変容が、ヨーロッパの人びとにスイスを目的地とするツーリズムへの需要を呼び起こす下地となる。スイスは、イギリスの貴族子弟によるフランスやイタリアへ向かうグランド・ツアーの通過地点にすぎなかったが、18世紀末から19世紀初頭になると、その目的地のひとつとして注目されるようになる。たとえば、18世紀後半に著名な知識人の集った「文芸共和国」ジュネーヴが、現在につながる国際都市としてすでに多くの来訪者を迎えていたように、レマン湖畔の諸都市は人気の観光地であった。

　従来は通過地点に過ぎなかったスイスが、旅行目的地となるうえでより直接的なきっかけとなったのが、ヨーロッパにおけるアルピニズム（登山）

の隆盛である。

　すでに18世紀末には、ジュネーヴ生まれのオラス＝ベネディクト・ド・ソシュールが、フランス領のモンブランをはじめとするアルプスの山々を踏破している。現在では「登山の父」とも呼ばれているが、彼の目的はあくまでも自然科学者としての研究にあった。

　近代スポーツとしてのアルピニズムは、19世紀初頭から始まり、1854年から65年にかけての時期が最盛期であるといわれる。1854年時点では、たいていのアルプスの高峰は未登頂であったが、65年には90％以上が征服されていた。

　そのクライマックスを飾るのが、イギリス人登山家エドワード・ウィンパーによるマッターホルン登頂（1865年）であった。彼に代表される登山家の活躍は、多くの人びとにアルプスへの憧憬を引き起こし、やがて登山の拠点であったツェルマットやインターラーケンが登山家以外の人びとも訪れるリゾート地へと変貌していく素地となった。

アルペンクラブの誕生

　こうしたアルピニズムの隆盛を先導したのは、イギリスであった。1857年に、イギリスアルペンクラブが国家レベルとしては世界最初の登山家の団体として設立された。1862年には、大陸ヨーロッパ最初のアルペンクラブとして、オーストリアアルペンクラブが設立され、その後、1863年にはスイスアルペンクラブとイタリアアルペンクラブが、さらに1869年にはドイツアルペンクラブが結成されるなど、短期のうちにヨーロッパ各地で国家レベルでの登山団体の設立が相次いだ。このうち、ドイツとオーストリアのアルペンクラブは合併して、1873年にドイツ・オーストリアアルペンクラブとなった。

　イギリスアルペンクラブの会員は、ミドルクラスに属する人びとが中心であったが、社会から敬意を払われる「ジェントルマン」であることを重視しており、たんに富裕であるだけでは加入するのが困難であった。さら

に、その活動内容を旅行などの余暇活動とは一線を画したスポーツとしての登山に限定しており、会員資格と活動内容の双方に大衆的基盤を欠いていた。他方、ドイツなど大陸のアルペンクラブはブルジョワ層に開かれていたため、会員の属する社会層は幅広く、アルプス地域の観光振興に貢献した。ただし、アルピニズムだけがスイスのツーリズムの急成長に寄与したとはいえない。19世紀半ばのアルピニズムの高揚期は、まだ山岳鉄道が整備されておらず、スイス・アルプスが誰でも訪問可能な観光地となるには、19世紀の末を待たなければならない（くわしくは第3節）。

❷ 近代ツーリズムの誕生——鉄道・ガイドブック・旅行会社

　19世紀半ば以降、イギリスをはじめとする国外からスイスへ向かう観光客が急増する。その背景としては、交通インフラとメディア、そして旅行業の発達に支えられた近代ツーリズムの確立があげられる。

　鉄道や蒸気船の登場にともなう交通網の整備は、諸外国からスイスへの移動時間を短縮し、大量の人びとをスイスへいざなった。19世紀初頭、アルピニズムの高まる以前から、湖畔の観光地が上流階級の人気を集めていた。具体的には、レマン湖を望む都市ジュネーヴやモントルー、ルツェルン、インターラーケンである。とりわけ、トゥーン湖とブリエンツ湖をつなぐ位置にあるインターラーケンは、名峰ユングフラウを望むリゾート地として発展した。湖上には、1820年代以降、新しい交通機関である蒸気船が就航し、人びとの人気を集めた。また、周辺諸国と接続する幹線鉄道の整備は、外国人観光客、とくに登山家のアルプスへの接近を容易にした。

　近代ツーリズムの形成において、印刷メディアの普及も重要である。旅行ガイドブックの普及によって人びとは、事前に行き先の情報を容易に入手することが可能になった。イギリスでは、1838年にマーレー社が最初のスイス旅行ガイドを発刊した。さらに、出版社を変えつつも現在まで刊行されているドイツの旅行ガイドブック『ベデカー』のシリーズは、1844年

図4-1 スイスの地勢と主要観光地

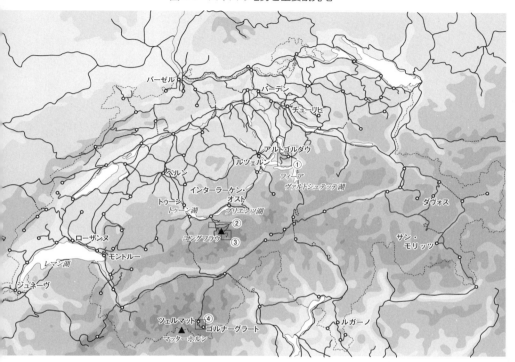

（出典）長真弓『スイスの鉄道――アルプスから碧水の湖畔、石畳の町までを網羅』JTB、2003年、見返しをもとに作成。

に『スイス』の初版を刊行して以降、ドイツ語のみならず、英語やフランス語版も発行している。後者は、地図と文字による詳細な情報提供が特徴であり、写真の豊富な現在のものとは一線を画す内容となっていた。

さらに見逃せないのは、同時期に登場した旅行会社が交通インフラとメディアの特性を効果的に結びつけて、観光旅行を組織したことである。イギリスでは、家具師であり禁酒協会の活動家だったトーマス・クックが、大量輸送機関として普及しつつあった鉄道に着目し、1841年に禁酒運動家のツアーを組織した団体旅行をおこなった。同様に組織化された団体旅行にはいくつもの前例が存在するものの、トーマス・クックのツアーは近

代マス・ツーリズムの幕開けを示す象徴的事件であった。当初は禁酒運動の一環の慈善事業として出発したクックの団体旅行であったが、その後正式に旅行会社として事業を開始した。イギリス国外にも進出したクックは、1863年にスイスツアーを組織している。クックに代表されるイギリスの旅行会社は、スイスの主要都市や観光地に事務所を設置し、鉄道会社や現地ホテルと協定を結んで、チケットやクーポンを観光客に提供した。スイスの鉄道会社や宿泊業界の側でもこうした動きを歓迎したため、旅行会社の進出はスムーズに進み、スイスはイギリス人の主要な観光地のひとつとして定着し、「ヨーロッパの行楽地」（イギリスの文学者レズリー・スティーヴン）へと成長するのである。

3 「ベル・エポック」の時代——産業化するツーリズム

　1880年代から1914年にかけては、スイスの観光業が大きな発展を遂げた「ベル・エポック」の時代であり、スイス・アルプス地域では、現在でも世界的人気を維持する代表的観光地域が形成されることになる。

　では、ツーリズムの興隆を支えた観光客はどこからやってきたのだろうか。当時の観光客出身国の傾向とその規模について確認しておこう。

客層・観光地の変化

　19世紀初頭から、グランド・ツアーやアルピニズムといった流行を先導してきたのは、イギリス人観光客であり、長年にわたりスイスのツーリズムの発展を支えてきたのは彼らである。しかし、普仏戦争（1870～71年）を転機として存在感を増してくるのが、工業国としてイギリスをしのぐ経済成長を続けていたドイツからの観光客である。ドイツでは、1873年に上級官吏を対象とした病気療養のための有給休暇制度が導入されて以降、休暇の適用範囲は拡大していき、第一次大戦前夜には民間の職員層の大部分も有給休暇をとることが可能になった。しかも、ドイツでもアルプスへ

の関心が高まったことで、1880年代以降スイスを旅行するドイツ人が急増し、イギリス人の数を上回るほどになった。1890年代から1914年の第一次大戦の開戦まで、スイスを訪れるドイツ人の割合は外国人全体の1/4〜1/3程度で推移し、戦後のヴァイマル共和国の時代においても1/5を超えていた。

　この時代の主要な観光シーズンは夏季であった。すでに1880年頃にはイギリス人を通じて、スキーやそり、スケートをはじめとするウィンタースポーツが普及しつつあったが、結核保養地ダヴォスを例外として、冬季は多くの地域でホテルが営業を休止しており、冬季観光の規模はまだ大きいものではなかった。

　19世紀後半に隆盛するアルプス観光の拠点として発展したのは、ベルナーオーバーラント山群の谷間に位置するグリンデルヴァルトやラウターブルンネン、マッターホルン登攀の拠点として著名なヴァリス（ヴァレー）のツェルマットなどであった。さらに、19世紀の末から20世紀初頭にかけて、結核治療などの療養を目的とした観光地が形成される。たとえば、先にもあげた、のちにトーマス・マン『魔の山』の舞台となるグラウビュンデンのダヴォスやサン・モリッツ、ヴォーのレザンなどが保養地として整備された。

鉄道網の発達

　こうした一連の観光地の開発において重要なのは、州や民間レベルで推進された山岳鉄道の整備である。

　1870年代以降、とくに1880年代から90年代にかけて、これらスイス・アルプスの観光地への交通手段として、幹線鉄道と接続する形で山岳鉄道が建設され、従来はアクセスが容易でなかった土地へのツーリズムの浸透に貢献した。高地への鉄道網整備を可能にしたのは、急勾配の行き来を可能とするラックレール式鉄道の導入であった。1871年には、フィーアヴァルトシュテッテ湖を見下ろすリギ山のルツェルン側から、スイス初と同

図 4-2　リギ鉄道

2008年リギ・クルム駅にて筆者撮影。軌道中央にラックレールが見える。

時にヨーロッパ初となる登山鉄道が建設された。1873年には、シュヴィーツ側からも鉄道が建設され、山頂までの交通が二手から整備された（図4-1①、図4-2）。ベルナーオーバーラントの峡谷地域へは、1890年にインターラーケンとグリンデルヴァルトを結ぶベルナーオーバーラント鉄道（図4-1②）が開業したのを皮切りに山岳鉄道網が形成されていった。1894年に建設を開始したユングフラウ鉄道（図4-1③）は、この地域の登山鉄道建設の集大成となった。1912年に完成したこの登山鉄道は、山中にトンネルを通し、ユングフラウの頂上近く、標高3,454mのユングフラウヨッホ駅まで観光客を運んでいる。さらに、ツェルマットからマッターホルンへ向かう路線としては、1898年にゴルナーグラート鉄道（図4-1④）が開業している。このように、山岳鉄道による交通アクセスが確保されたことで、必ずしも登山を趣味・目的としない人びとでも、アルプス観光を楽しむことが容易になったのである。

　余暇の広がりと鉄道という交通インフラのさらなる整備によって、スイスにおけるツーリズムの規模もいっそう拡大し、諸外国からスイスへの旅行が可能となる社会階層は、貴族や教養市民層にとどまらず、新中間層の人びとへも広がった。その目安として鉄道利用者の等級別割合の変遷をみてみると、1880年から1914年にかけて三等車を利用する客の割合が増加しているのに対して、一等車と二等車の割合は減少している。

　旅行者のすそ野が拡大した結果、全体として、スイスへの観光客は第一次大戦の直前まで恒常的に増加した。スイスのホテルへの年間宿泊数の

変遷をみると、1894年から1905年の約10年間で、約950万泊から約1,850万泊へと倍増し、1913年には約2,200万泊を記録した。20世紀初頭にスイスの観光業は、1960年代にマス・ツーリズム現象が生じてくるまで超えられることのない絶頂期を迎えたのである。こ

図4-3 ポントレジーナ（エンガディン地方）のパレス・ホテル

（出典）Francesco Dal Negro, *Hotel des Alpes: Historische Gastlichkeit von Savoyen bis Tirol／Storie di alberghi ed albergatori dalla Savoia al Tirolo*, Baden: Hier + Jetzt 2007, S. 268.

の時代には、高級ツーリズム（Luxustourismus）がマス・ツーリズム（Massentourismus）へ転換する兆しもみられた。

宿泊施設の整備

　交通インフラの充実と並行して、観光地ではホテルなどの宿泊施設が整備された。なかでも注目されるのは、スイス各地で上流階級を対象にした「宮廷風ホテル」（図4-3）が多数建設されたことである。高級ホテルの急増にみられるように、当時のスイスは著名な「ホテル王」を幾人も輩出している。世界的ホテルチェーン、リッツ・カールトンの創始者として知られるセザール・リッツもヴァリス（ヴァレー）州出身である。一方、スイス観光業においてとりわけ存在感を示したホテル王としては、1854年にツェルマットでホテル「モンテ・ローザ」を創業したアレクサンダー・ザイラーをあげることができる（ケーススタディ「ホテル経営者ザイラーとツェルマットの観光開発」参照）。

　19～20世紀転換期は、オーストリア、バイエルン、それにフランスといった周辺諸国のアルプス地域との競争が激しくなった時代でもある。快適さや上質なサーヴィスを求める顧客の需要が高まるなか、銀行による

積極的な投資に後押しされ、19世紀末以降スイス各地では、高級志向に特化した小規模なホテルが新規に参入してきた。1894年のホテル件数は、1,693軒であったが、1912年には3,585軒とほぼ倍増している。それ以上に注目すべきは、個別のホテルの小規模化である。1912年には、50台未満のベッド数しかない小規模経営のホテルの数が、全体の73％を占めていた。ベッド1台あたりへの平均投資額は19世紀末の5,985フラン（1894年）から6,736フラン（1912年）へと増加した。これには、電気照明、給湯、浴室、エレベーターの導入など、設備面での技術革新にホテルが積極的に応えようとしたことも関係している。

社会経済的影響

　観光業は、鉄道やホテルの建設によってアルプス地域の風景を変えたばかりでなく、社会経済的にも大きな変化をもたらした。農業生産力が乏しく、工業化から受ける恩恵も限られていた山岳地帯では、観光業が雇用の場を創出したことで、都市への人口流出を抑制する役割を果たした。たとえば19世紀後半のダヴォスでは、人口が増加傾向に転じ、1850年に約1,700人だったのが、世紀転換期に急増し、1910年には約1万人に達した。観光地には、リッツやザイラーのように「ホテル王」となる者を頂点に、ホテルの支配人やコンシェルジュといった指導的立場に就く者、それにウィンタースポーツのインストラクターや登山ガイドとして生計を立てる者たちが出現した。くわえて、低賃金労働をいとわずに現場で働く人びととして、スイス人女性や、おもにイタリアなどからやってくる外国人労働者の存在は無視できない。外国人労働者は、スイス市民権の付与を希望したが、試験合格や言語能力の証明が容易ではなく、結果として、観光地では外国籍住民の割合が増加することにつながった。

　以上のように、とりわけ1880年代以降、スイスへの国際観光は大きく成長し、ツーリズムがスイス経済のなかで無視できない産業へと成長していく。それにともなって、観光業界の側でも組織化の動きが現れ、経済界

に対し観光業の重要性を主張するようになる。

　なかでも19世紀末から20世紀初頭にかけて、ツーリズムの興隆をスイス側で支えたのは、高級ホテルを中心とする宿泊業界であった。当時は観光業全体を束ねる業界団体はまだ存在せず、全国レベルの団体としては、宿泊業界団体や各地の観光協会の連合体が存在した。このうち、宿泊業界の組織化はとくに重要である。1882年に結成されたスイスホテル協会（当初の名称はスイス旅館業協会、1890年改称）は、中上級ホテルを代表する業界団体として、スイス観光業界のなかで大きな発言権を持つことになる。この団体は機関紙の発行を通じて業界利益を積極的に主張したほか、ローザンヌのウシーに設立されたホテル専門学校（1893年設立）の運営や、独仏伊3ヵ国語によるホテルガイドブックの刊行、さらにホテルの現状に関する統計調査の実施にいたるまで、さまざまな活動をおこなった。これらのうち、ホテル専門学校はホテルマン育成機関として現在でも世界的名声を維持している。観光業全体が組織化に向かう1930年代まで、ホテル協会は観光業界の利益を代表する存在として、観光振興の場で大きな役割を担うことになる。

❹ ツーリズムの「暗黒時代」

第一次大戦期の危機と観光振興

　第一次大戦の勃発した1914年から50年にかけての時期は、スイスのツーリズムにとって「暗黒時代」であり、そこから脱出するための模索が続けられた時代であった。第一次大戦の勃発は、右肩上がりの急成長の終わりを意味した。ドイツやイギリスなどの周辺諸国からの訪問者は激減し、観光業に大打撃を与えた。戦間期には一時的に持ち直すものの、旅行の嗜好の変化や世界恐慌による経済危機の到来が、観光業界に新たな課題を突きつけた。

　まず、1914年以降におこなわれた観光振興へ向けた取り組みについて紹

介しよう。すでに 20 世紀初頭には、ツーリズムが貿易赤字を相殺する産業として注目を集めつつあった。さらに諸外国との競争の激化は、観光振興策の必要性を高めた。スイスと競合する観光地を擁するオーストリアやフランスでは、国家レベルでの観光振興策がはじまっていた。オーストリアは、1908 年に労働省内に観光担当の部署を置き、フランスも、1910 年に国家観光局を設立した。スイスの観光業界もこうした諸外国の動向を注視して、連邦政府に同様の観光振興策を採用するよう迫っていく。たとえば 1911 年に、国民議会議員のアレクサンダー・ザイラー（2 代）は、国が関与して対外観光宣伝を実施する観光局の設立を連邦政府に提案した。大戦の勃発により、その実現に向けた作業は一時的に中断したが、1917 年に「全国旅行振興協会」が設立され、チューリヒ（1918 年）とローザンヌ（1920 年）に設置した観光事務所で事業を展開した。この組織は当初民間の団体として設立されたが、のちに公共団体へ再編され、現在のスイス政府観光局（Schweiz Tourismus）へと継承されていくことになる。

　第一次大戦の影響で疲弊した宿泊業界に対する支援も実施された。すでに大戦直前の段階で、スイスのホテルは構造的な供給過剰状態に陥っていた。さらに戦争の勃発が宿泊業界を直撃し、連邦政府も新規ホテル建設の抑制や融資制度の整備に乗り出すことになった。しかし、こうした宿泊業界の保護を目的とした政策だけでは、対処できない問題も生じてくる。それは、ツーリズムの質的な変化であった。

　具体的には、保養を主目的とした夏季を中心とする長期滞在型のツーリズムの重要性が相対的に低下し、短期滞在型で娯楽を目的とするツーリズムへのニーズが高まってきたことである。スキーをはじめとするウィンタースポーツが興隆し、冬季観光は夏季と同程度の人気を得るようになった。

　さらに、新しい交通機関がこうした傾向を支えた。山々のあいだを結ぶロープウェーや、スキー客を想定したリフトなどの新しい運輸機関が観光地に登場し、スイス・アルプス地域は、技術革新の舞台となった。観光客の出自という点でも、戦争の影響で、観光客の割合の半数を国内のスイ

ス人観光客が占めるようになり、戦間期においてもその傾向は維持された。外国人観光客の割合がふたたび半数を超えるのは、第二次大戦後のことである。ツーリズムに参加する社会層も中間層から労働者層へと拡大しつつあった。

　たしかに、第一次大戦が終結し1920年代の半ばをすぎると、ヨーロッパの経済情勢が安定したことで、スイス観光業は一時的に回復した。しかしこのことがかえって、業界や連邦政府の観光振興への関心を低下させた。当時すでに実行されていた数少ない振興策である観光事務所の運営にしても、スイス連邦鉄道が独自に保有していた宣伝部門と業務の内容が重複しており、組織的基盤は脆弱であった。この重複解消の必要性は繰り返し指摘されながらも、抜本的解決は結局1930年代後半まで先送りにされた。

1930年代の危機と新たな旅行様式の出現

　1930年代に入ると、観光業はまたも危機の時代を迎える。世界恐慌をひきがねとして観光客が激減したのである。外国人富裕層を主な客層として発展してきた観光業は、恐慌の大きな打撃を受け、多数の高級ホテルが倒産した。打撃の大きさは、宿泊数からもみてとれる。1920年代末に約1,950万泊（1928年）まで達した年間の宿泊数は、じつに約1,300万泊（1932年）へと激減したのである。

　急速な景気後退に加えて、新たな客層の参入や旅行様式の変化は、観光業界に対してより積極的な観光振興体制の構築をせまった。1932年には、観光に関連する業界が結集し、スイス観光連盟（以下観光連盟）が設立される。観光連盟は個別の業界利益を越えた存在として、観光業界全体の発言力強化を目指しており、その提言の範囲は宿泊業の支援や交通政策にとどまらず、社会政策や教育政策にまでわたる幅広いものであった。

　ツーリズムを取り巻く環境が大きく変化するなかで、ツーリズムを学術的な研究対象として理解し、それにもとづいて人材育成を進めようとする

動きも現われてくる。観光連盟事務局長のヴァルター・フンツィカーらが構想した、高等教育機関への「観光学」の導入がそれである。これは、1941年のベルン大学観光研究所の創設とザンクト・ガレン商科大学への観光講座設置というかたちで結実することになる。これらの大学を拠点として、第二次大戦中から1960年代にかけてのスイスは世界の観光学研究の中心となった。

　戦間期には、観光連盟の外側からもツーリズムのありかたを変えようという動きがみられた。そのひとつが、ゴットリープ・ドゥットヴァイラーの設立した「ホテルプラン協同組合」（以下ホテルプラン）である。ドゥットヴァイラーは、現代スイスを代表する小売企業ミグロ生協（Migros）の創業者であり、国民議会議員としても既存の政治勢力に収まらない立場から活動するなど、八面六臂の活動で知られた人物である。

　ドゥットヴァイラーは、1935年4月にホテルプランを設立し、6月から事業を開始した。客層としては、国内外の中間層から労働者層を想定し、「すべて込みで前払い」（参考文献② 67頁）のキャッチ・フレーズのもと、交通費や宿泊費、それに観光地でさまざまな施設の共通割引券を一体の価格で提供する、格安のパック・ツアーを販売した。観光目的地として事業の対象となったのは、ルガーノ、中央スイス、ベルナーオーバーラント、レマン湖畔といった地域である。この事業は、ツーリズムの大衆化という問題にドゥットヴァイラーの小売業界で得た経験を持ち込むことで、積極的な対応を試みたものであり、人びとに観光旅行を身近なものと感じさせるうえで、大きなセンセーションを巻き起こした。しかし、「安価なスイス」を標榜し、一種の「価格破壊」の手法を用いたホテルプランの事業や宣伝のあり方は、観光業界の反発を招いた。

　ホテルプラン登場以前にも、余暇の普及を目的とする取り組みは存在していた。1905年以降にオーストリア社会民主党系のツーリスト協会「自然の友」がスイス各地で活動を展開し（1925年にスイス支部設立）、山小屋の運営などを通じて、労働者層への登山・ハイキングの普及に貢献した。ほ

かにも、スイス鉄道員組合による鉄道労働者を対象とする保養施設運営、スイス生活協同組合連合による保養施設運営、それにスイスユースホステル連盟（1926年設立）の活動などが、その事例としてあげられる。こうした取り組みは、収入の少ない人びとにも余暇を楽しむ機会を提供するという、「ソーシャル・ツーリズム」の先駆的試みであった。

Reka の誕生

しかし、スイスにおけるソーシャル・ツーリズムの本格的な展開は、ホテルプランに刺激を受けた観光業界によって着手された。1937年以降、フンツィカーら観光連盟の関係者は、経済界や労働組合と協力して、余暇の組織化を構想し、第二次大戦勃発の直前1939年6月に、余暇・旅行団体「スイス旅行公庫協同組合」（Schweizer Reisekasse、以下 Reka）が設立された。こうした動きの背景には、1937年7月に金属・時計産業部門の労使双方が「労使間平和協定」を締結し、労使関係に融和ムードが形成されていたことがあった。

設立当初の Reka の事業は、スイスの勤労者を対象とする「旅行切手」の販売とパック・ツアーの提供であった。Reka の会員は、割引価格で Reka が発行する旅行切手を購入する。この旅行切手は、Reka に加入している交通機関や観光施設での支払い手段として利用可能で、休暇旅行の促進を目的にしていた。スイスの企業、生活協同組合、それに労働組合は、Reka の組合員として出資することで事業運営を支えた。当時、ドイツの歓喜力行団やイタリアの全国余暇事業団による労働者向けの余暇・観光事業の成果が、大きく喧伝されていた。それに対抗してフランスでも有給休暇や8時間労働の法整備により、労働者層への余暇普及が推進されるなど、国家レベルでの余暇の普及や観光旅行を促進する動きが西ヨーロッパ諸国で共通にみられた。スイスにおけるツーリズムの大衆化に向けた一連の動きも、こうした国際的な文脈のなかでとらえることができる。

1930年代から40年代にかけては、ツーリズムとナショナリズムとの結

図 4-4 ウィンタースポーツによる国防力増強を呼びかける 1940/41 年冬季のスイス観光局のポスター

(出典) 参考文献⑦口絵 7。

びつきが深まった（図4-4）。Rekaの活動も無縁ではない。1940年7月、総動員令の部分解除を目前に控え、連邦郵便・鉄道相エンリーコ・チェーリオは、「休暇をとって仕事の創出を！」（参考文献⑦ 313頁）と国民に呼びかけた。ツーリズムは、国民の労働生産性の向上と国土の再発見によるナショナリズムの涵養に資するものとして認識された。Rekaは、こうした風潮のなかで事業活動を本格的に展開する。もちろん、Rekaによる余暇旅行の奨励は、戦時下で外国人観光客の増加が望めない状況において、国内観光客の需要を開拓するという、観光業界の商業的思惑と切り離すことはできないが、同時代の「精神的国土防衛」の一環としてとらえることも可能であろう。

ただし、Rekaの活動には、観光業界の利害と矛盾しないように腐心する観光連盟関係者の思惑が反映していたことにも注目したい。観光連盟はRekaの設立にあたり、「労使間平和」の理念を前面に提示することで、観光業界にとどまらず経済界や労働組合など、広くスイス社会の各界との協力関係構築に成功し、安定した組織運営が可能になった。さらにその事業も、団体旅行の組織化ではなく個人を対象にしており、交通機関や観光地での支払い手段の提供を主たる内容とすることで、ホテルプランとの差別化を図った。Rekaが構想したソーシャル・ツーリズムとは、余暇の普及という社会的課題と、質の高いツーリズムを維持するという、スイス観光業界の要求を両立させる方策であった。

このように、1914〜50年にかけては、基本的に19〜20世紀転換期に確立したツーリズムの「伝統的モデルの維持」が模索された時代といえるだろう。

5 現代マス・ツーリズムの展開

　21世紀の今日でも、スイスにとってツーリズムは重要な産業のひとつである。近年の観光業は、化学工業、機械工業、時計産業に続く、第4位の「輸出産業」の地位を占め、多くの雇用を生み出す源泉ともなっている。本節では、第二次大戦後のツーリズムの展開について概観したい。

　大戦からの復興が進む1950年代以降、西ヨーロッパ諸国における有給休暇制度の広がり、自動車の普及や航空機による移動時間の短縮にくわえ、経済成長による生活水準の向上によって、旅行は人びとの日常的な消費の対象となった。スイスの観光業も、第一次大戦以来の「暗黒時代」から抜け出していくことになる。しかし、観光業発展の勢いは、19〜20世紀転換期ほど強いものではなく、ようやくその時期の規模を超えるのは、1960年代に入ってからのことであった。遅まきながら、スイスも「マス・ツーリズム」の時代へ突入したのである。

　先述のように、戦間期の段階でスイスに宿泊する国内観光客の割合は、外国人観光客の規模を超えていた。戦後の経済復興にともない、スイスへやってくる外国人観光客数は回復するが、それがスイス人の客数を超えることはなかった。また、外国人観光客の出身国も変化した。戦前は、イギリス人やドイツ人など西ヨーロッパ諸国の出身者が中心であったが、戦後のスイス観光ブームを支えたのはアメリカ人観光客であった。

　戦後のマス・ツーリズムを供給面で支えたのは、安価な宿泊施設の多様化である。戦後になると、キャンピング場や団体宿泊施設、それに別荘といった宿泊施設の利用が急増する。スイス人は割高なホテルよりも、こうした施設を好んで利用するようになった。1970年代の経済危機も、人びとの観光旅行への需要を抑えることはなかったが、安価な宿泊施設を利用する傾向がいっそう強まり、1975年にはその利用者数がホテルを上回るにいたった。

低廉な宿泊施設は小規模な投資で整備可能であったため、夏季観光のさらなる拡大につながった。同時に戦後は、ウィンタースポーツの大衆化にともなう冬季観光が盛んになった時代でもある。戦前からのアルプスの観光地の多くは、スキーリフトをはじめとする交通機関の整備を進め、夏冬両シーズンに対応できるようにした。

　アメリカ人観光客の増加も、ツーリズムのあり方を大きく変えた。スイスのツーリズムも「アメリカ的生活様式」の影響を受けた。観光業は、アルプスの自然景観を提供するだけでは集客を見込めなくなった。たとえば、スノーボードをはじめ、新しいウィンタースポーツの流行に対応したスポーツ施設の整備、音楽・演劇・映画などの娯楽施設や各種の催し、健康志向のウエルネス施設など、新たな需要に積極的に対応することが求められるようになった。

　1970年代以降、スイスのツーリズムは新たな転機を迎えている。石油危機や地中海地域などほかの観光地との競争、それに慢性的なスイス・フラン高は、外国人にとってのスイスの魅力を減じさせ、観光業の成長を鈍らせることになった。旅行客の到着数や観光収入を比較しても、世界でのスイス観光業の地位は相対的に低下しつつある。あわせて、スキー場建設による牧場の破壊に例示されるように、観光開発にともなう環境破壊が社会問題として顕在化してきた。こうした状況を受けて、1970年代末になると、スイス連邦政府もようやく社会、経済、環境の諸問題を視野に入れた観光政策に本腰を入れて取り組むようになった。

　19世紀以来、スイスは外国人観光客の好みや諸外国の流行に合わせて観光開発を進め、観光地としての名声を確固たるものにした。しかし、スイスのツーリズムを発展させてきたのは、一貫してアルプスの自然景観とその環境である。たしかにアルプスでも、越境と交流のあり方が歴史的に変わりゆくなかで、ツーリズムの姿は常に変化してきた。だからといって、現代のグローバルな越境と交流が引き起こす、観光地の国際的標準化に巻き込まれるだけでは元も子もない。長期的視野のもと、ア

ルプスを自然豊かな独自の世界として保ちつつ、スイス観光業に特徴的な質の高いサーヴィス水準のさらなる向上を図ることこそが、21世紀にふさわしい「持続可能なツーリズム」を生成するためにも必要であろう。

[付記] 本章は、JSPS 科研費 25883004 の助成による研究成果の一部である。

参考文献

① 河村英和『観光大国スイスの誕生──「辺境」から「崇高なる美の国」へ』平凡社、2013年。

② 森本慶太「両大戦間期スイスにおける観光業の危機と革新──ホテルプラン協同組合とマス・ツーリズム」『待兼山論叢』（史学篇）第44号、2010年。

③ Bernard, Paul P., *Rush to the Alps: the Evolution of Vacationing in Switzerland*, Boulder: East European Quarterly, 1978.
18世紀から20世紀初頭にかけてのスイス・アルプスを対象に、山に対する認識の変容からアルピニズムの隆盛を経て、観光開発が活発化するまでを論じた研究。

④ Gölden, Hubert, *Strukturwandlungen des schweizerischen Fremdenverkehrs 1890-1935*, Diss., Zürich: Dr. H. Girsberger 1939.
19世紀末から1930年代にかけてのスイス観光業の構造転換を論じた博士論文。多くの一次史料に立脚し、現在でもスイス観光史研究の必読文献である。

⑤ Hachtmann, Rüdiger, *Tourismus-Geschichte*, Göttingen: Vandenhoeck & Ruprecht 2007.
ドイツ語圏を中心とする西ヨーロッパ観光史の概説で、研究入門としても有用である。スイスやアルプスの観光史にも言及がある。

⑥ König, Wolfgang, *Bahnen und Berge: Verkehrstechnik, Tourismus und Naturschutz in den Schweizer Alpen 1870-1939*, Frankfurt am Main: Campus 2000.
1870年代から1930年代にかけてのスイス・アルプスにおける観光開発の歴史について、山岳鉄道をはじめとする新しい交通機関の導入に注目し、技術史的観点から論じた研究。

⑦ Schumacher, Beatrice, *Ferien: Interpretationen und Popularsierung eines Bedürfnisses Schweiz 1890-1950*, Wien: Böhlau 2002.
19世紀末から20世紀前半にかけてのスイス人の余暇の歴史が主題だが、戦間期の観光業界の特質についても、豊富な一次史料に基づいて分析した貴重な研究。

⑧ Tissot, Laurent, "Tourism in Austria and Switzerland: Models of Development and Crises, 1880-1960", in: Timo Myllyntaus (ed.), *Economic Crises and Restructuring in History: Experiences of Small Countries*, St. Katharinen: Scripta Mercaturae, 1998, pp. 285-302.
おもに宿泊業の動向に焦点を当てた論文。オーストリアと対比させながら、19世紀から20世紀転換期に確立したスイス観光業の発展モデルとその限界を提示している。

⑨ Tissot, Laurent, „Der Tourismusstandort Schweiz," in: Patrick Halbeisen/ Margrit Müller/ Béatrice Veyrassat (Hg.), *Wirtschaftsgeschichte der Schweiz im 20. Jahrhundert*, Basel: Schwabe 2012, S. 553-568.
経済史の視点から20世紀のスイス観光業の展開を概観しており、時期に応じた観光業の特質を手軽に把握するのに有用。

アルプスと地中海
ジュネーヴからマルセイユへ

深沢克己

　スイスとジュネーヴの住民は、周囲から孤絶した内陸民ではなく、海に背を向けた山国人ではない。アルプスに水源を発する河川が斜面をくだり、やがてライン川やローヌ川のような大河となって北海と地中海に注ぐように、山岳地の住民たちは、いわば自然の向性にしたがって、なだらかな丘陵から肥沃な平野へ、さらには海岸の港町へと、雇用を求め、商取引と投資の機会を求め、豊富な農産物や貴重な舶来品を求め、さらに自国工業製品の販路を求めて、直接または間接に進出していくようになる。

　雇用を求める移住の代表例は、近世ヨーロッパ諸国におけるスイス人傭兵の存在である。早くも 15 世紀後半に、フランス国王ルイ 11 世はスイス諸邦と条約を結び、その後 300 年間にわたるスイス人歩兵連隊の確保に成功した。やがて 18 世紀には、オランダ・イギリス東インド会社の現地駐留軍でも、多数のスイス人将校・兵士が活躍するようになる。

中世後期のジュネーヴ年市とイタリア商人

　しかしそれ以上に重要な意味をもつのは、ヨーロッパ国際商業の分野におけるスイス諸都市とジュネーヴの役割である。なぜならば険峻な山脈という不利な地形的環境にもかかわらず、この地域は古くから地中海と北西ヨーロッパ、イタリアとネーデルラントを結ぶ遠隔地商業の結節点になったからである。

　中世盛期に繁栄したシャンパーニュ年市が衰退したのち、その機能を部分的に継承したのはジュネーヴ年市であり、それはイタリア商人の支配的役割のもとで、商品市場・貨幣市場として中世後期にその絶頂期をむかえる。ミラノ商人が多様な商品取引に従事し、フィレンツェ商人が為替決済、すなわち債権・債務の相殺業務で優越したのに対して、ジェノヴァ商人は遠隔地交易による奢侈品・高級品の交換市場としてジュネーヴ年市を利用した。すなわち地中海経由で輸入される香辛料や砂糖や染料木をそこで販売し、その対価でフランドル・イングランド製毛織物やドイツ産の銀と毛皮を購入したのである。ヴェネツィアの内陸市場が、ブレンナー峠を越えて南西ドイツ方面に開かれたのに対して、ジェノヴァは

トリノを経由してモン゠スニ峠またはシンプロン峠を越える山道でジュネーヴに到達した。この経路はやがてサヴォワ公の商業振興政策のもとで、ジェノヴァ西方のヴィルフランシュ・ニース両港とジュネーヴとを結ぶ商業路にもなる。

しかし純粋に地理的環境から考えれば、アルプス山系を2度も越えるジェノヴァ商業路よりは、ローヌ川とその支流の河谷地方を経由するフランス側の交通路のほうが、むしろ有利なはずである。古代ギリシア期のフォカイア人が、ローヌ河口東方に位置するマッサリア、すなわちマルセイユに植民市を建設したのは、まさしくそこがローヌ河谷を遡上してガリア内陸地方とゲルマニアに到達する最適の拠点と考えられたからである。

ただしマルセイユ商業は、13世紀に繁栄を謳歌したのち、十字軍諸王国の崩壊、シャンパーニュ年市の衰退、アンジュ帝国の縮小とともに停滞傾向にあった。1309年にローマ教皇庁がアヴィニョンに移転し、多数のイタリア商人がそこに移住した結果、この新教皇都市がヨーロッパの商業・金融の中心として飛躍的成長をとげ、マルセイユはその外港として中継交易に一定の役割を果たしたにすぎない。

マルセイユ商業とローヌ河谷交通路の発展

マルセイユがふたたび自律的発展を開始するのは、1463年にリヨン4大年市が創設され、つづく1481年にマルセイユを含むプロヴァンス伯領がフランス王国に併合されることにより、マルセイユとリヨンを結ぶローヌ河谷地方が、地中海沿岸から北フランス市場へ、さらにはスイス・ドイツ方面へと連絡する交通路として再浮上するときである。

ルイ11世の推進する早期重商主義政策のもとで、リヨン4大年市はジュネーヴ7大年市をしだいに圧倒し、西ヨーロッパの国際取引・決済市場として急速に発達をとげる。マルセイユ商業もそれに連動して徐々に成長し、それまで輸出していた乾燥果実（干イチジク・干ブドウ）やオリーヴ油などの地方産品に加えて、レヴァント（東地中海沿岸地方）とイタリアから輸入されるミョウバン・砂糖・香辛料もジュネーヴ方面に輸出され、これらの商品を買いつけるために、ジュネーヴ商人がみずからマルセイユ港に出向くようになる。その対価としてコンスタンツ製およびザンクト・ガレン製の麻織物がマルセイユ市場で販売され、その一部はレヴァントに再輸出された。16世紀には南ドイツ・スイス出身の商人がマルセイ

ユに定住し、なかにはアウクスブルク出身のアントン・マンリヒ、ザンクト・ガレン出身のルートヴィヒ・ツォリコファー（ソリコーフル）のように、マルセイユ屈指の大貿易商になる例もみられる。前者はレヴァント貿易の分野で大規模な事業をいとなみ、後者は特権商事会社である「珊瑚会社」に加入して、北アフリカ貿易に従事した。

　つづく 17 世紀には、黄金時代をむかえたオランダ商業がスイス市場にも深く浸透するようになり、アムステルダムからライン河谷を遡上し、バーゼルとジュネーヴに到達するレヴァント産品輸送路を開拓して、伝統的なジェノヴァ（ヴィルフランシュ）－トリノ－モン＝スニ商業路に対抗するが、その両者と競合しつつ、マルセイユからローヌ川とその支流イゼール川の河谷をさかのぼり、ポン＝ド＝ボヴォワザンの税関を越えてふたたびローヌ河谷にはいり、川沿いにジュネーヴに到達する輸送路が確立する。

　しかしこの輸送路は、通過貨物の免税特権をめぐるマルセイユ実業界とリヨン税関当局との長い対立抗争により、その発展を部分的に阻害された。1669 年にレヴァント貿易の自由港に指定されたマルセイユは、その翌年に免税通過特権を授与され、輸入商品をジュネーヴ方面に再輸出するために有利な条件を獲得した。この特権は紆余曲折しながらも存続し、1692 年 12 月の国務顧問会議裁決で再確認されるが、それはフランス南東部に広く徴税機構を展開するリヨン税関の利害、およびフランス国際商業の要衝の地位を保守しようとするリヨン実業界の戦略と、必然的に衝突することになる。リヨン市とマルセイユ商業会議所とを主役とする論争の結果、1704 年 10 月の国務顧問会議裁決が免税特権を大幅に制限したため、その後のジュネーヴ通過交易は停滞するが、18 世紀後半に免税特権が部分的に回復されて以降は、ふたたび繁栄期をむかえる。

ジュネーヴ通過交易とプロテスタント国際事業網

　この時代にジュネーヴ向けに輸出されたおもな商品は、マルセイユ製石鹸やオリーヴ油などの地域産品のほか、レヴァント産綿花・綿糸・羊毛などの繊維原料、イタリア・北アフリカ産の小麦、そしてとりわけアラビア産コーヒーだった。その対価としては、伝統的なドイツとザンクト・ガレン製の麻織物や金物類に加えて、ジュネーヴ製の時計と宝飾品、さらに世紀後半には、ジュネーヴ製やヌシャテル製の更紗がマルセイユ宛に発送される。

(出典) 参考文献⑥ 472頁。

ところでこのマルセイユ－ジュネーヴ通過交易は、当時の史料も証言するように、「すべてジュネーヴ人の手中に」あり、ジュネーヴ在住の商業資本家が、マルセイユの現地代理商をつうじて両都市間の交易を掌握していた。さらに18世紀後半には、ジュネーヴとヌシャテルの更紗製造業者が、マルセイユの有力なプロテスタント商人と連携して海上貿易、とりわけインド洋貿易に出資し、更紗の素材となるインド製白綿布の輸入、および製品輸出の事業に直接参加するようになる。ザンクト・ガレンの繊維工業が、伝統的な麻布製造から綿布製造へと転換するのも同時代の現象であり、こうしてアルプス諸都市は、綿工業と更紗製造業を主導部門とするヨーロッパ経済の大転換を牽引する。

　じつをいえば、これらの大実業家の多くは、フランス出身のプロテスタント家系に属する人々だった。1685年にナント王令が廃止され、多数の改革派信徒が国外に亡命したとき、その一部はジュネーヴとレマン湖周辺の諸都市に定着し、フランス王国内に残留する親族や同宗者、またドイツ、オランダ、ブリテン諸島などに離散した亡命者たちと協力して、比類のない亡命ユグノーの国際事業網、いわゆる「プロテスタント・インタナショナル」を形成したからである。

　その代表例はセヴェンヌ地方出身の亡命家系に属し、やがてヌシャテルの「王」と呼ばれた実業家ジャック＝ルイ・プルタレスであり、マルセイユのプロテスタント系ソリエ商会のインド洋貿易に出資し、1785年に創立されたフランス新インド会社の株主になり、同年中にフランス政府が外国製更紗の輸入を禁止すると、ボジョレ、ドフィネ、アルザスなど王国内の諸地方で現地生産を開始して、フランス国内市場を確保する。

　同じく亡命ユグノー家系で、ジュネーヴ筆頭の更紗製造業者になるピコ＆ファジ社は、はやくも1762年からリヨンで現地生産に着手し、ついでドフィネとアルザスでも更紗工場を操業して、モンプリエの子会社ピコ・ファジ商会と連携しつつ南フランス市場に浸透し、マルセイユの代理商ダプル＆メルル社を媒介として、その製品をフランス領西インド植民地に向けて大量に輸出する。総じて18世紀には、マルセイユに在住する外国商人集団の内部で、ジュネーヴ・スイス出身者は最大勢力を形成していた。

　要するに中世から近世をつうじて、アルプス山岳地方と海洋世界とは、ひと（人材）・もの（商品）・かね（資本）の流通により密接に結びついていた。なかでもジュネーヴとマルセイユは、ローヌ河谷という天然の交通路に恵まれて、個性

ゆたかな歴史的関係を築きあげ、雪山に囲まれた湖畔の都市に、地中海の潮の香りを送りとどけたのである。

参考文献

① 深沢克己『商人と更紗——近世フランス゠レヴァント貿易史研究』東京大学出版会、2007 年。

② Bergier, Jean-François, *Genève et l'économie européenne de la Renaissance.* Paris: SEVPEN, 1963.
   15〜16 世紀ジュネーヴの経済構造および年市の発展・衰退の過程を包括的に研究、イタリア商人の支配的役割とリヨン年市との競合関係を解明。

③ Collier, Raymond/ Billioud, Joseph, *Histoire du commerce de Marseille*, t. III, *De 1480 à 1599.* Paris: Plon, 1951.
   マルセイユ商工会議所が刊行したマルセイユ商業史の基本文献の第 3 巻、16 世紀の商業勃興期を対象に総合的記述。

④ Dermigny, Louis, *Cargaisons indiennes. Solier et Cie, 1781-1793.* 2 vols. Paris: SEVPEN, 1959-1960.
   マルセイユのプロテスタント商社の事例研究をつうじて、18 世紀末フランスのインド洋貿易が、スイス・ジュネーヴ国際資本に主導された事実を解明した古典的名著。

⑤ Piuz, Anne-Marie, *Affaires et politique. Recherches sur le commerce de Genève au XVIIe siècle* (Société d'histoire et d'archéologie de Genève, *Mémoires et documents*, vol. XLII). Genève: Alex. Julien, Libraire, 1964.
   ジュネーヴ経済史の泰斗による 17 世紀商業史研究、ジュネーヴ市の商業政策と関税制度、および物価・雇用・生産・利子率を指標とする経済変動を分析。

⑥ Rambert, Gaston, *Histoire du commerce de Marseille*, t. VII, *De 1660 à 1789. L'Europe moins les trois péninsules méditerranéennes, les États-Unis.* Paris: Plon, 1966.
   ③と同じく、マルセイユ商工会議所刊行のマルセイユ商業史第 7 巻、17〜18 世紀のフランス国内・ヨーロッパ諸国・アメリカ合衆国との交易を詳細に研究した基本文献。

都市民・農民の「名誉」文化
アルプスとその周辺地域

田中俊之

名誉とは

　中世ヨーロッパの都市や農村では、「名誉」が都市民や農民の重要な価値観であり行動規範であった。名誉とはまず社会的・経済的な信用・威信を意味し、円滑な社会的諸関係、労働関係、商取引を可能にするものであったため、とりわけ都市にとって名誉を維持し高めることは共同体全体にとっての目標となり、対外的にも重要な課題となった。

　他方、名誉は個人や集団にとってそれぞれ社会のなかでの位置・座標を示すものでもあった。しかし紛争や暴力の蔓延する都市や農村の日常において、個人や集団の名誉は傷つけられ失われてしまう危険につねにさらされていた。名誉は他者（社会）による評価に基づき、社会的承認の上に成り立つものであったため、名誉の喪失は個人や集団の政治的・社会的・経済的活動の存続を閉ざしかねなかったのである。しかも親族や仕事仲間などにも累が及ぶと考えられていた。したがって名誉の防衛は、個人のみならず社会全体にとっての課題であり、社会の規範体系のなかで中心的役割を演じたのである。

損なわれた名誉

　アルプス地域（スイス）についても名誉侵害に関する裁判帳簿や文書は多数残されており、研究も盛んである。それらによると、個人や集団の名誉が傷つけられるのはおもに、他者からの言葉の暴力、すなわち侮辱（挑発的な身ぶりを含む）によってであった。

　事例を見てみよう。バーゼル都市参事会文書（1447年頃）に記された、仕立屋の徒弟の一団とブドウ園丁の一団とのあいだの衝突である（史料①第128葉・裏）。ブドウ園丁の1人が路上で出くわした仕立屋の徒弟たちにむかって発した「1頭の山羊が角をひとつ持ってたとさ」、「仕立屋メェメェメェ」という戯れ歌を侮辱と感じた徒弟たちが暴力により報復し、ブドウ園丁が1人死んだのである。都市当局は当事者への罰金刑のほか、戯れ歌が名誉侵害をもたらしたとして、今後、山羊、角などの言葉や身ぶりで仕立業に従事する者を挑発することを禁じる法令

を出した。

　一般に、他者からの侮辱などによって名誉を傷つけられた場合、相手に撤回させ陳謝させることによって損なわれた名誉を回復できたとされる。しかし場合によってはしばしば報復という手段がとられた。報復とは暴力による自力救済である。自力救済は伝統的習俗、社会的慣行でもあり、必ずしも不当な行為とはいえなかった。しかし報復（暴力）行為は平和を乱す違法行為でもあったため、都市当局はそこに介入し、規制を加えた。こうして名誉の喪失・回復をめぐっては、平和秩序の維持・回復という観点から、都市当局による裁定に委ねられることになったといえよう。ここで挙げた事例では、都市当局が仕立屋の徒弟による報復を「名誉侵害に対する正当防衛」とする認識を示し、損なわれた仕立屋の名誉の回復に配慮したのである。

　ちなみに、個人あるいは集団を特定の動物（山羊、牛、ロバ、猫など）と同列に置くことによって侮辱する例は枚挙にいとまがない。たとえば牛は、15世紀において「獣姦のやから（kuhghyer）」と侮辱されたスイス盟約者団にとっては屈辱的なシンボルとなった。この侮辱は農民の属性へのあてこすりのみならず、同時に獣姦への非難をも含んでいたからである。

　他者による名誉侵害の事例をもうひとつ見ておこう。バーゼルの鍛冶屋ツンフト文書（1479年）は、遠隔地から遍歴してきた刀鍛冶職人の名誉喪失について記している（史料②第20葉・表）。ここでは、刀鍛冶職人の前歴に関する噂が名誉侵害を引き起こした。噂は、「この職人が前任地で親方あるいは仲間の職人に対して盗みを働き姿を消した」というものであった。そのため悪評を流された職人は、現在の親方をつうじて前任地の親方に潔白を証明してくれるよう依頼せざるをえなかったのである。

　この一件が示すように、風評でさえ重大な名誉侵害を起こしえた。しかし沈黙は汚名返上には結びつかない。損なわれた名誉の回復は急を要した。悪評が拡散あるいは社会の記憶として定着してしまう恐れもあったからである。もしそうなると、職人組合からの仕事の斡旋は途絶え、他の都市で仕事に就くことも困難になったであろう。しかし不名誉の汚点は職人個人の職業的存立基盤を危うくしたばかりでなく、とくに職人を雇い入れた親方にも累が及ぶことになったであろう。ひいては手工業組合（ツンフト）全体が信用を失う危険すらあった。遍歴職人の緊密なネットワークをつうじて情報が拡散し、新たな職人の到来が見込めなくなれ

ば、都市経済にも悪影響が及んだであろう。職人個人の名誉の喪失は、親方、手
工業組合（ツンフト）、都市全体にとっても重大事であったといえる。

　名誉侵害は農村においても同様であった。ここでは風評に関する別の評価に注
目したい。バーゼル・ラントのシスガウ・ラント裁判では 1460 年に穀物計量枡
をめぐる事件が裁かれた（史料③ 214 巻 7 番）。シーサハ村の粉屋の所持する穀物
計量枡が偽造されたものではないかと疑われ、村落フォークト（領主役人）がその
押収を強行したため、名誉を傷つけられたと感じた粉屋が村落フォークトを告訴
し、審理が開始されたのである。証人尋問において、粉屋に不正行為があったと
する村落フォークトの判断の根拠が問われたが、村落フォークト側の証人の多く
は、「（穀物計量枡が偽造らしいことを）小売商人（行商人）たちから聞いた」、あるい
は「村の女たちのおしゃべりから聞いた」と証言し、「それについてはあまり知ら
ない」、「真偽のほどを私は知らない」などと情報が不確かであったことを付言し
たのである。このことは、風評がいかに容易に個人の名誉を喪失させうるもので
あったかを示すと同時に、風評に基づく情報がいかに当てにならないかを人々が
自覚していたことを示している。この証人尋問は、風評を根拠にすることの危険
を人々に知らしめたといえるだろう。

名誉と平和秩序

　名誉の喪失は自身の違法行為によっても起こりえた。自ら名誉を喪失したの
は、窃盗、横領、姦通、偽誓など誠実さを冒瀆する行為によってである。バーゼ
ル都市参事会文書（1435 年）に記された粉挽き職人（徒弟）の窃盗事件を見てみよ
う（史料④第 113 葉・裏）。この徒弟は製粉に使う穀物を横領、密売しようとしたと
して告訴されたが、名誉ある両親から生まれた事実と手工業組合（ツンフト）によ
るとりなしとによって死刑を免れ、追放刑に処せられた。

　この事例から恩赦の成立を見てとることができる。ここでは名誉ある出生とと
りなしが決め手になったと考えられる。徒弟は名誉を回復したわけではない
が、少なくとも不名誉な死を免れることはできた。また、徒弟の名誉喪失によっ
て周囲が被る影響に一定の歯止めがかけられたのは確かであろう。

　同じくバーゼル都市参事会文書（1420 年）によれば、肉屋の親方が徒弟に命じて
悪臭の強い羊をそれと知った上で屠殺させ、食肉検査を無視して販売した（史料④
Ⅱ、第 89 葉・表）。これは明らかにツンフト規約の品質規定への違反であった。親

方はツンフト規約と都市平和への偽誓の罪で市外追放に処せられるところであったが、結局それを罰金で弁済し、追放刑を免れた。そればかりか1431〜32年にはバーゼル都市参事会員として登場するのである。

名誉にかかわる問題について、当局の対応はきわめて柔軟であった。たしかに処刑などの厳罰が科せられた例は少なくなかったが、それはおもによそ者に対してであり、定住者には親族、隣人、手工業組合（ツンフト）などのとりなしにより、しばしば恩赦が下されたのである。当局は一方で罰を下す権力として法を謳いつつ、実際には当事者たちの身分や名誉を考慮し、平和秩序の回復・維持の観点から、おそらくは世論の反応も睨みながら合意形成の可能性を探っていったというべきであろう。

遍歴する職人

職人遍歴において杖、帽子、マント、刀剣は旅の必需品であった。
（出典）Gräf/ Pröve, *Wege ins Ungewisse*, Frankfurt am Main 1997 表紙画像より。

中世の都市と農村においては名誉という法制度外の価値・規範が社会に強い影響力を持っていた。都市民や農民は名誉（の喪失）の威力を自覚し、それをコントロールすることによって、社会全体として「名誉の文化」を形成していったのである。アルプス地域は孤立した空間であると同時に外に開かれた空間でもあった。周辺世界との相互交流はアルプス地域に多くの発展をもたらした。名誉の文化は、ヨーロッパ各地に等しくみられる現象であり、アルプス社会においても都市民や農民の生活世界を支配したのである。

史料

① Staatsarchiv Basel-Stadt Ratsbücher, Rufbuch I.
② Staatsarchiv Basel-Stadt Zunftarchive: Schmiedenzunft Spruchbuch IStaatsarchiv Basel-Stadt Zunftarchive: Schmiedenzunft Spruchbuch I.
③ Staatsarchiv Basel-Landschaft AA1010 Akten, Lade L.11.
④ Staatsarchiv Basel-Stadt Ratsbücher, Leistungsbuch.

参考文献

① 田中俊之「名誉の喪失と回復――中世後期ドイツ都市の手工業者の場合」前川和也編著『コミュニケーションの社会史』ミネルヴァ書房、2001年。

② 田中俊之「中世末期スイス北西部のラント裁判におけるコミュニケーション――イムリ紛争に見る地域社会の自律性と秩序形成」『比較都市史研究』30-1、2011年。

③ Simon-Muscheid, Katharina, Gewalt und Ehre im spätmittelalterlichen Handwerk am Beispiel Basels, in: *Zeitschrift für Historische Forschung* 18, 1991.
スイス北西部の都市バーゼルを例に、中世後期の手工業者の日常世界に目を向け、蔓延する多種多様な暴力と手工業者の名誉の関係を様々な事例に基づいて考察した論文。

④ Schreiner, Klaus/ Schwerhoff, Gerd (Hg.), *Verletzte Ehre,* Böhlau 1995.
中近世の貴族、宮廷、教会、都市、ユダヤ人など、それぞれの社会における名誉をめぐる紛争の問題を、ヨーロッパを中心とした諸地域を対象に考察した18篇の論文集。

アルプス環境史の試み
川が結ぶ都市と森林

渡邉裕一

　ヨーロッパのど真ん中に横たわるアルプス山脈は、そのけわしい自然環境により、南北の交流を困難なものとした。しかし、アルプスを通じた交流は目立たない形にせよ、つねにおこなわれてきた。とくに、アルプス山脈に源流をもつ多くの河川は、アルプスとヨーロッパの諸地域を結びつける重要な役割を担ってきたのである。

　このケーススタディでは、アルプス山脈のレヒ渓谷・レヒ川流域をとりあげ、河川を通じて形成されたチロル山岳地帯と南ドイツの大都市アウクスブルクとの活発な交流を環境史の視点から概観する。とくに近代以前の「中心資源」であった木材に注目することで、都市と森林の相互関係を明らかにしたい。

はじめに需要あり

　近代以前において、木材は都市生活のあらゆる場所に用いられた必需品であった。「揺籠から棺桶まで」のすべてが木製であった時代である。家屋の多くも木造であり、主要燃料として日々の生活（料理や暖房など）を支えたのもまた薪や木炭であった。人口が増加し、都市が拡大すれば、必然的に木材の需要も高まった。市場での木材取引だけで都市住民の木材需要を満たすことができない場合には、都市当局が自ら主導して木材供給に乗り出すこともあった。大商人が活躍し、絢爛なルネサンス文化が花開いた16世紀（「フッガー家の時代」！）のアウクスブルクは、まさにその典型事例を提供してくれる。

　中世後期からの経済発展、それにともなう人口増加の結果、1540年代にアウクスブルクでは市内における木材の需給バランスが崩れ、「いかに木材を調達するか」という議題が参事会議事録にも登場するようになる。宗教改革が起こり、政治秩序が混乱するなか、1530年代後半にプロテスタント都市となったアウクスブルクは、周囲のカトリック勢力（バイエルン公、アウクスブルク司教、そしてチロル伯など）によって木材供給の道を断たれる危険性をますます強く認識せざるを得なくなっていたのである。そうした状況のなかで、市参事会は多様な手法で木材の安定供給を目指す積極的な森林行政を展開するようになる。

都市の森林財政

　都市の森林行政の内実を知る一番の近道は、カネの流れに注目することである。安定した木材調達のため、都市は限られた財源からどれほどの資金を捻出したのか？　木材不足が深刻化した1540年代、アウクスブルクでは食料をはじめとする生活必需品の供給に責任をもつ「食糧管理局」という新たな部局が創設されている。食糧管理局には、都市の財政（とくに支出）を取り仕切る都市建築局から、総支出額のおよそ15〜20％が毎年送金されており、防衛費および建築費と並んで都市の3大支出先のひとつとなっている。食糧管理局は、支出額のおよそ20〜30％をさらにチロル山岳地帯のフィルスに居住する森林書記に送金した。現地での森林行政を任されていた森林書記は、都市の公的資金をたよりに、木材の伐採、搬出のためのインフラ整備、都市までの運搬を組織した。16世紀後半に確立した都市建築局 → 食糧管理局 → 森林書記の送金システムが、都市の長期的な森林財政および計画的な森林行政を可能とした。

チロル山岳地帯における森林労働

　森林での木材伐採のため、毎年各地から多くの日雇い労働者が集められた。森林書記のもとで、日雇いリーダーを中心に数多くの労働チームが組織されたのである。たとえば、1563年には総勢380名以上の日雇い人がさまざまな仕事に従事している。彼らの多くは、レヒ渓谷の農山村、その他のチロル地方の出身であった。南ドイツのシュヴァーベン出身者もいた。いちばん遠くからの働き手は、イタリア・オーストリア国境エッツ渓谷出身のマング・フンルという日雇い労働者であった。彼は、1563年に合計77日間、森林書記のもとでさまざまな労働に従事しており、熟練した木材伐採人および運搬人としてアルプス山岳地帯の各地を転々としていたと考えられる。

　伐採された木材は、山岳の急流部を近くの木材集積地まで流され、その後、筏に組まれるか（筏流し）、あるいは丸太のまま（木材流し・管流し）、レヒ川を下流へと運搬された。1560年代には、アウクスブルクまでの150km以上にわたる長距離を多くの木材が丸太のまま流されている。急流部や河川の合流部には、堰や河岸防備用の柵など、多くの水利設備が設置されたが、それも日雇い人たちの仕事であった。森林労働や木材運搬は危険な仕事であった。労働中に怪我をする日雇

レヒ川流域地図

(出典) R. Zettl, *Lechauf-lechab*, Augsburg 2001, S. 7 より作成。

い人も多く、場合によっては死亡することさえあり得た。アウクスブルクの森林書記は、怪我や死亡した日雇い人やその家族に対し、慰労金を支払っている。危険な仕事であったにもかかわらず、森林書記が必要とした労働力を苦労なく確保できたのは、チロル山岳部の農山村住民にとって、森林での日雇い仕事が現金収入のための貴重な機会であったためだと考えられる。豊かな森林資源をもつ地域では、山岳森林の有効利用がいまも変わらず大きな課題であり続けているが、山岳地帯と都市との共存関係の一例をここにも見出すことが可能である。

レヒ川が結ぶ都市と森林のネットワーク

レヒ川での木材流送は、ヒトの移動も活発化させた。流れに乗った丸太は、途中で川岸の水車や橋などを破損し、あるいは堰き止めとなって川を氾濫させた。そのため、レヒ川沿いの村落や都市から賠償を請求されることも多かった。それを未然に防ぎ、かつ丸太が途中で盗まれないように監視するために、多くの日雇い人がレヒ川沿いの所々に配置されたのである。丸太が川岸に打ち上がると、それを川の流れに戻し、また河岸を破損した場合には、すぐにそれを修繕した。日雇い人たちは、木材とともにレヒ川を下流へと移動し、アウクスブルクでは到着した木材を引き上げ、木材置き場に積み上げた。すべての仕事が終わったのち、彼らはチロル各地の故郷まで引き上げたが、そのさいに森林書記から退去手当として 12 クロイツァーを受けとった。1563 年には 169 名の日雇い人がこの手当に与っている。

カネ（都市の森林財政）、モノ（森林資源＝木材）、ヒト（労働力）の流れが活発化することで、都市アウクスブルクとチロル山岳地帯とのネットワークは濃密なものとなっていく。年一度、食糧管理局の委員はチロルを訪れ、森林書記とともに森林を巡察している。書簡や資金を携えた使節は、アウクスブルクとチロルの間を年間何度も行き来した。森林書記自らがアウクスブルクを訪ねることもしばしばあった。都市アウクスブルクとチロル山岳地帯との結びつきは、このような活発な交流を通じて、従来の研究が想定してきた都市‐周辺地間の緊密な影響圏の範囲を大きく超え、レヒ川に沿って拡大し、また強化されていったのである。

アルプス環境史の試み

ここまで、都市の木材需要から話をはじめ、レヒ川に沿って展開したカネ、モ

ノ、ヒトの動きに注目して、アルプス山脈のチロル山岳部と南ドイツの大都市アウクスブルクとの活発な交流を紹介してきた。150km 以上の距離を隔て、都市からはカネが流れ、森林からは木材が提供された。それにより、ヒトの交流もまた活発化し、レヒ川を通じての結びつきも強まった。都市アウクスブルクにとって、チロル山岳地帯は貴重な森林資源を提供してくれる場であり、チロルの農山村にとっては森林労働が貴重な現金収入の機会となった。この相互関係のさらなる解明には、今後のより詳細な考察が必要となる。レヒ川を通じた交流の活性化が当該地域の政治構造、社会構造、および経済構造にいかに影響を及ぼしたのか？チロル山岳地帯の生態系にいかに変化を及ぼしたのか？　アルプス環境史の試みは、いまだ始まったばかりである。

　レヒ川の木材流送を通じて活発化したチロル山岳地帯と都市アウクスブルクとの交流は、木材の運搬を鉄道や貨物トラックが担うようになる現代まで続けられた。都市と森林の関係に限らず、自然環境と社会経済との相互関係に大きな変更を迫ったヨーロッパの近代化は、アルプス地域においても大きな影響を及ぼしたはずである。近代化および産業化が、アルプス山脈・レヒ川流域の地域社会と自然環境との相互関係をいかに変化させていったのかを問うこともまた、今後のアルプス環境史がチャレンジすべき大きな課題である。

参考文献

① ユーケッター、フランク（服部伸・藤原辰史・佐藤温子・岡内一樹訳）『ドイツ環境史──エコロジー時代への途上で』昭和堂、2014 年。

② ラートカウ、ヨアヒム（海老根剛・森田直子訳）『自然と権力──環境の世界史』みすず書房、2012 年。

③ ラートカウ、ヨアヒム（山縣光晶訳）『木材と文明』築地書館、2013 年。

④ 渡邉裕一「中近世アウクスブルクの木材供給──都市の森林所有とレヒ川の木材流送」『西洋史学』第 241 号、2011 年、1〜18 頁。

⑤ Reith, Reinhold, *Umweltgeschichte der Frühen Neuzeit* (Enzyklopädie deutscher Geschichte Band 89), München 2011.
　近世ヨーロッパの環境史に関する概説書。ドイツで定評のある『ドイツ歴史百科』叢書の 1 冊で、①ユーケッター『ドイツ環境史』の姉妹編でもある。

ヴァチカンのスイス衛兵
その衣装の成立

黒川祐子

スイス衛兵の起源と歴史

　現在もローマ・ヴァチカン市国の警護に当たるスイス衛兵の創設は 1506 年に遡る。1505 年教皇ユリウス 2 世が、ヴァリス（ヴァレー）出身のマテウス・シーナー（マテュー・シネル）枢機卿を介し、教皇を警護する兵士 200 名をローマに送ることをスイスに要請したのである。イタリアの支配権をめぐり神聖ローマ帝国とフランスがイタリア戦争を繰り返す情勢の最中、ユリウス 2 世はこれまで教皇領を守るなどの目的で臨時に雇用していたスイス人兵士を、聖座直属の常設の部隊にすることを決意した。1506 年 1 月 22 日ガスパール・ド・シレネンを隊長とする 150 人からなるスイス衛兵部隊がローマに入市する様子を、教皇アレクサンデル 6 世の儀典長であったヨハン・ブルハルトが「頭の天辺から足の先まで教皇の出費により装っていた」と日記に記している（参考文献⑤ 503 頁）。

　1527 年 5 月 6 日に起こった「ローマ劫掠」でのスイス衛兵の活躍は、彼らの教皇への強い忠誠を表した事件といってよい。フランス王フランソワ 1 世と同盟を組んだ教皇クレメンス 7 世に報復するため、ブルボン公により指揮された神聖ローマ皇帝カール 5 世の軍隊が、突如ローマに攻め入った。皇帝軍は略奪と破壊のかぎりをつくしローマを占領したのである。この事件でスイス衛兵 189 人のうちヴァチカンの入り口を防護した大半の兵士がサン・ピエトロ大聖堂で殉職したにもかかわらず、この日ヴァチカン宮殿に仕えていた残りの兵士たちは見事に教皇を護衛し、サンタンジェロ城への脱出に成功した。皇帝軍の傭兵であるランツクネヒトの指揮官であったゲオルク・フォン・フルンツベルクの年代記には、同年 6 月 7 日この城でクレメンス 7 世が降伏した後、42 人の生き残ったスイス衛兵が「全員同じ色の同じ服を着て」姿を見せたことが記述されている（参考文献⑦ 140 頁）。毎年 5 月 6 日ヴァチカンの教皇宮殿内の中庭で、スイス衛兵の新入隊員による宣誓式が行われるのは、このような史実に由来しているのである。

　フランス革命後の 1798 年フランス軍がローマに進駐すると、ローマで共和国宣言がなされた。罷免された教皇ピウス 6 世はヴァランスに幽閉され、フランス軍がヴァチカン宮殿に駐留することになった結果、それまでヴァチカンを護り続

けてきたスイス衛兵は、武装解除と解散を余儀なくされたのである。1814年教皇ピウス7世がローマに戻ると、スイス衛兵は教皇庁との雇用契約を再開し、再編成された。しかし19世紀に入り財政難となった教皇が出費を制限したことにより、スイス衛兵の衣装は経済性を優先した、それまでの優美さを欠くものとなってしまったのである。

現在のスイス衛兵の衣装

現在ヴァチカンのスイス衛兵が制服として着用する衣装の原型は、1910年から1921年までスイス衛兵隊長を務めたジュール・ルポンのデザインによる。教皇ピウス10世とベネディクトウス15世に仕えたルポンは、1914年から1916年にかけ、創設以来のスイス衛兵の衣装の歴史を丹念に研究し、当時の美観を損ねた矛槍兵と士官の制服の再生を試みたのである。図1は1915年にルポンが製作した矛槍兵の盛装を表している。兵士は鶏冠のような赤い羽根飾りのついた黒いモリオン帽を被り、細かく折り畳んだ白襟を覗かせた上衣に、上衣と同じ柄のズボンをはいている。オレンジにも近い黄色と青を基本とする靴下の2色の縞の配色に、上衣とズボンには3番目の色である赤が加えられている。これらはルポンが、ルネサンス期のイタリアの衣装に特徴的な鮮やかな色彩を再現したものである。半球型のモリオン帽は1530年前後にスペインからイタリアに伝わったとされる鉄兜で、その初期の形をミケランジェロがデッサンしていたという説もある。またゆったりした袖と脚部に加え、上衣に矢先のように突き出した胴部の切り替えがあることもこの衣装の特徴である。とりわけ前腕部と後腕部の両側に長い切り込みを入れゆとりをもたせた袖は、スイス衛兵が創設された当時、ラファエロ

(図1) ルポンが制作した1915年のスイス衛兵・矛槍兵の盛装

(出典) 参考文献⑧ PL. LXI.

がデッサンしたと推測されるシエナの大聖堂の図書館が保管する人物画に取材した袖の形を取り入れたものである。兵士が左手に持つ十字型の穂先をした長槍は、15世紀後期から16世紀の戦闘で歩兵に用いられていたことに由来するもので、矛槍兵の身分を示すシンボルとして今日もなお用いられている。

　現在矛槍兵が祝典などで着る盛装では、8の字型に型づけされた豪華なひだ襟や白い手袋が用いられたり、銀色のモリオン帽に鎧を着用する場合もある。しかし彼らの装いが、おおむね図1の衣装と変わりがないことは明らかである。常時の警護の際の軽装に彼らが被るベレー帽も、ルポンの案により現在まで存続しているものである。

ルポンが再現したイタリア・ルネサンスの調和の美

　20世紀の初め、ルポンがスイス衛兵の衣装を再生した際に参考としたのは、16世紀から17世紀初めにかけ、スイス衛兵が実際に着用していた衣装である。当時の膨大な資料を検証した結果、ルポンはかつてのスイス衛兵が、イタリア・ルネサンス期の王侯貴族の衣装と同様、外国モードの影響を受けながらも、とりわけ調和のとれた全体像を重んじる装いにこだわり続けていたことを発見したのである。

　ルポンによれば16世紀初めから17世紀初めの約1世紀の間、スイス衛兵は上衣やズボンに入れる秩序正しい切り込みの形を保つことに注力していた。図2は「ローマ劫掠」後1548年にスイス衛兵が再編成されるまで、彼らに代わって一時的にヴァチカンの看守役を務めたランツクネヒトに特徴的な服装を表している。ランツクネヒトは服の表地に大小の切れ目を施し、裏地や内着を見せることを目的とする16世紀に流行の装飾技法を多彩に取り入れた装いをしていたのであ

（図2）　ハンス・グラセル画「ランツクネヒト」
（部分、1555年、ミュンヘン国立版画美術館蔵）

（出典）W. L. Strauss, *The German single-leaf Woodcut 1550-1660*, vol. 1, Abaris Books, 1975, p. 355.

る。縦方向ばかりでなく斜めにも走る夥しい数の切れ目を上衣やズボンの細部に施す一方で、彼らはズボンの表地を縦に長く切り裂き、その隙間から裏地をたっぷりと表に出した、丈長のぶかついたズボンを好んではいた。しかし当時のスイス衛兵は、これとは逆に服に入れる切れ目の数を抑え、上衣とのバランスを保つズボンの長さにこだわったのである。ルポンの衣装はスイス衛兵が重んじたイタリア・ルネサンスの調和の美を見事に再現した秀作といえる。ヴァチカンのスイス衛兵の衣装は、まさにアルプスをまたぐ人と文化の交流を経て生成された産物なのである。

参考文献

① 黒川祐子「ズボンに現れた国民性——西欧 16 世紀の男子服」『服飾文化学会誌』服飾文化学会、2003 年。

② 黒川祐子「スイス衛兵のコスチューム」『服飾文化学会誌』服飾文化学会、2004 年。

③ 塩野七生・石鍋真澄・藤原衛『ヴァチカン物語』新潮社、2011 年。

④ ラインハルト・バウマン（菊池良生訳）『ドイツ傭兵（ランツクネヒト）の文化史』新評論、2013 年。

⑤ Burckardi, Johannis, *Liber notarum ab anno MCCCCLXXXIII usque ad annum MDVI*, vol. II, Città di Castello, [1910]-.
1483 年から 1506 年まで教皇宮殿で起こった事柄についてヨハン・ブルハルトが記録した日記の復刻版。

⑥ Castella, Gaston, *Le garde fidèle du Saint-Père. Les soldats suisses au service du Vatican de 1506 à nos jour*, la clé d'or, 1935.
フリブール大学教授で歴史学者だったガストン・カステラが著した創設から現代までのヴァチカンのスイス衛兵史。

⑦ Reissner, Adam, *Historia Herrn Georgen unnd Herrn Casparn von Frundsberg*, Vatters und Sons, Raben, 1572.
1526 年から 1528 年までランツクネヒトの秘書としてイタリア進軍に同行したアダム・ライスナーが指揮官ゲオルク・フォン・フルンツベルクに関して記した記録。

⑧ Repond, Jules, *Le costume de la garde suissse pontificale et la Renaissance italienne*, polyglotte Vaticane, 1917.
ジュール・ルポンが創設から 19 世紀までのスイス衛兵の衣装のデザインの変遷について考察した研究書。

アルプスの少女ハイジ
その世界観と歴史的背景

渡辺孝次

『ハイジ』の自然観

　『アルプスの少女ハイジ』（以下『ハイジ』と略す）は、日本では知らない人がいないほど有名である。日本だけでなく、世界中で有名だろう。話の内容が、汚れのない世界であるアルプスと喧噪に満ちた都会という設定になっていることもおなじみであろう。ハイジという自然児を主人公にして、自然＝明、都会＝暗のコントラストがくっきりと示されている。

　このような対比は、日本ではほとんど違和感をもたれない。日本では昔から、自然を愛で、ある意味で崇拝すらする傾向が強いからである。自然への姿勢がいかに違うかを、虫の声の例で示してみたい。歌にもあるように、日本では秋の夜に聞かれる虫の音は自然と季節の象徴である。それは音楽にも似て、耳に心地よいものである。しかし欧米社会にはそのような感性はないようだ。虫の声もただの雑音であるという。ましてや、うるさい蟬しぐれを「静けさ」ととる感性とは無縁である。

キリスト教の自然観

　また自然崇拝は、じつはキリスト教的世界観とも異質である。自然崇拝はむしろ、キリスト教が普及する以前にヨーロッパにあった「現地宗教」とでも呼ぶべきものの特徴であった。それを制圧する形でキリスト教が広まると、自然は崇拝の対象から支配の対象に変わった。『旧約聖書』の創世記によると、神はまず自然を創り、どろからアダムを創り、それに息を吹き入れて魂を与えた（創世記2章7節）。人間は神の「息のかかった」存在として自然一般より一段高いものとなり、神に代わって自然を支配する存在となった。これがキリスト教の自然観である。だとすれば都会は、人間の手が入った、自然を越える存在として、自然より一段高い存在とみなされる。つまり、ハイジの世界の対極である。キリスト教が普及した国スイスにこうした自然讃美の考え方が残ったのは、アルプスが人間の支配を拒む高い壁のようにそびえていたからではないかと筆者は考えている。

ヨハンナの夫

　以上のことに加えて、『ハイジ』が書かれた19世紀のチューリヒには、内容を
あのようにさせる「圧力」が存在していたと考えられる。以下、そのような時代
背景に関する筆者の仮説を記しておきたい。

　『ハイジ』の著者である旧姓ヨハンナ・ホイサ（1827～1901年）は、チューリヒ
市郊外のヒルツェルという村で生まれた。父は、それまで無医村であったこの村
に医者として赴任し、村民から感謝と尊敬を受ける存在だった。1852年、彼女
は弁護士であり保守的ジャーナリストでもあったベルンハルト・シュピーリと結
婚し、姓がシュピーリになった。彼は1845年に創刊された、当時の保守派を代
表する新聞である『盟約者団新聞』の編集長であった。「盟約者団」とは、建国
の由来からきている名称で「スイス」と同義である。彼はその後カントン議会の
議員にもなり、自由派の領袖であったアルフレート・エッシャーが失脚すると、
1868年にチューリヒ市の書記官になった。この、市の書記官の地位は市役所を
束ね市議会の招集なども司る要職で、しかも10年を超えて長く務めることが多
く、市長に匹敵するほど重要なポストであった。この要職に、彼は1884年に亡
くなる直前まで留まっていた。『ハイジ』が出版されたのは、この夫が亡くなる4
年前、1880年のことである。

チューリヒの都市と農村

　さて、チューリヒ邦は18世紀まで旧体制の下にあり、農村住民は都市の臣従
民として法的権利を制限されていた。1798年のヘルヴェティア革命は、格差を是
正する改革の第一波となった。チューリヒ市の特権はその後の復古期に一部が復
活したが、フランス七月革命の影響を受けた1830年代の「再生運動」によって
旧体制は瓦解し、農村の解放、都市と農村の平等が実現された。しかし、この時
政権の座に着いた自由主義勢力は、教育政策などで農村住民の怒りをかい、1839
年9月にはオーバーラント（高地）地方から農村民がチューリヒ市になだれ込んで
政権をひっくり返す事件が起こった。これは「九月一揆」と呼ばれている。

　『ハイジ』が書かれた1880年には、この事件の記憶も薄れつつあったに違いな
い。しかし、ヨハンナの夫が保守派の最高権力者ともいえる人物であったことを
忘れるべきではない。地元の政治の要職にある者なら、農村住民の怒りをかうの
は避けたいと考えたに違いない。ヨハンナの夫には、チューリヒの農村の民をな

普及している『ハイジ』の原書（Heidis Lehr- und Wanderjahre, Heidi kann brauchen was es gelernt hat, Lentz Verlag、2部構成）（左）と、著者ヨハンナ・シュピーリ（右）

（出典）http://www.swissworld.org/en/people/portraits_women/johanna_spyri/（右）

だめる動機があったのである。これが、妻ヨハンナに影響を及ぼした可能性は否定できない。

「書記官夫人」

話は現代に飛ぶが、チューリヒ市の書記官にはじめて女性が就いたことに触れた『新チューリヒ新聞』2013年4月12日号の記事がある。そのなかで、「女性書記官 Stadtschreiberin は今回が歴史上はじめてだが、『書記官夫人 Frau Stadtschreiber』という呼称なら以前からおなじみで、そのもっともよく知られる例が『ハイジ』の作者であるヨハンナだ」としている（参考文献⑥）。この新聞は、現在のスイスにおいても評価が高いが、ヨハンナの夫が『盟約者団新聞』の編集長を務めた当時にも出版されており、『盟約者団新聞』と対立していた。今回『新チューリヒ新聞』がヨハンナに言及したのも、過去のわだかまりと関係があるかもしれない。一方、ヨハンナの伝記を載せる、後に挙げたウェブサイト（参考文献⑤）は、彼女は夫の死後も「書記官夫人」と呼ばれ続けたとしている。同じウェブサイトによれば、夫婦仲はよくなかったようだが、夫の社会的地位には誇りを感じていたであろう。だとしたら、夫の心情の一部も受け継いだ可能性がある。

建国の父たち

　歴史をさらに遡ると、話は再度ねじれる。ここで、スイス建国の歴史を考えてみよう。スイス発祥の基になったのは、ウーリ、シュヴィーツ、ウンターヴァルデンという農村邦であった。いわば山の民である。その後ルツェルンやチューリヒ、ベルンなどの都市邦が加盟したとはいえ、山の民が先輩格である。しかし都市邦では、山の民は臣従民として都市の支配を受け、権利の上で差別されていた。こうしたねじれた関係があるため、都市の住民は山の民を「建国の父たち」と敬うふりをする必要性があったのではないか。さらに、自分たちの魂の拠り所は山であることを力説する必要があったのではないか。

いろいろな見え方

　ヨハンナに戻ると、彼女はヒルツェルという田舎からチューリヒ市に出て、ハイジ同様しばらくは都会の生活になじめなかったようである。その意味で、『ハイジ』の設定は自分の心情に沿ったものだっただろう。しかしその背後に、都市が農村を支配したというチューリヒ邦の歴史があり、さらに背後には、山の民がスイスを作ったという建国の歴史がある。山と里、田舎と都会の対比で考えるとき、ヨハンナが立っていた時代背景はかなり入り組んでいたといえよう。単純で素朴に見える『ハイジ』のストーリー設定も、そのようななかでいろいろ考えた結果ではないかと考えられる。それは、平野にぽつんとある丘のように、くっきりと紛れのないものではない。それは、アルプスのように何重にも山並みが重なる背景のなかで生まれた。だから、見る角度によってさまざまな見え方をする、つまり、多様な解釈を可能にするものではないだろうか。

参考文献

① シュピーリ、ヨハンナ（パウル・ハイ画、矢川澄子訳）『ハイジ（上・下）』福音館文庫、2003 年。

② 高橋健二『アルプスの少女ハイジとともに——シュピーリの生涯』彌生書房、1984 年。

③ ちばかおり・川島隆『図説 アルプスの少女ハイジ』河出書房新社、2013 年、とくに 3 章。

④ 渡辺孝次「工業化、経済危機と社会運動」森田安一編『スイスの歴史と文化』刀水書房、1999 年。

⑤ http://www.fembio.org/biographie.php/frau/biographie/johanna-spyri/
有名女性の伝記を紹介するウェブサイトである「Fembio」によるヨハンナの紹介。

⑥ http://www.nzz.ch/aktuell/zuerich/uebersicht/dienstleisterin-fuer-stadtrat-und-buerger-1.18062519
『新チューリヒ新聞』2013 年 4 月 12 日号の記事。

ホテル経営者ザイラーと
ツェルマットの観光開発

森本慶太

　ヴァリス（ヴァレー）州のゲマインデ、ツェルマットは、スイスを代表する山岳観光地として知られており、そこから望むマッターホルン（標高4,478m）はスイスの国民的シンボルとなっている。くわえて、街中への自動車の進入が規制されているなど、環境対策の先進性も注目されている。

　ツェルマットは、中央スイスやベルナーオーバーラントなどスイスの他の地域と比較して、観光地としての「発見」は遅かった。この地に観光開発の種がまかれるのは、19世紀半ばのことである。もちろん、エドワード・ウィンパーによるマッターホルン登攀（1865年）が、ツェルマットへ人びとをひきつけた大きなきっかけであったことは間違いないが、ここでは、受け入れ側であるツェルマットでのインフラ整備の過程とツーリズムがこの地に与えた影響に注目したい。

　ツェルマットの観光地化の端緒は、イギリスでのアルピニズムによる需要の高まりにくわえ、供給面での変化があったことにも注目すべきである。ツェルマットには、1839年に医師ヨーゼフ・ラウバーが開業した宿屋が存在したが、3つのベッドしかない簡素な施設に過ぎず、登山家向けの山小屋の域を出なかった。近代的な設備を擁するホテルの整備は、19世紀半ば以降、2人のヴァリス（ヴァレー）出身のホテル経営者によって開始された。

　1852年、フィスプ出身の法律家ヨーゼフ・アントン・クレメンツが、ツェルマット初のホテルを開業し、「モン・セルヴァン」と名づけた。1855年には、ゴムス地域のブリッツィンゲン村出身で、シオンで石鹸・蠟燭製造業を営んでいたアレクサンダー・ザイラーがラウバーの宿屋を購入し、改装したうえでホテル「モンテ・ローザ」として開業した。彼は、1867年に競争相手だったクレメンツのモン・セルヴァンを買収するなど、事業を拡大していく。1891年にアレクサンダーが死んだとき、ツェルマットのホテルは、現地住民の数を超える約800のベッドを擁するまでに成長し、そのうち700がザイラー一族のホテルに属していた。

　19世紀の末、ツェルマットは単なる登山の拠点から高級観光地へと脱皮していく。その立役者は鉄道やホテルといった観光インフラであった。すでに1878年に幹線鉄道が開通していたフィスプからツェルマットまでの交通手段としては、

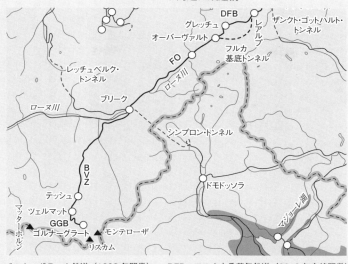

GGB：ゴルナーグラート鉄道（1898 年開業）　　DFB：フルカ山岳蒸気鉄道（2010 年全線開業）
BVZ：フィスプ・ツェルマット鉄道（現マッターホルン・ゴットハルト鉄道ツェルマット線）（1891 年開業）
FO：フルカ・オーバーアルプ鉄道（現マッターホルン・ゴットハルト鉄道フルカオーバーアルプ線）（1915 年開業）
（出典）長真弓『スイスの鉄道――アルプスから碧水の湖畔、石畳の街までを網羅』JTB、2003年、99 頁をもとに一部改変して作成。

　地元住民の担ぐかごや馬に乗るか、馬車を利用するぐらいしかなく、観光客は不便を強いられていたが、この区間の狭軌鉄道路線の開通（1891 年）により、アクセスは飛躍的に向上した。さらに、1898 年のゴルナーグラート鉄道（ツェルマット～ゴルナーグラート間）の開業は、人びとをマッターホルンの間近にまで運ぶことを可能にし、観光拠点としてのツェルマットの発展は決定的となった。ザイラー一族のホテル経営も、鉄道の開業に並行していっそうの繁栄を見せた。たとえば、リッフェルアルプ（2,222m）に建てた「グランド・ホテル」（1894 年開業）も、ゴルナーグラート鉄道のおかげでアクセスが容易になるなど、大きな恩恵を受けた。
　観光開発はゲマインデの空間にも影響を与えた。ツェルマットは大きく２つの部分に分かれていくことになる。ひとつは、暗色の木造家屋を中心とする伝統的景観を構成し、地域の山岳農民が住んでいる昔ながらの地区である。それにくわえて、観光開発の過程で、明るい石造建築のホテルがならぶ地区が出現した。こうしたホテルが立地する、ツェルマット駅から聖マウリティウス教会にかけての通

ツェルマットの馬車・電気自動車　　　ツェルマットの駅前通り

2007年、筆者撮影。　　　　　　　　　2007年、筆者撮影。

りは、ツェルマットのメインストリートとして観光客を対象にした旅行代理店、写真屋、それに土産物屋も立ちならび、現在につながる景観が形成されていくことになる。

　ツーリズムにかかわるインフラが整備された結果、1900年前後の世紀転換期に、ツェルマットの観光業は発展のピークに達した。客層は、高級ホテルでの滞在を中心に余暇を楽しむ、イギリス人をはじめとする諸外国のブルジョワ層が中心であり、そもそも登山目的で訪れる人びとやスイス人観光客は少数派であった。

　この時期に確立したツーリズムが、現在にいたるまでツェルマットの基幹産業として、経済的に貢献していることはいうまでもない。しかし、観光開発について考える場合、現地社会への影響を問う視点も必要である。

　アレクサンダー・ザイラーによるホテル事業の急速な拡大は、ツェルマットの現地住民との軋轢を引き起こした。彼は、19世紀の資本主義的・革新的精神を体現した人物であり、ヴァリス（ヴァレー）の保守的なエリート層やツェルマットの農民層とはなじむことができず、激しい抵抗に直面した。同じヴァレー出身とはいえ、あくまでも「よそ者」であったアレクサンダーは、ツェルマットで一家の市民権を獲得するまでに、長きにわたる係争を経なければならなかったのである（この背景には、アレクサンダーの住居がブリークにあり、ツーリズムのシーズンとなる夏しかツェルマットに滞在していないという事情があった）。

　昔からツェルマットに住んでいる現地住民にとって、観光開発から得られる恩恵は多くなかった。鉄道が開業すると、それまで物資と観光客を運搬してきた

ツェルマットの馬方やかご屋は失業した。さらに、ホテルで雇われるメイドやコック、それに鉄道職員は、しばしばツェルマットの外からやってきたため、古くからの現地住民が一定の威信を保つことのできる観光関連の仕事は、登山ガイドぐらいしかなかった。

20世紀初頭のツェルマットでは、ウィンタースポーツの人気が高まるなかで、鉄道とホテルの冬季営業が議論されるようになる。そこでも、主導権を握ったのは現地の人びとではなく、初代アレクサンダーの息子、2代目アレクサンダー・ザイラー（1864～1920年）とその弟ヘルマン（1876～1961年）であり、ツェルマットを冬季の観光地にするべくさかんにアピールした。こうしたツーリズムの将来像をめぐる議論でおもに登場するのは、ホテルや鉄道会社の経営者たちであり、地元住民の影は薄かった。

他方できわだっているのは、ツェルマットにとどまることのない、ザイラー一族の活躍である。2代目のアレクサンダーは、国民議会議員としても活動し、スイスにおける観光局の設立に際して中心的役割を担った。さらに、彼の息子フランツ（1897～1966年）は、スイスホテル協会会長や国際ホテル協会会長といった要職を歴任するなど、ザイラー一族はスイス観光業の中核を担う人材を輩出することになる。

ここでは、ツェルマットという一観光地の歴史に焦点を当てたが、そこに見られるような、観光開発とそれにかかわる人びととの関係は、古くて新しい問題でもある。アルプス各地の観光発展の歴史を丁寧に分析することで、現在求められている「持続可能なツーリズム」を構想するヒントも見えてくるのではないだろうか。

参考文献

① 河村英和『観光大国スイスの誕生——「辺境」から「崇高なる美の国」へ』平凡社、2013年。

② König, Wolfgang, *Bahnen und Berge: Verkehrstechnik, Tourismus und Naturschutz in den Schweizer Alpen 1870-1939*, Frankfurt am Mein: Campus 2000.
   4章参考文献⑥を参照。

③ Merki, Christoph Maria, „Eine außergewöhnliche Landschaft als Kapital: Destinationsmanagement im 19. Jahrhundert am Beispiel von Zermatt," in: Thomas Busset/Luigi Lorenzetti/Jon Mathieu (Hg.), *Tourisme et changements culturels/ Tourismus und kultureller Wandel* (*Histoire des Alpes/Storia delle Alpi/Geschichte der Alpen*, Nr. 9/2004), Zürich: Chronos 2004, S. 181-201.
   観光地ツェルマットの開発の歴史を、社会経済史と文化史の両面から、バランスよく論じている。

第2部
思想と表象

章 アルプス世界のルネサンス
南と北のあいだ

踊 共二

はじめに

　ルネサンス(古典古代の文芸の復興)はイタリアに発し、アルプス以北に拡大したときには相当に大きな違いが生まれ、そこでは宗教的・抑制的な性格の強い運動が展開したといわれる。アルプスの北の世界で宗教改革の嵐が吹き荒れたことも、このことと無縁ではないとされる。この通説は一面において正しい。たとえば16世紀前半に活躍した思想家ロッテルダムのエラスムスは、カトリックにとどまりつつ教会を批判してキリスト教信仰の深化を求め、「人間礼賛」に距離を置き、古代ローマの文筆家キケロを警戒し、イタリア・ルネサンスの人文主義(ヒューマニズム)を「異教」扱いしたことさえある。しかし、アルプスの南と北という地理的区分は正しいのであろうか？　われわれは本書で「アルプス文化史」を探求している。その視点からは無批判にこの区分に従うことはできない。むしろわれわれには、越境と交流の最前線としてのアルプス世界そのものにおけるルネサンスないしヒューマニズムを論じる視点が必要である。以下、何人かの「アルプスのルネサンス人」に注目しながら、彼らの思想や彼らが生みだした表象の特質について検討してみたい。

1 概観

　アルプス山脈とその周辺地域をすべて扱うことはできないので、ここではスイス一帯について述べることにする。フィレンツェの外交官にして政治思想家ニッコロ・マキャヴェリは、アルプス地域の自由な「共和国」にしばしば言及し、ハプスブルク家の支配を脱した自由な諸都市を

共和政ローマと比べている。またそれらの諸都市（共和国）の武勇、好戦性、領土欲などを強調している。さらにマキャヴェリは、スイス人傭兵について考察し、外国の君主は強力なスイス人傭兵に頼っているが本当に強いのは郷土愛をもった決死の市民軍（民兵）であり、それを前にすればスイス人傭兵も退散するであろうと述べている。マキャヴェリがスイスについて論じたのは、スイス諸邦とりわけ山岳部の農村邦が「領土欲」に駆られて、現在のスイス南東部にあるロカルノやイタリア北部のルガーノに攻め込み、ミラノ公国まで保護国化した16世紀前半のことであった。なおマキャヴェリにあって共和国は「都市」としてイメージされているが、現実のスイスにおいては山岳農民と都市民がそれぞれの共和国の担い手であった。当時スイス人は（山岳農民も市民も）傭兵としても各陣営で戦っており、マキャヴェリが目にしたのは市民出身者だけではない。ともあれ、ルネサンス時代のイタリアの政治思想家や戦略家たちにとって、アルプス世界とそこに住む人々は、外交や軍事だけでなく政治論の構築のレベルにおいても一定の存在感をもっていた。まずそのことを確認しておこう。

　ルネサンスの建築物には共和国の理想と力を示すものが含まれるが、このことはアルプス地域でも同じである。スイスでは16世紀後半期からバーゼルの手工業組合会館やルツェルンの市庁舎などに新しい建築様式がみられるようになる。絵画ではバーゼルで活躍したウルス・グラーフやベルンのニクラウス・マヌエルが注目される。両者はいずれも傭兵（隊長）として戦争に従事した経歴をもっている。彼らはアルプスの（男の）文化の体現者であり、ふたりの作品には多くの誇り高い戦士が登場する。マヌエルは都市ベルンの政治の世界でも高い地位にあり、宗教改革の導入に尽力したことでも知られている。ルネサンスと宗教改革が結びつくのは「アルプス以北」の特徴とされるが、この点でベルンはその一例といえる。ただしマヌエルの作品にはプロテスタント的な抑制の効いたものだけでなく、パリスの審判やルクレティアの自害をテーマとした甘美な作品もある（図5-1）。それらは「アルプスの南」の、つまり地中海世界

の開放的な雰囲気をたたえている。そもそもニュルンベルクのアルブレヒト・デューラーがアルプスを越えてイタリア（ヴェネチア）で修業を積み、時として明るい色調で聖母子や若い女性を描いたことを想起すれば、アルプスで「明暗」を分ける発想は正しくない（図5-2）。2つの世界は、当然のことながら、つながっていたからである。

　ここでハンス・ホルバイン（アウクスブルク出身）にも言及しておこう。彼は16世紀前半にバーゼルやルツェルンで活動した後、エラスムスの紹介でイングランド（ロンドン）に渡った。エラスムスやヘンリー8世の肖像画は不朽の名作に数えられる。ホルバインは文字どおりアルプスの北で幅広く活躍したルネサンス人である。しかしその作品には、「ヴィーナスとエロス」や「コリントの娼婦ライス」（図5-3）のように、レオナルド・ダ・ヴィンチの影響を受けて描かれたと考えられているものもある。これらの絵はスイスのバーゼル市立美術館にあるが、鑑賞者たちはそれらをみてアルプスの「北」を連想するであろうか。それとも「南」か。答えは「両方」であろう。本書の第1章で述べたとおり、バーゼルはヨーロッパの南北を結ぶ場所にあり、アルプス世界の出入り口であった。そこでは人やモノだけでなく、思想や表象も行き交い、混じりあっていたのである。なおホルバインはルツェルンにいたころ、他の多くの旅人たちと同じように、水路と陸路（峠道）を使って北イタリアに赴き、アンドレア・マンテーニャの絵画を研究したともいわれている。

❷ 旅するルネサンス人

　ルネサンス人はよく旅をした。それは中世の大学人（教師と学生）の遍歴文化とも関連していた。彼らの汎ヨーロッパ的な、またコスモポリタン的な意識は、ラテン語を使い、古代の学芸に範を求める知識人の「文芸共和国」の観念だけでなく、現実の移動生活にも起因するであろう。アルプスの水路と峠道は、そうした知識人の旅のルートでもあった。

図 5-1 ニクラウス・マヌエル「パリスの審判」（1523年頃）

バーゼル市立美術館蔵

図 5-2 アルブレヒト・デューラー「若いヴェネツィア女性の肖像」（1505年頃）

ウィーン美術史美術館蔵

図 5-3 ハンス・ホルバイン「コリントの娼婦ライス」(1526年)

バーゼル市立美術館蔵

5章　アルプス世界のルネサンス［南と北のあいだ］

図5-4　エラスムス立像（模造）

東京国立博物館所蔵
Image: TNM Image Archives

エラスムスの旅路

ロッテルダムのエラスムスがイタリアのトリノで学び、バーゼルに住んだのも、ライン川とアルプスの交通路があったからこそである。

ところでこのエラスムスと日本には「関係」がある。というのも、1598年に豊後に漂着してヤン・ヨーステンやウィリアム・アダムス（三浦按針）を連れてきたオランダ船リーフデ号は旧名をエラスムス号といい、その船尾には高さ1mあまりのエラスムス像が飾られていたからである（その像は栃木県の仏教寺院で「貨狄尊者（かてきそんじゃ）」として崇敬の対象となっていたが、現在は東京国立博物館にある）。旅から旅の生活を送ったエラスムス（の像）が海を渡って日本にもきていたとは、じつに感慨深い。

なぜこのような像が船尾飾りになっていたのか、その理由は定かではない。まず「船尾」に飾りがあった理由は、カルヴァン派のオランダでは偶像崇拝的な魔除けの「船首飾り」（人魚像や異教的な神像、動物の意匠）の文化が否定されていたこと、それでも航海の安全を祈る船乗りたちは守護者を求めていたことにあると考えられている。

エラスムスは前述のようにカトリックにとどまりながら厳しい教会批判を行っていたこともあり、オランダのプロテスタントにも（郷土が生んだヨーロッパ最高の学者として）尊敬されており、16世紀末には木像や石像も存在していた。また彼の名は4世紀のイタリア（フォルミア）の殉教者、聖エラスムス（エルモ）からとられており、彼は船乗りの守護聖人であった。かくしてロッテルダムのエラスムスは、はやくもルネサンスと宗教改革の時代に船尾飾りとして「来日」することになったのである。エラスムス本

人の旅はヨーロッパ内(イングランドを含む)にとどまっていたが、それでも船を使うことはしばしばであった。

パラケルススの旅路

旅をしたのはエラスムスだけではない。有名無名の幾多のルネサンス人が峠道を歩き、船に乗った。たとえば16世紀の医師・錬金術師パラケルススもそうである。医学、薬草学、占星術と予言、古代哲学、神学にまたがる彼の思索と旅は単純な分類を拒んでいるが、ゴルトアンマーという研究者は彼を「北方的万能学者」と呼んでいる(参考文献②40頁)。たしかにパラケルススはガレノス主義(体液病理学)を批判し、また新プラトン主義(根源的なものの「流出」と万物の「同質性」を説く哲学)に距離をおき、救済者キリストと聖書の権威を強調して再洗礼派のような急進的宗教改革グループにさえ接近したといわれているから、北方的な性格を濃厚にもっていたといえるであろう。しかしながら、パラケルススの著作には新プラトン主義者の用語(たとえば「分割」や「分離」など)の積極的な使用も確認でき、バーゼル滞在時代に15世紀イタリアの哲学者マルシリオ・フィチーノやピコ・デラ・ミランドラの思想にふれていたと推測されている。

なおパラケルススはスイスの北部に位置するアインジーデルンで生まれた。そこはベネディクト会修道院の門前町であり、シュヴィーツ邦の保護も受けていた。住民は古くは隷属民であったが、14世紀末からはド

図5-5　山岳地帯を旅するパラケルスス(16世紀ドイツの版画)

(出典) *500 Jahre Paracelsus*, Bern 1994, S. 26.

ライ・タイレと呼ばれる行政組織（修道院・シュヴィーツ邦の代官・住民代表の三者機関）に参画し、一定の自治を実現していた。彼らは「森の民」と呼ばれる誇り高い人々であった。パラケルススの父親はシュヴァーベン出身の医師であり、母親は「森の民」の出であった。パラケルススに関する内外の書物にはしばしば母親は修道院の「隷属民」ないし「農奴」と記されているが、上述の自治権を考慮すれば、修道院の「帰属民」としたほうがよい。彼らを「自由民」と位置づけた中世後期の史料もある。

　16世紀初頭、一家はオーストリア方面に移り、ケルンテンのフィラッハに住んだが、パラケルスス自身は放浪の旅にでてウィーンやフェラーラで学んだ後、フランスやスペイン、イギリス、北欧、東欧に足をのばしたという。ヴェネチアでは軍医をしていたともいわれる。またチロル地方を歩き、ザルツブルクに滞在した後、フライブルク、シュトラースブルク、バーゼルを転々とした。バーゼルでは大学で教え、都市専属医も勤めた。しかしその異端的な言説が追放にむすびつく（1528年）。その後パラケルススはアルザスをさまよってからアルプス地方に戻り、アペンツェルやザンクト・ガレンその他に滞在し、アルプスの南の渓谷地帯を歩き、最後はザルツブルクで生涯を閉じる（1541年）。

　放浪の旅のあいだパラケルススは各地の民衆と接し、民間医療や薬草の知識を身につけたという。古代の博物学や中世以降の本草学では得られない実践的な知識をもって彼は医療活動に携わっていたが、それは彼の旅の成果であった。パラケルススは「アルプスのルネサンス人」と呼ぶにふさわしい人物である。古典古代に由来する学問を身につけながら象牙の塔にこもらず、山岳農民や小都市の市民たちと交わるなかで思索し、観察と実験を行い、新しい潮流を起こしたからである。それはアルプスの南で発達した知の世界と、アルプスの北の人間類型と、アルプスそのものの社会的・自然的環境が出会った結果であったといえるであろう。

トーマス・プラッターの旅路

　次に検討するのはトーマス・プラッターの旅路である。彼はバーゼルのラテン語学校長として人文主義的な教育改革を試み、古代ローマの文筆家キケロや詩人オウィディウスによるラテン語学習、イソップ寓話集やルキアノスの対話集によるギリシア語学習を計画し、実行に移した。プラッターはエラスムスや16世紀ドイツのルター派神学者メランヒトンの著作も教材にし、チューリヒやベルンからやってきた学生たちのために自宅を開放して宿舎を提供した。そのかたわら彼は印刷業も営んでいた。彼はバーゼルの名士として尊敬を集めていた。しかし、その出自は素朴な山岳農民であった。生まれはヴァリス（ヴァレー）のグレッヒェンという寒村であり、7歳のころから山羊番や牛飼いをさせられたという。その後、彼は放浪学生となってドイツ、スイス、東欧を歩き回った。生計をたてるために綱造り職人にもなった。放浪時代に彼はツヴィングリ（くわしくは6章138頁）と出会い、改革派になった。プラッターは息子のために手記を残したが、そこにはこのスイスのルネサンス人の数奇な運命が鮮やかにつづられている。アルプス山中での体験談も興味深い。

　　愛すべき仲間であるハインリッヒ・ビリングがいっしょに盟約者団の国へ旅をしようと提案したのである。そののち私といっしょにヴァリスまで行くという。そこで私たちはまずシャフハウゼンとコンスタンツに行き、そこからリンダウに行った。そこにビリングは用事があったからである。さらにザンクト・ガレン、トッゲンブルク、ラッペルスヴィル、シュヴィーツ、ウリへ行った。〔……〕そこからウルザータルを経てレアルプに行った。しかしハインリッヒは夕方に山をみると恐ろしくなり、翌日山を越えるかどうか迷っていた。〔……〕私たちは強力なアルプスの案内人を雇い、その案内で山に登ることになっていた。案内人は杖を肩にかついで先頭に立って、雪のなかを歩いていった。そのとき彼は歌を歌ったが、それは山々にこだましてよく響いたものだ。ところが彼は雪のなかで滑って倒れ

た。まだ陽も登らぬ暗い時刻であった。［……］私たちはふたたびウリに行き、そこから湖に出た。そこはヴィルヘルム・テルが船からとびおりた場所から遠くないところであった」（史料①113〜115頁）。

　暗い山陰に怯え、雪原を歩く旅人の姿が目に浮かぶようである。別の箇所には、ある生徒を連れてアルプスのグリムゼル峠を越える場面も印象的に描かれている。8月というのに雪と雨の降るなか、凍えないようにするために生徒をひたすら歩かせ、ようやく峠の宿にたどりつく場面である。そのさいプラッターは、かつて自分が凍死しかけた体験を記している。この雪山で眠り込んだ彼の近くをひとりの男が通りかかり、彼の腕に手をかけ、「起きて歩け」と告げたのだという。プラッターは「私にはあのとき神が生命を救ってくれたとしか考えられない」と記している。アルプスの厳しい自然は、人知を超えた神の意志と力への信頼を強めさせるのであろう。

　　私は山や湖、ボーデン湖、ルツェルン湖その他の湖を経てライン川へ、またポーランド、ハンガリー、シュレージエン、マイセン、シュヴァーベン、バイエルンなどに若いころ旅した。そこでこの書物に書いた事件の他にも大きな危険に出会っているので、こうやって生命ながらえ、立ったり、歩いたり、長いあいだしていられるのは、いったいどうしてなのかと考えたものだ。しばしばひどい怪我はしたが、骨折はしたことはなかった。神様が天使を遣わして私を守ってくれたためである（史料①146〜147頁）。

　これはプラッターの手記の終わりのほうに出てくる述懐である。アルプス世界はプラッターの生きる場であり、帰るべき旅の出発点であった。また彼は、険しい自然のなかで人を危険から守る神をつねに身近に感じていたのであった。その思想はキリスト教的宗教性を強くもっており、きわめて「北方的」である。ただしドイツの人文主義者ウルリヒ・フォン・

フッテンがしばしばイタリアのルネサンス人たちと同じように「運命の
女神フォルトゥーナの思し召し」を口にしたことを思えば、アルプスの
北と南の区別はやはり相対的なものにすぎない。話をプラッターに戻せ
ば、彼が体現していたのは、険しい山岳地帯に暮らしながら神の助けを
信じて疑わない山岳農民の素朴な心性と人文主義の思想が融合した「ア
ルプス的なルネサンス」の精神ではないだろうか。

3 桂冠詩人

グラールスのグラレアヌス

アルプス世界には、他のヨーロッパ地域と同じように、詩作や歴史叙述、
地誌、博物誌にとりくんだルネサンス人たちがいた。宗教改革者となった
ツヴィングリについてはここではふれないことにするが、同じ時期に活躍
した人文主義者・詩人グラレアヌスをあげないわけにはいかない。

彼は山岳農村邦グラールスの村モリスの出身で、16世紀初頭にケルン
大学で修士（マギステル）の学位をとり、バーゼルとパリでも学び、ドイツ
のフライブルク・イム・ブライスガウで教鞭をとった。

グラレアヌスは1512年にケルンで帝国議会が開かれたさい、皇帝マク
シミリアン1世（ハプスブルク家）に捧げた頌詩ゆえに桂冠詩人の栄誉を与
えられた。ところが詩人の故郷グラールスには、ハプスブルク家の支配に
抵抗して1352年にスイスに加盟し、1388年に攻め込んできたハプスブル
ク騎士軍を撃破して自由を守った歴史がある。そのさいの戦闘（ネーフェ
ルスの戦い）は毎年の追悼・戦勝記念の行列祭をつうじて記憶に残されて
おり、グラレアヌスはその歴史を叙事詩にし、出版しようとしていたが、
マクシミリアン1世への義理だてからそれを中止させている。ただしグラ
レアヌスの別の著書『スイス地誌』にはグラールス邦の歴史がそのまま記
されているから、彼の基本的な立場が変わったわけではない。それは溢れ
んばかりの郷土愛である。ただし彼は、カトリックとプロテスタント（改

革派）の併存する近世グラールスにおいて前者の陣営に属し、カトリック
の守護者としての神聖ローマ皇帝に敬意を表していたから、著述の内容も
複雑にならざるをえなかった。

　その複雑さは、「平民国家」の神話（伝説）にも関わっている。スイスの
誕生が「帝国直属」の地位を前提としていたこと、貴族家系の指導層の役
割が現実的に大きかったこと、その点で「平民」対「貴族」の対決による
ものではなかったことは、本書の第1章で論じたとおりである。このこと
を認識すれば、スイスとハプスブルク家が1511年に「永代同盟」を結ん
で和解したことも不自然ではない。またマクシミリアン1世が自分自身の
ことを「生まれながらの良き盟約者」と呼んでスイス人に秋波を送ったこ
とも、衝突と宥和を繰り返した歴史を知る者にとっては、十分理解できる
ことである。

　当時のスイス人の郷土愛は、近代のナショナリズムとは別物である。し
かしながら、公式の帰属先が神聖ローマ帝国であろうとスイス連邦であろ
うと、都市や村のレベルでの、また邦（カントン）のレベルでの郷土愛や
外敵との戦いの歴史への自負は、昔もいまも変わらない。グラレアヌスの
ような人文主義者も同じである。

　ラテン語をつうじて互いに結びついていたルネサンス人にはコスモポリ
タン（世界市民）的性質があったという認識は間違ってはいないが、情熱
的な郷土愛を発散させるルネサンス人も多かった。

　ダンテの『神曲』はラテン語ではなくトスカナ方言で書かれたからこそ、
つまり郷土の人々に読まれたからこそ、ルネサンスの新しい人間観を広め
ることができたのである。またマキャヴェリは『君主論』のなかで「イタ
リア」を「蛮族」から守れと呼びかけていた。シエナの人文主義者ピッコ
ローミニ（ピウス2世）はゲルマン人の後裔としての「ドイツ人」を「ロー
マ人」と区別し、さらにケルト系のヘルウェティイ族の子孫たる「スイス
人」を別扱いしていた。グラレアヌスも『スイス地誌』においてこれと同
じ主張を展開している。ルネサンス人の多くはエスニシティを強く意識し

図 5-6　グラレアヌスの古代ヨーロッパ地図（一部）

(注)『ガリア戦記注釈』（1544年）の挿絵（ドイツ、フライブルク大学図書館蔵）。右ペー
ジ中央に位置するヘルウェティア（スイス）はゲルマニア（ドイツ）と河川によって
結ばれており、地中海世界ともつながっている。ローヌ川とマルセイユ（マッシリア）
も描き込まれている。アルプスは水路とともに示され、障壁の印象は与えていない。
グラレアヌスは、スイスへの愛と同時に開かれたアルプス観とヨーロッパ観をもって
いたと考えられる。

ていたのである。

　地方的世界を超越する汎ヨーロッパ的な古代ローマの文化と言語を愛し、
かつドイツ人の皇帝を敬って頌詩を捧げ、また古代のヘルウェティア（ヘ
ルウェティイ族の住む地）の歴史を受け継ぐスイスおよびその一部である故
郷グラールスを愛するグラレアヌスの立場は、さまざまな面で矛盾をはら
んでいる（図5-6）。そもそもグラレアヌスがラテン語で書いた『スイス地
誌』は『神曲』のような読者層を得られず、その主張は同郷の生活者の世
界には浸透しえなかった。しかしこうした矛盾は、外来の思想がある土地
に受容され、融合現象を起こすときに不可避的に生じることであって、グ
ラレアヌスはその一例とみなしうる。

ザンクト・ガレンのヴァディアン

ザンクト・ガレンの人文主義者ヴァディアンも、グラレアヌスと同じく、スイスから出た神聖ローマ皇帝の桂冠詩人である（1514年にグラレアヌスの場合と同じくマクシミリアン1世によって桂冠を与えられている）。彼はウィーン大学で学び、修辞学や詩学のみならず医学を修め、母校の学長となり、博士の学位も得た。彼はフィレンツェの人文主義者フィチーノの新プラトン主義的な人間観・世界観を受け入れ、かつ経験による学知の検証を重んじ、古代ローマのポンポニウス・メラの地理学を実施踏査によって検証し、注釈書を刊行（1518年）して勇名を馳せた。そのさい彼は、人文主義仲間のオズヴァルト・ミコニウス（ルツェルン出身）やコンラート・グレーベル（チューリヒ出身）を伴い、キリストを処刑したときのローマ総督ピラトゥスの亡霊が閉じ込められていると伝えられるピラトゥス山の湖を（禁令を破って）調査している。

1520年代前半にヴァディアンはザンクト・ガレンに帰り、都市専属医をへて市長に選ばれ、ツヴィングリ主義の宗教改革の導入に尽力することになる。カトリシズムは彼にとって迷信に満ちたものにみえた。このことは、チューリヒに移って宗教改革を助けたミコニウスや、聖書主義を徹底させて再洗礼派運動を起こしたグレーベルにとっても同じであった。なおヴァディアンも強い郷土愛の持ち主であり、古代ヘルウェティアの伝統の礼賛者でもあった。彼はザンクト・ガレンの歴史と文化も研究し、おびただしい成果をラテン語ではなくドイツ語で公表した（この点でヴァディアンはグラレアヌスより地方密着型である）。それは市民仲間に自覚と誇りを与えるためであった。この人文主義者の郷土愛は特殊ではない。たとえばフィレンツェの書記官コルッチオ・サルターティは都市フィレンツェの起源を共和政ローマの時代にさかのぼらせ、都市共和政を擁護した。市民的ヒューマニズムと結びついた郷土愛は、アルプスの南でも北でもみられたのである。スイスの桂冠詩人グラレアヌスとヴァディアンの経歴は、貴族と平民、

帝国と共和国（スイス諸邦）の理念ないし価値観が混交したアルプス中央部の国家・社会のあり方を反映しており、そこにこの地のルネサンス人の特徴のひとつを見出すことができる。

おわりに

　従来、アルプスの南と北のルネサンスは違うと強調されてきた。それはたしかに事実である。しかし複合的な事例も多い。ところが、複合的現象が起きやすい境界地帯としての「アルプス地域そのもの」について問う研究はほとんどない。それでも本章で論じたことは、個々の芸術家や文筆家に関する諸研究を丹念に追い、調べ直せばわかることばかりである。

　アルプス世界のルネサンス人は、スイスとその周辺で活躍した人々についての考察をもとにして述べれば、たしかに北方ルネサンスの性格を色濃くもっていた。それはこの地のルネサンス人たちの宗教的・倫理的あるいは禁欲的な生き方に表れている。しかしイタリア文化との交流ないし直接的なイタリア体験が、彼らの作品に複合的な性格を与えていたことも事実である。

　アルプスの自然世界は楽観的な人間観の生成を阻害したと考えられるが、それでもアルプスの人文主義者たちは古典古代（ギリシア・ローマ）の文芸から得た知識を青少年に伝え、学園をおこして有徳の人士を育てようとした。また自ら知力を総動員した自然研究や医術に従事し、新しい領域を開いた。アルプス世界のルネサンス人の多くは郷土愛に溢れていた。しかしそれは、ラテン語で結ばれたヨーロッパ規模の文芸共和国への帰属意識や神聖ローマ皇帝への敬意と同居していた。スイスの地に生まれた共和国の歴史を誇り、かつ皇帝に頌詩を捧げて桂冠詩人となったグラレアヌスやヴァディアンがその典型である。それはスイス国家そのものがもっていた複合的な性格（すなわち帝国から与えられた自由をもとに自立化し、貴族勢力とも共存しながら形成された農村共和国と都市共和国の連合体としての性格）を背景とし

ている。このことは、たとえばヴァディアンがドイツ語で著した『ザンクト・ガレン修道院史』（1529年）の序文に如実に表現されている。

　トゥールガウは［古くは］アペンツェルやトッゲンブルク伯領、ザンクト・ガレン修道院領、都市ザンクト・ガレン、フラウエンフェルト地方伯領、キーブルク伯領、およびアンデルフィンゲン、タンネック、ビショーフスツェル、アルボン、ビュルグレン等の支配地を含んでいる。［……］この地はブドウ、穀物、果実などを豊かに産するが、南のほうのトッゲンブルクやアペンツェルにあるトゥール川、ネーカー川、ウルネシュ川、ジッター川の水源のあたりは別である。ザンクト・ヨーハン、アペンツェル、ザンクト・ガレンには高い山が聳え、荒れ地もあるが、うるわしい高原の牧草地［アルプ］に恵まれ、それらは多くの家畜を養っている。それはヘルウェティアのほかのアルプス地域と同じである。この土地の豊かさについては［ガリアに移住を企てた］ヘルウェティイ族を［紀元前58年に］連れ戻したユリウス・カエサルも熟知していた。それはアレマン人［ゲルマン人の一派］が、自分たちの土地より豊かであることを羨んで［ライン川を越えて］この地に侵入しないようにするためであった。［……］
　トゥールガウの地には今でも多くの貴族が住み、城を構え、裁判権や土地支配権を行使しているが、そのさいには盟約者団と共同でポリツァイ［公益行政］を担い、さらに上位の権力にも服している。さらに貴族たちよりずっと広い領地をもつ修道院も上位権力［皇帝］から支配権を与えられている。そして平民は、労働ばかりでなく戦争に出ることも求められている。彼らはヘルウェティア人［スイス人］の幾多の戦いに真っ先に甲冑を身につけて馳せ参じてきたのである（史料④2頁）。

　長い引用をあえて試みたのは、ここにアルプスのルネサンス人の内面が凝縮されていると考えられるからである。ヴァディアンは彼の故郷をドイツ人とは異なるスイス人の土地として描き、果実と穀物のとれる畑、アル

プスの水を運ぶ多くの川、牛や羊の群れのいる緑の牧草地に言及しながら、それをカエサルがゲルマン人から守った歴史にふれ、アルプスの南のローマ世界との絆を示している。ザンクト・ガレン修道院はプロテスタントになったヴァディアンにとって敵対勢力ではあるが、他の貴族たちと同じく封建的上下関係に従い、帝国によって権限を与えられた存在として彼は敬意を払っている。ヴァディアンは共和政的秩序を重視していたが、それは貴族との共存を排除するものではなかった。ただしヴァディアンは、スイスに顕著にみられる平民（すなわち農民と市民）の高い地位と軍事的役割を強調することを忘れなかった。スイスの平民は「働く人」であり、同時に「戦う人」なのである（そうでなければ数万の傭兵を国外に派遣しようがない。マキャヴェリがスイス人傭兵について論じた背景には、ヴァディアンがここに記しているようなスイスの平民の武装能力があった）。

　アルプスのルネサンスには、この境界地帯ならではの特徴がある。それはアルプスの南と北、そしてその「あいだ」にあるアルプス世界自体の地方的特性が混じりあって展開し、個性的な思想と表象を生みだしたものであったといえる。ルネサンスに「純粋型」はない。イタリアの先進性と豊穣は自明であるが、ルネサンスはヨーロッパ全域の地方的現象の総称である。山に囲まれたアルプス世界（スイス一帯）もまた、そのひとつなのである。

史料

① プラッター、トーマス（阿部謹也訳）『放浪学生プラッターの手記——スイスのルネサンス人』平凡社、1985 年。
② マキアヴェリ（池田廉訳）『新訳 君主論』中公文庫、2002 年。
③ マキアヴェッリ（永井三明訳）『ディスコルシ——ローマ史論』筑摩書房、2011 年。
④ von Watt, Joachim (Vadian), *Deutsche Historische Schriften*, Bd. 1, hg. von Ernst Götzinger, St. Gallen 1875.
　ヴァディアンの著作集。

参考文献

① 菊池原洋平（ヒロ・ヒライ編集）『パラケルススと魔術的ルネサンス』勁草書房、2013 年。
② ゴルトアンマー、クルト（柴田健策・榎木真吉訳）『パラケルスス——自然と啓示』み

すず書房、1986 年。

③ バーク、ピーター（亀長洋子訳）『ルネサンス』岩波書店、2005 年。

④ フラーケ、オットー（榎木真吉訳）『フッテン——ドイツのフマニスト』みすず書房、1990 年。

⑤ Kälin, Walter, *Die Waldstatt Einsiedeln*, Einsiedeln 1983.
パラケルススの出身地アインジーデルンの地方史。

⑥ von Muralt, Leonhard, Renaissance und Reformation, in: *Handbuch der Schweizer Geschichte* I/2, Zürich: Buchverlag Berichthaus 1980.
スイスのルネサンスと宗教改革に関するスタンダードな概説。

⑦ Rüegg, Walter, Humanistische Elitenbildung in der Eidgenossenschaft zur Zeit der Renaissance, in: Kauffmann, G. (Hg.), *Die Renaissance im Blick der Nationen Europas*, Wiesbaden: Otto Harrassowitz 1991.
ヨーロッパの諸民族がルネサンスをどう受けとめ、開花させたかを検討した論文集。

宗教改革とカトリシズム
バロック文化の隆盛期まで

本間美奈

はじめに

　16世紀の宗教改革というと、ドイツのルターの活躍や、サン・バルテルミの虐殺を頂点とするフランス宗教戦争、あるいはイングランド国王ヘンリー8世の離婚問題に端を発する英国国教会の誕生が思い浮かぶ。一方、「スイスの宗教改革」が全体としてイメージされることは少ないのではないだろうか。現実に、スイスの宗教改革とはチューリヒのツヴィングリの改革や、ジュネーヴのカルヴァンの改革の総称であって、これらアルプスの都市の名がクローズアップされてくる。これは、地域共同体が主権をもち、他の地域共同体と盟約関係を取り結んでいるというスイスの政治のあり方と密接に関係していよう。ツヴィングリやカルヴァンが着手した改革は、その地域の要請によって育まれた。だが同時に、スイスに起こったさまざまな宗教改革の試みは外の世界に向けても発信され、アルプスの領域を越えて新しい世界を拓いた。上にあげたような宗教改革史上の大きな出来事にひとたび分け入ってみると、スイスは外国で起こったさまざまな出来事に深く関与していることがわかる。いってみれば、スイスの宗教改革は「越境」と「交流」の渦中で展開されたのである。本章では、この「越境」と「交流」の動きに焦点を当てて、カトリック改革も含めたスイス宗教改革の展開を追っていきたい。そしてこの時期のスイスがつねに内部にプロテスタントとカトリックの分裂の危機を抱えながらも、スイスとしてのまとまりを維持し続けて諸外国の動向に応じるバランス感覚、「スイス的」な対応を見せていることにも関心を寄せてみたいと思う。

■1 ツヴィングリとカルヴァン──ヒューマニズムから宗教改革へ

　スイスのフルドリヒ・ツヴィングリ（1484〜1531年）とフランスのジャン・カルヴァン（1509〜1564年）は、ひと世代異なるが、ともに人文主義から多くを学んだ。ツヴィングリは、1514年にバーゼルでエラスムスに会っているが、当時エラスムスの周りには人文主義者のサークルができていた。だが彼らの間にローマカトリック教会の改善は望めないと思う者が増え、当時の政治的・経済的背景も大きく関係して、スイスの地に改革運動の拠点が形成される。その中心となるのがツヴィングリとカルヴァンである。

ツヴィングリとチューリヒ──スイスドイツ語圏の宗教改革

　10年に及ぶアインジーデルンでの司牧活動ののち、1519年にツヴィングリはチューリヒのグロースミュンスターの司祭に任命されると、彼は伝統的な説教集を使わずに聖書から説教を行なうなど宗教改革の路線に踏み出していった。1522年にはツヴィングリの承認のもと、聖書には記載がないとして四旬節の肉食禁止を無視した印刷業者の挑発的な行動が物議を醸した。だがチューリヒ市当局は、ドイツ西南部とスイス北東部を管轄するコンスタンツ司教に対抗してツヴィングリを擁護する。ツヴィングリは改革に着手し、修道制、聖職者の結婚、教会の伝承、聖人崇敬、教皇の権威などが見直され、カトリック教会の慣行は重要性を失っていった。彼はチューリヒを神意に基づく正義を実現すべき現場として見ており、積極的に政治問題に関わっていった。

　スイス盟約者団会議の抗議を受けて、1523年チューリヒ市当局は公開討論会を開いて改革の是非を審議したが、これは世俗当局が教会問題に関わるという点で重大なことであった。「六十七箇条」で福音に基づき教会のあるべき姿を提示するツヴィングリと司教代理の討論の結果、市当局はツヴィングリを支持し、聖職者は聖書のみに基づいて説教するよう命じられた。その後は段階的にミサ廃止をはじめとする具体的な改革が推し進め

られていった。

　チューリヒは司教権威から自由になり、1525 年には教会裁判権を聖職者と市参事会員からなる婚姻裁判所へ移し、結婚や風紀に関する監督の問題を取り扱った。これはのちのベルン、バーゼル、ジュネーヴやドイツ西南部におけるモデルとなる。チューリヒは宗教的にも政治的にも自己の裁量で市政を運営するようになったが、これは中世後期から都市が求めてきた教会の市有化、聖職者の市民化の流れに沿うものであった。

　だがチューリヒの改革は孤立していた。1524 年、カトリック 5 邦（ウーリ、シュヴィーツ、ウンターヴァルデン、ルツェルン、ツーク）は、ツヴィングリの改革に反対し同盟した。チューリヒにとって突破口となったのは、人文主義者の間でツヴィングリが培ってきた交友関係である。1527 年、高名な人文主義者で友人のヴァディアンが市長となっていたザンクト・ガレンが宗教改革を導入した。次いで帝国都市コンスタンツも宗教改革を果たし、チューリヒと「キリスト教都市同盟」を結んだ。ツヴィングリの友、改革派のハラーが司祭を務めるベルンは、盟約者団でもっとも影響力をもつ邦として 5 邦とチューリヒのいずれにつくか態度を保留していた。だが、領土拡大の思惑もからんだ 1528 年の公開討論会の結果、福音主義（聖書に基づくプロテスタントの教え）の実践が宣言され、改革派支持にまわった。福音主義者エコランパディウスのいるバーゼルは文化的に並立状態だったが、1529 年に聖画像破壊が起こると都市当局は宗教改革の導入を宣言した。これに不満な者は退去せねばならず、この時エラスムスがバーゼルを去ったことは、人文主義の立場すなわちカトリックの枠組の内側で改革や刷新を求める姿勢を象徴する出来事といえるだろう。「キリスト教都市同盟」に、ベルンとザンクト・ガレン（1528 年）、バーゼル、シャフハウゼン、ビール（ビエンヌ）とアルザスのミュールハウゼン（ミュルーズ）も加わり（1529 年）、スイス盟約者団は改革邦とカトリック邦の同盟に分かれることとなった。だが数の上ではカトリックが優勢であり続けた。

カルヴァンとジュネーヴ──スイスフランス語圏の宗教改革

　スイスフランス語圏の宗教改革は、フランスの福音主義運動の展開と強く結びついている。1521 年、パリ近郊モーの司教ブリソンネは教会改革に着手し、聖書を仏訳し、説教を通じて信仰生活に活力を与えようとした。だがブリソンネの穏健な手法に対し、ギョーム・ファレルをはじめ協力者の多くは、聖書主義をかかげ伝統的教会の慣行を否定した。ファレルはモーを離れてバーゼルに向かい、1526 年以降はベルンが併合したフランス語地域で福音を説くことになった。また彼はアルプス山麓のピエモンテにいるヴァルド派と、同じ聖書主義を掲げる者として合同を果たしている。1530 年代前半のフランスでは王室に支持された福音主義運動が発展し、とくに王フランソワ 1 世の姉マルグリットは若きカルヴァンらの庇護者であった。だがこの風潮はファレルの膝元で起こった事件で急変する。彼は出版業者ヴァングルをヌシャテルに呼び寄せ、完成間近の仏訳聖書の出版を任せた。だがヴァングルはカトリックのミサを痛罵する「檄文」を出版してしまい、これが 1534 年パリや王国のあちこちに貼られたのである。この「檄文事件」は王を弾圧に転じさせ、フランス福音主義は国王や穏健派の支持を失った。これ以降、スイスを目指す信仰亡命者の波が幾度にもわたって現れる。

　ジュネーヴの宗教改革導入には、サヴォワ家との抗争という政治的背景があった。ジュネーヴは 1526 年、毛織物の中心地フリブールと、大市の都市ベルンとともにサヴォワ公に対して都市同盟を結んでいた。ジュネーヴにとって 1528 年のベルンの宗教改革導入は決定的であり、ベルンは 1532 年にファレルをジュネーヴに派遣する。ファレルは公開討論を開催し、当局の支持を受けつつ議論に勝利する。1535 年、都市内の対立からミサを見送るという経緯ののち廃止が決定され、1536 年に宗教改革が導入された。翌年ジュネーヴにカルヴァンが現れたのは偶然であった。1533 年にパリ大学のコップによる福音主義的な講義録の作成に関与した廉で、逃亡を余儀なくされたカルヴァンはバーゼルに亡命し、1536 年に『キ

リスト教綱要』を出版して著名になっていた。カルヴァンはファレルに改革を手伝うように懇請され、最終的に受け入れる。だが2人の性急な改革はジュネーヴ市民、とくに親ベルン派の不満を買い、1538年には都市を追放されて、カルヴァンはシュトラースブルク（ストラスブール）へ、ファレルはヌシャテルへ赴いた。だが1541年になるとジュネーヴ市はカルヴァンに帰還を願い、戻ったカルヴァンが「ジュネーヴ教会規則」を制定、長老会を発足させて改革を推進することとなった。

2 スイス改革派教会とヨーロッパ——広がるネットワーク

　スイスの改革邦はカトリック地域に浮かぶ小島であり、改革運動は他地域の福音主義運動との同盟を切実に必要とした。16世紀前半にはツヴィングリ派とルター派の協調が追求されたが、その努力は聖餐をめぐる見解の相違により実現困難であった。ツヴィングリ派は西南ドイツに支持層を広げていたが、神聖ローマ帝国の政治状況はドイツ福音主義者との協調の道を閉ざしてしまう。だがそれはスイスのドイツ語圏とフランス語圏の改革派教会の協調を促進し、新たにスイス改革派教会が姿を現すことになった。

スイス改革派教会

　カトリックであった皇帝カール5世はフランスやトルコとの戦争のためドイツに不在がちであり、戦争遂行への協力を得るためにルター派諸侯に対する譲歩もやむなくされた。だが状況さえ許せば、ルター派信仰を禁じた1521年のヴォルムス勅令の再施行が目指され、1529年の第二回シュパイアー帝国議会はまさにそうした事態であった。この危機に臨んでヘッセン方伯はプロテスタント陣営の同盟を画策し、マールブルクでルター派とツヴィングリ派との会談を開催した。両派は聖餐に関してどうしても合意に至らなかったが、ツヴィングリ派と西南ドイツの福音主義勢力が連携を強化する契機にはなった。1530年1月にチューリヒ、ベルン、バーゼルは

図 6-1　16 世紀における宗教改革の伝播

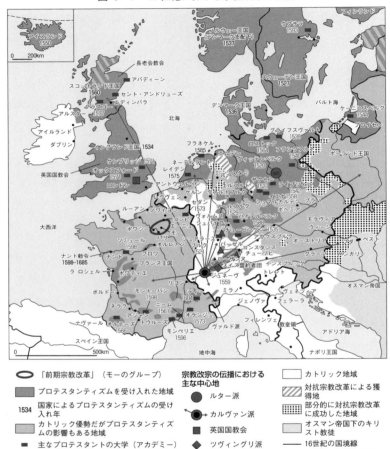

（出典）G. Duby (dir), *Grand atlas historique: l' histoire du monde en 520 cartes*, Paris, 2001, p. 70.

シュトラースブルクと「キリスト教都市同盟」を締結、11 月にはチューリヒ、バーゼル、シュトラースブルクはヘッセン方伯と「キリスト教同盟」を結んだ。

　ツヴィングリは積極的に対外交渉を行ない、フランスとヴェネツィア共

和国との同盟による反教皇・皇帝陣営を構想していた。しかし、1530年のアウクスブルク帝国議会ではヴォルムス勅令の再施行が布告され、いよいよプロテスタント陣営が危機感を募らせるなか、1531年スイス内の宗派戦争でツヴィングリが戦死する。

　他方でカルヴァンは1541年に「聖餐に関する小論」において、ルター派とツヴィングリ派の断絶を埋めうる教義を提示し、慎重に言葉を選びつつ両者の違いは言葉の上でのものであると主張した。彼はシュトラースブルク滞在時代から、この都市の改革者ブツァーが尽力していたルター派とツヴィングリ派の調停に参加していた。だが両派の統一への努力は実らず、1546年にルターが没すると、両者の統一は機会を失った。ここに至ってスイスドイツ語圏の改革派は、活発な運動を展開するスイスフランス語圏の改革派教会に目を向ける。チューリヒでツヴィングリの活動を継いでいたハインリヒ・ブリンガーは、1549年にカルヴァン、ファレルとチューリヒで会談し、信仰上の基本的一致をみて「チューリヒ和協書」を成立させた。スイス改革派教会の誕生である。

スイス改革派教会からヨーロッパへ

　ツヴィングリ派の教会は共同体の政治と宗教を一体のものと見なしていたが、カルヴァンの教会は宗教を政治から自立させることを目指していた。この結果、カルヴァン派教会は在地の政治権力に頼らない自律した信仰共同体のかたちをとっていた。このことは、カトリック地域にあってもカルヴァン派の地下教会（未公認の教会）をつくることを可能とした。ジュネーヴからフランスに派遣された牧師による牧会活動で、フランスの改革派は1560年には1,400を超える拠点が生じるまでに成長した（参考文献⑬42頁）。またジュネーヴの出版活動は、一方で知識人に向けたラテン語の改革派文書を、他方でより広範な層に対してフランス語の改革派文書を大量に普及させた。1551年、フランスではシャトーブリアン勅令が公布され、「我が臣民であろうとなかろうと余の王国や領土に、カト

リック教会と教皇座への一致と恭順から離れたジュネーヴその他の場所からの書物を持ち込むこと」が禁じられた（参考文献⑫ 61 頁）。だがこれらの文書は、フランス第二の出版地リヨンやシュトラースブルクから流入し、その効果はあがらなかった。

　こうして各地に誕生してゆく改革派教会は、信仰告白型の教会で、その信仰告白は多数にのぼり、スイス改革派教会はその規範を与えていた。ドイツでは、シュマルカルデン戦争に勝利したカール 5 世が 1548 年にプロテスタント都市に「仮信条協定」を強要したが、これを拒否したブツァーをはじめ、ポーランド人のラスキやネーデルラントの福音主義者は、イングランドにいる改革勢力の協力のもとロンドンやグラストンベリに亡命者教会をつくった。ブツァーはロンドンから「チューリヒ和協書」に同意を示しているが、このようにスイスの信仰告白は重要な意義をもった。このイングランドの亡命者教会は、カトリックのメアリ女王の登位によって転出を余儀なくされ、大陸に逆亡命してくる。彼らは受け入れてもらえる地を求めて、ドイツのエムデン、フランクフルトを経由して、プファルツ選帝侯の招聘によりハイデルベルクに赴く。またクレーフェ公の領邦都市ヴェーゼルもネーデルラントからの亡命者を受け入れている。このような外国人亡命者の受け入れにあたっては、自らの政治的なイニシアティヴの確保や、経済的な動機が働いたことも事実だが、信条を親しくする者を援助することもまたこの時代の倫理であった。

　チューリヒでは教会と国家が一体となっており、教会と国家のあり方においてジュネーヴの自律的教会とは異なった。このような事情から、ブリンガーによる改革はイングランドで受け入れられやすく、ポーランドやハンガリーへの影響も少なくなかった。スイス改革派は、プファルツ選帝侯やネーデルラントなど外国の改革派教会、ボヘミアやハンガリーの改革派マイノリティ、そしてフランスの改革派であるユグノーやヴァルド派と結ばれていた。このような一体性は、当事者たちの移動や書簡による交流と、信仰告白や教会規律をはじめとする教理の親和性によって保たれていた。

ヨーロッパ各地にできた改革派教会は、それぞれに信仰告白や教会訓練の規律を整えながら、地域間で互いに連絡をとりあい「横の」ネットワークを作っていった。また各地域の事情に対応するため、個々の教会（長老会）は、一定地域の諸教会（地区会）や、より大きな範囲で各地区会からなる「地方会」に集って当面の諸問題を話し合った。これら地方会の代表から構成される「全国総会」も開催されるが、この「縦の」ネットワークにおいては、その地の事情に対応できる地区会や地方会といった「中型教会」が主力であり、地域的な上位組織は監督権をもつもののヒエラルキーの上下関係にはならなかった。だがジュネーヴは、やはり各地域の改革派教会にとって中核の位置を占めていた。1566 年の「スイス第二信仰告白」は、スイスのドイツ語圏・フランス語圏の相互理解のためのみならず、ヨーロッパの改革派教会にとっての「参照軸」として機能したのである。

3 アルプスのカトリック改革と宗教戦争

　各邦の同盟関係から成るスイス盟約者団は、共同の軍事行動で得た領地を当事邦のもちまわりで支配していた。改革邦とカトリック邦の軋轢は、つねにこの共同支配地をめぐる宗派争いにおいて先鋭化した。自宗派を有利にすべく外国との同盟も求められ、スイスは分断の危機を幾度か経験することになる。和平は、戦闘の勝者であるカトリック邦に有利なことが、経済的に優勢な改革邦の不満のもとであった。この状態はスイスで最後の宗教戦争が終わる 1712 年まで尾を引くこととなる。

カッペル戦争
　1528 年、ベルンの支配領域ベルナー・オーバーラントは、修道院支配から解放されて独立農村邦になる希望をくじかれ、首都ベルンに対抗してカトリック復帰に動いた。これをカトリック邦のウンターヴァルデンが軍事援助したことから両派に戦争の危機が生じた。これは 1481 年の「シュ

タンス協定」が定める、「他邦の内紛への関与の禁止」に違反した。この第一次カッペル戦争はグラールス邦の仲裁で講和となり、「カッペルの第一平和条約」が結ばれる。そして、カトリック5邦がオーストリア公と結んだ同盟を放棄し、共同支配地と従属地の共同体には宗派選択の権利を認めることが決められた。

　この改革邦に有利な条約が第二次カッペル戦争を引き起こす。チューリヒはスイス北部や東部に宗教改革を伸張させようとした。カトリック邦の抗議にとりあわず、ツヴィングリ率いるチューリヒは、「スイスの改革派化」を追求して派兵したが、改革邦の足並みが揃わずチューリヒは突出してしまう。1531年ツヴィングリは戦死し、カッペルの第二平和条約が締結された。カッペルの第一平和条約は破棄、改革邦は同盟を解除する。共同支配地内の宗派については現状を追認し、改宗については改革派のカトリック復帰のみが認められ、カトリック邦に有利な内容となった。この平和条約は、両宗派の相互容認を確認した点で、1555年ドイツでのアウクスブルク宗教平和令に先駆けたものであった。だが改革邦に不満感を残したことは、さらなる宗教戦争の原因となる。

トレント改革とスイスのカトリック改革

　宗教改革前夜、ローマカトリック教会内でも改革を求める声はあり、公会議がコンスタンツやバーゼルなどスイス・周辺地で開かれていたが、有効な改革には踏み出せずじまいだった。

　ようやく実現をみたのが1545年、アルプス山麓のトレント（トリエント）に開かれた公会議であり、1563年に閉会するまで3期ほど断続的に開催された。だがスイスは、改革邦はもとより、カトリック邦もトレント改革には距離を置いていた。カトリック邦、たとえばフリブールなどでは、現地のカトリック聖職者が独自に改革に着手していたが、これは上級権力たる司教の駐在を拒否しつつ、当地の聖職者と都市当局が協力して進める改革であった。教皇大使の抗議を受けて、カトリック7邦はトレント公会議

に代表を送り1564年に公会議の宣言に署名したが、教義面では受諾しつつも、実際の司牧の点では即座に承認しなかった。これは自分たちで改革を進めつつあるという自負からくるものであった。

　スイスにおけるトレント改革は、公会議の終了後、教皇特使であるミラノ大司教ボロメオが推進力となって展開される。1570年にボロメオはスイスを巡察し、綿密な改革案を提案していった。ルツェルンには教皇大使ボンホミニが常駐してローマとの関係を緊密にするとともに、スイスの聖職者と親交を結んだ。1580年には教理問答書の作成に活躍したカニシウスも招かれ司牧に力を尽くした。フリブールにはこうした出版物のために、1584年にドイツから業者を招いて印刷所が設けられた。

　こうして教皇大使やイエズス会を通じたトレント改革の流れは、すでにスイスで進められていたカトリック改革と並行して成果を出していった。ボロメオ主導の教育改革は、スイスにイエズス会を招き、教会を主導すべき人々の高等教育を進めた。一般信徒についてはカプチン会が指導し、カトリック邦のすべてに修道院を建てた。ミラノにはスイス人留学生のためのスイス神学院を設置して、高度な教育が行われた。同時に、フリブールのシュヌヴリのように、都市当局と協力して初等学校を設立し、1597年ペスト患者の世話で没したような現地の聖職者が、現地の状況を見ながらトレント改革の導入に協力したことによっても実を結んでいった。

　だがカトリック邦の宗派的高揚は同時に、改革派との軋轢につながりかねなかった。スイス盟約者団においてカトリック邦は多数派であったが、人口・経済・財政・文化的な先進地となれば、改革邦が圧倒的に有利だった。スイスのカトリック邦は劣勢を挽回するために、1586年に「黄金同盟」を結び、翌年にはスペイン・ハプスブルク家のフェリペ2世と同盟関係を築いた。これはスイスで宗教戦争が起きた場合にスペインから軍事支援と食糧供給を受けるかわりに、傭兵の徴募権と軍隊の通過権を与えるというものだった。当時スペインは属国のミラノ公領からアルプス以北に軍隊を送るべく、スイスの峠道の利用を求めていた。このカトリック諸邦とスペ

インとの結合は、スイス盟約者団の存続を危うくするものであった。

フィルメルゲン戦争

1531年のカッペルの第二平和条約はスイスの宗派状況を固定し、1世紀以上にわたって宗教戦争を防いでいた。ドイツを舞台とする三十年戦争中も、スイスは中立政策によっておおむね戦場とならずに済んだ。だが戦時中の好景気の後の深刻な不況を背景に農民戦争が起こるなど、社会不安が高まっていった。1656年シュヴィーツ邦は、郊外で秘密集会をもった改革派グループを厳罰に処し、逃亡者の引き渡しをチューリヒに要求した。これを拒否したチューリヒは、ベルンの同意をとりつけてカトリック5邦に宣戦布告した。カッペル戦争の時と同様に彼らは軍事力では勝っていたが、ベルンとの連携がうまくいかず敗北する。ここでカッペルの第二平和条約が再確認される結果となったが（第三平和条約）、改革邦に宗派的な怨恨を残したこともカッペル戦争の再現であった。再び共同支配地で緊張が高まった1712年、ザンクト・ガレン修道院領のトッゲンブルクで改革派が修道院の抑圧に対して反乱を起こした。チューリヒがこれを援助し、バーゼルとともに戦争に踏み切った。カトリック5邦は戦闘を望んでおらず、この時はベルンが勝利して共同支配地の一部を統治下に置くことに成功し、この地の少数派であった改革派は礼拝の自由を獲得した。そして第四次平和条約が締結され、共同支配地の両宗派の同権がうたわれ、宗派紛争は両派同数の代表による仲裁裁判で解決することに定まった。ここに共同支配地をめぐるカトリックの優先支配はくずれ、チューリヒとベルンの影響力が増大することとなった。

◢ 行き交う亡命者──山を越え谷を縫って

1530年代まで、スイスではバーゼルが汎ヨーロッパ的な知識人の集結地であった。だがスイスに改革派教会が確立すると、宗教的迫害を受けた

者がジュネーヴやチューリヒを目指す。ファレルやカルヴァン自身が亡命者であり、改革派教会は亡命神学をもっていた。カルヴァンは、カトリックの間で暮さねばならないフランスやイタリア、イギリス、フランドルその他の地域に散らばっているすべての信者に対して、自らの信仰を隠して生きることを厳しく否定する（参考文献① 272 ～ 273 頁）。亡命か殉教か。ここから信仰亡命者が発生することとなる。

16 世紀の亡命者――ジュネーヴ、チューリヒへ

16 世紀、スイスに向かうプロテスタント亡命者は、異端弾圧下のイタリアやネーデルラント、メアリ女王（在位 1553 ～ 1558 年）治世のイングランド、そして宗教戦争期フランスから、受け入れ側が当惑するほどの規模で生じた。フランスからジュネーヴへの亡命者の波は、1550 年代の国王アンリ 2世の登位と「火刑裁判所」による新教徒弾圧、そして 1570 年代のフランス宗教戦争（サン・バルテルミの虐殺）が頂点であった。経済史家のベルジエによれば、1549 ～ 1560 年の 10 年間にジュネーヴには 5,000 人もの人々が流入したが、これは受け入れ側の人口にも相当した。第二波の 2 年間（1572 ～ 1574 年）では 2,115 人、そのうち 700 人は 1572 年にフランスで起きたサン・バルテルミの虐殺直後に到着している（参考文献⑪ 54 頁）。

チューリヒへの亡命者は数百人を数え、共同支配地のロカルノからもプロテスタントが移住した。この時、絹織物の技術が伝えられ、その後のチューリヒの産業の礎石となった。バーゼルへはさらに少数であるが、これは都市に利益をもたらしそうな移住者以外に滞在を許可しなかったからである。すでに 1546 年の法令で、亡命者の受け入れは「その者が富裕で有能であり……当都市が利益・名誉・評判を得られるかにかかっており、その者に職業は不可欠である」という条件のもとでと決まっていた（参考文献⑪ 54 頁）。

最大の移民受け入れ地であるジュネーヴでは、出版業界が亡命者から大きな利益も引き出した。1536 年に 3 名を数えるのみだった印刷業者は、

1550年代の移住者5,000人のうち113名が印刷業者・書籍商だったため、業界の規模が飛躍的に広がった。モンターは、「移住民登録簿」に記載のない者も含めると、1550年から1564年のジュネーヴには300人もの書籍業関係者がいたと見積もる（参考文献⑤226頁）。飽和状態となった出版業界のために、ジュネーヴでは1563年に24名の印刷業者にあわせて34台の印刷機の使用を認めるという規制が必要になったほどである。彼らの出版活動の意義は、ジュネーヴ経済に与えた影響、あるいは製紙業を発展させたバーゼル（ケーススタディ「知の交差点──大学と出版の町バーゼル」参照）などスイス近隣の経済に与えた影響よりもむしろ、出版活動によってヨーロッパにおける改革派の極点という地位を築いたことのほうが大きいだろう。ジュネーヴの方も信仰の亡命者のために印刷業を利用した。ジュネーヴからは礼拝用書籍がフランスに向けて作成されていたが、なかでも「詩篇歌」は当時のベストセラーといわれた。カルヴァンとともに、改革派のテオドール・ド・ベーズは、ジュネーヴの亡命者のために「それらの詩篇を上述の貧しき者たちの救済のために与え」（参考文献⑨752列）、資金を拠出しようと努めた。

ジュネーヴアカデミー

　外国からスイス改革邦を目指す動機には、スイスに学びにくるという目的もあった。スイスでは、バーゼル大学神学部、チューリヒ、ベルン、ローザンヌ、ジュネーヴの神学校（アカデミー）がその拠点である。大学に比べて新しい高等教育システムであるアカデミーは、のちにスイスを超えて、ドイツ、フランス、ポーランド、ハンガリー、アメリカにまで広がった学校システムである。

　ジュネーヴアカデミーは、創立の1559年から1650年頃まで活況をみて、フランスからおよそ1,050名、スイス900名、ドイツ800名、ネーデルラント200名、イングランド100名、デンマークから100名がここで学んだ（参考文献⑯157頁）。人数は減るが、スコットランド、イタリアやブルゴーニュ、

ポーランドからの登録者もいる。またごく少数ながらハンガリー、スペイン、スウェーデン、ノルウェー出身者も見いだせる（参考文献⑮）。全員が神学を学びにきているわけではなく、哲学や法学、そしてフランス語の授業の履修が目的の者もいたが、やはりジュネーヴは改革派の首都として名を馳せていた。ジュネーヴで学んだスコットランドの改革者ジョン・ノックスは、「使徒の時代から地上にあるなかでもっとも完璧なキリスト者の学校」とジュネーヴを称えている。

17世紀の亡命者──ナント王令の撤回

17世紀にも大規模な信仰亡命が起こった。1685年フランス国王ルイ14世は、1598年以降プロテスタントにも礼拝の自由を許してきたナント勅令を撤回した。「ドラゴナード」と呼ばれ恐れられた武力をもってする改宗の強要を逃れたユグノーは、信仰亡命者となって国外に流出する。

スイスの改革邦にとってこの亡命の問題は、受け入れ地となるための物質的な面だけでなく、政治的にも問題を突きつけた。スイス盟約者団は、傭兵雇用を通じてルイ14世と緊密な関係にあったからである。17世紀後半に100万人を数えたスイスの住民に対し、15万人もの亡命者が押し寄せたが、スイスは彼ら全員の亡命先となることはできず、スイス人自身の移住先でもあった、三十年戦争で荒廃し人口が激減したドイツへの通過地点となった。とはいえスイスにも2万人程度は定住し、スイス西部のヴォーやヌシャテルの帰化人の数は大きかった。ローザンヌでも18世紀には亡命者が人口の1/4から1/3を占め、ベルンでも住人の10人に1人はフランスからの移住者であった。スイス西部ではフランスからの亡命者たちが時計工業に従事し、技術と販売の両面で重要な役割を担った。

ユグノーと同時に迫害にあったのはピエモンテの谷に住むヴァルド派であり、彼らはフランス軍とサヴォワ軍に徹底弾圧された。生存者も改宗を迫られ、サヴォワ領に監禁されたが、サヴォワの政治はフランスとの関係により、イングランドやオランダといった改革派国家に接近することもあ

151

図 6-2 スイスの亡命者受け入れ地

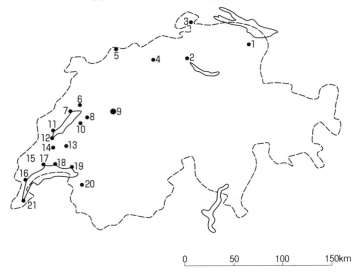

1．ザンクト・ガレン　2．チューリヒ　3．シャフハウゼン　4．アーラウ
5．バーゼル　6．エスカラン　7．ヌシャテル　8．ムルテン（モラ）
9．ベルン　10．アヴァンシュ　11．グランソン　12．イヴェルドン　13．ムドン
14．ロマンモティエ　15．ヴォー（ベルン領）　16．ニヨン　17．モルジュ
18．ローザンヌ　19．ヴヴェ　20．エグル　21．ジュネーヴ
（出典）Garrisson, J., *L'Edit de Nantes et sa revocation, histoire d'une intolerance*, Paris, 1985, p. 286.

り、そうした場合には迫害は弱まった。スイス盟約者団も、事実上改革派に合同していたヴァルド派を受け入れ、谷への帰還を悲願とする彼らに時に手を焼きつつも、ヴァルド派の避難地として機能した。ヴァルド派がオランダやイングランドに救援を求めることができたのも、改革派教会が保ってきたネットワークをつたってのことであった（参考文献③）。

5 アルプスのバロック文化

一般に、バロック様式はカトリック改革の表現形式だという理解がある。

だが研究者のスティエリによれば、バロックとは「荘厳さを追求する」という概念の表現であって、特定の宗派に限定されるものではないという見方もある（参考文献⑯）。スイスのバロック文化は、発祥の地イタリアや、この様式がもっとも発達したオーストリアや南ドイツという近隣諸国の成果に負っている。両宗派によるバロックを同時にうかがえるスイスは、研究が始まったばかりのプロテスタントのバロックについても興味深い事例を提供してくれる。

スイスカトリックのバロック文化

17世紀から18世紀にかけて、イタリアやオーストリアや南ドイツでは、バロックはカトリック改革の成果であり、文化的表現の主流であった。それはカトリシズムの新しいとらえ方であり、スピリチュアルな新しい喜びを表わすべきものだった。スイスには、バロック芸術を推奨する宮廷というものが存在せず、バロック文化は主にカトリック教会を舞台に発展した。スイスバロックが最初にかたちをとった分野は演劇であり、ルツェルンとフリブールのイエズス会神学校が推進役であった。バロック演劇は学校教育のプログラムに組み込まれ、公開を目的とした行事となった。作品は神学校教授が作成し、例えば著名な神学者ヤーコプ・グレッツァーは演劇作品でも名を馳せた。演劇は聖書や教会史における英雄を顕彰し、信仰と倫理の教育に役立ったのである。

だがスイスのカトリック地域でもっとも豊かにバロック文化が表現されたのは教会建築である。バロック建築の記念碑としてルツェルンのイエズス会教会があげられる。スティエリによれば、建築と彫刻と絵画における様式の統一性と内装の澄明さによって、この教会は古典バロック芸術の傑作となっている。カトリック改革は修道院建築にも新しい着想を与えた。たとえば、建築家モースブルッガーによるアインジーデルンの新教会と修道院、ザンクト・ガレンの教会と付属図書室がある。またこの時代にバロック様式で立てられた教区教会も数多く存在している。

図 6-3　ルツェルンのイエズス会教会(左)とザンクト・ガレンの教会の付属図書館(右)

(出典)編者撮影(左)、ユネスコ世界遺産センター監修『ユネスコ世界遺産7　北・中央ヨーロッパ』講談社、1997年、198〜199頁(右)。

　これら数多くのバロック教会における宗教生活にトレント改革が新風を吹き込んだ。刷新された典礼に従い、歌声と楽器によるバロック様式の音楽で豊かになったミサが行なわれた。またイタリア流のバロック的説教が採用された。5月には民衆によるマリア礼拝とロザリオの祈りの朗唱が行なわれた。宗教行列(プロセッション)や兄弟団(コンフレリ)の活動もバロックの装いをまとい、典礼、とくに降誕祭と受難節の祭礼は豊かになった。そして民衆の信心の表れとして聖地への巡礼が復活した。スイスのカトリックは、周辺諸国からバロック文化の躍動を受けとったのである。

スイス改革派のバロック文化

　では、プロテスタントのバロックとはどのようなものか。演劇、教会建築、礼拝や民衆信仰において、カトリックの祝祭的な雰囲気と改革派の節制の間に違いはないのだろうか。
　この問いに対する明快な回答が難しいのは、カトリック・バロック研究の厚みに比して、改革派バロック研究が進んでいないことによっている。プロテスタントのバロックは主に18世紀に発展したが、これはプロテスタント建築の黄金期であった。宗教改革を採用した諸国家は、宗教戦争を脱すると経済的に安定した。君主や都市は自己の威信を取り戻すべく、こ

の機会にプロテスタント教会の地位に相応しい様式と構想をもつ教会の設立を願った。

　レモンによると、スイス、オランダ、イギリス、スカンディナヴィア諸国では、「同時代性、さらには福音主義信仰の近代性をも示すような様式を誇示」することが求められた（参考文献⑥）。そして、プロテスタント・バロック様式の特徴は次の4点であるという。清明さを好み、非常に幾何学化されており、だまし絵的効果は退けつつ、風格を追求する。この例として彼は、南ドイツ・シュヴァーベンの教会堂と対比しながら、改革派バロックの例としてチューリヒのツヴィングリ派教会であるホルゲン・タンプルをあげている。前者は豊かな装飾が礼拝空間を劇的にする効果を出し

図6-4　シュタインハウゼン教会（上）とチューリヒのホルゲン・タンプル（下）

（出典）参考文献⑥ 125頁。

ており、その空間を舞台装置に似せている。後者にはデザインとしては美しい曲線があるだけの簡素さであるが、それは改革派礼拝におけるもっとも大切なもの以外に気を削がれないようにしているかのようである。こうした見解の背景には、スイス改革派の建築には、カトリックとは別のかたちのバロックが発展したとの捉え方がある。この立場にたてば、17世紀の建築技師デュンツによるベッターキンデン、ベルン、グレニッヘン、シェーヌ・パキエの教会についても同じことがいえる。ベッターキンデン教会

の座席、洗礼盤、聖餐台は彼のバロックとされるが、すべてが瞑想の厳粛な雰囲気を作り出しており、説教と聖餐という改革派の礼拝に親和的なものである。またユグノーの伝統に沿った改革派バロック教会として、ジュネーヴの新教会とベルンの聖霊教会がある。カトリックのバロックが、壮麗なものを仰ぎ見る動作によって天上への飛翔を感覚的に誘うとすれば、プロテスタントのバロックは、静かに内面へ沈潜することによって自己を天上へと引き上げようとするものといえるのかもしれない。

　音楽は、カトリックと改革派間のバロックの相互影響についてもうひとつの事例を与えてくれる。16世紀イタリア北部での音楽における革新は、ハインリヒ・シュッツなどの作曲家の表現を通じて、プロテスタントにも受容されていた。他方で、「歌われる言葉は理解できねばならない」という改革派の主張は、カトリック教会の音楽にも影響した（参考文献⑯170頁）。スイスプロテスタントでは、当局によって熱心に推奨された詩篇歌の斉唱が、音楽による一種の識字教育となっており、これは私的な空間における音楽にも影響を与えた。

　18世紀初頭になるとそれぞれの改革派都市は、礼拝のための音楽隊「コレギウム・ムジクム」をもっており、詩篇やその他の讃美歌が歌われ、のちには歌と楽器演奏による世俗音楽演奏も行なわれた。1761年ベルンの「コレギウム・ムジクム」の楽譜目録には、ヘンデルやテレマンの作品と並んで、南ドイツの作曲家によるミサ曲、連禱、晩課、奉献唱というカトリック礼拝のための歌が記載されているが、かつてローマ的として改革派教会が退けた聖歌隊や楽器演奏は、この時代には「改革派的に」豊かになった音楽として受け入れられたかのようで興味深い。

おわりに

　ヨーロッパの宗教改革は、地域の要請に基づいて生成しながらも、外部地域との関わりのうちに発展していった。これまで見てきたように、この

ことはとくにスイスによく当てはまる。だがヨーロッパ各地で、プロテスタント宗教改革とカトリック改革が進展し、個々の地域の政治状況と結びついて公認宗教として根を下ろすと、改革の成果は次第に領域的な性格を強めていった。すでに見たようにスイスは他地域に先駆けて、1531年にカッペルの第二平和条約により、都市や地域共同体が宗派（改革派かカトリックか）を選択できるようになった。同種の努力は神聖ローマ帝国でもなされ、1555年のアウクスブルク宗教平和令（ルター派かカトリックの2宗派）、1648年のウェストファリア条約（ルター派とカトリックに改革派が加わる3宗派）は、各領邦が自分で公式の宗派を決める権利を認めた。どちらの取り決めも、宗派の住み分けを意図しつつ、異宗派の存在を容認したものである。宗教寛容の観点からすれば前進ではあるが、世俗権力がその領域の公的な宗教を定めることが、「宗派化」を促進した面もある。その反面で、各地の宗派地図はそれほど明確に線引きできるものでもなく、2宗派併存を標榜した地域もあれば、つねに異宗派の人間が通過・交流する都市もある。「宗派化」されたヨーロッパにあっても、宗教改革思想の「越境」と「交流」は、細い水脈になりつつもずっと続いていく。その最良の例として、最後にスイス再洗礼派の事例をあげてみたい。

　再洗礼派と呼ばれる人々は、運動の初期の段階では、聖書主義の点で宗教改革者と共有する理念をもっていた。新約聖書に根拠をもたない「十分の一税」を納めることの当否、聖画像の崇敬に対する疑惑。幼児洗礼も、聖書に言及がないからこそ、退けられるべきと再洗礼派の人々は考えた。彼らは、信仰の自覚をもてない幼児の洗礼を否定し、キリスト者として生きる確たる自覚をもつ成人が洗礼を受けることを主張した。この成人洗礼の主張は、カトリック、そしてカルヴァン派やルター派といったプロテスタントの双方から厳しく弾劾された。そして再洗礼派運動の担い手の一部が、為政者に対抗する広範な社会運動とむすびつき、1530年代にドイツの都市ミュンスターで起こったように理想の実現のためには暴力も辞さない姿勢をとるようになると、カトリック、プロテスタントを問わず、ヨー

ロッパ中で弾圧の対象となった。

　成人洗礼が最初に行われたのは1525年、スイスでのことであり、スイス再洗礼派は、ツヴィングリの宗教改革に共鳴した人々の間から出ている。ツヴィングリを支持するチューリヒの市当局は、再洗礼派フェーリクス・マンツを溺死刑に処したが、マンツの家で再洗礼を受けた人々は、チューリヒ周辺で布教活動を始め、同調者を増やしていった。だが彼らの教義が社会運動と結びつき、厳しい弾圧を招くと、彼らはスイス地域から逃れていった。スイス再洗礼派は分散する過程で、南ドイツの同傾向の人々と交流し、チロルやモラヴィアに展開した。その後の再洗礼派は非暴力を標榜するようになるが、ルター派やカルヴァン派のように認可された宗派にはなりえなかったため、つねに迫害の危機に晒され、移住を余議なくされた。だがチューリヒやシャフハウゼンの農村部では、都市支配への反発から、再洗礼派を容認しその教義を受け入れる者もおり、17世紀になっても再洗礼派が隠れ住んでいた。ヨーロッパの各地に再洗礼派のさまざまなグループが点在し、あるいは移動しながら教義を守る一方で、1690年代のベルン地方では、スイス再洗礼派の穏健グループと厳格グループが対立し、厳格派であるヤーコプ・アマンに従う人々が18世紀になると北米への移住の道を選択した（アマンの教えを守るアーミッシュと呼ばれる人々は今日でも北米に住んでいる）。

　スイスを源流のひとつとする再洗礼派運動は、ヨーロッパ各地に拡散して諸宗派の信徒たちと交流を重ね、16世紀に新しく生まれた彼らの理念を今日まで伝えているのである。彼らも優れて「越境」と「交流」の歴史的証人である。

参考文献
① カルヴァン（久米あつみ訳）「教皇派の中にある、福音の真理を知った信者は何をなすべきか」世界文学大系 74『ルネサンス文学集』筑摩書房、1964年。
② 小泉徹『宗教改革とその時代』（世界史リブレット）山川出版社、1996年。
③ 西川杉子『ヴァルド派の谷へ——近代ヨーロッパを生きぬいた異端者たち』山川出

版社、2003 年。

④ 森田安一編『ヨーロッパ宗教改革の連携と断絶』教文館、2009 年。

⑤ モンター、E.W.（中村賢二郎・砂原教男訳）『カルヴァン時代のジュネーヴ——宗教改革と都市国家』ヨルダン社、1978 年.

⑥ レモン、B.（黒岩俊介訳）『プロテスタントの宗教建築——歴史・特徴・今日的問題』教文館、2003 年。

⑦ 『宗教改革著作集 5——ツヴィングリとその周辺 I 』（出村彰・森田安一・内山稔訳）教文館、1984 年。

⑧ 『宗教改革著作集 9——カルヴァンとその周辺 I 』（久米あつみ訳）教文館、1986 年。

⑨ Baum, Guilielmus/ Cunitz, Eduardus/ Reuss, Eduardus (eds.), *Ioannis Calvini: Opera quae supersunt omnia*, vol. 21 (Corpus Reformatorum, vol. 49), (Brunswick, 1879), N.Y., 1964 (rep.).
カルヴァン関連の史料集（「宗教改革著作集」第 10 巻～第 21 巻に収録。もとは 19 世紀の出版で、本書はリプリントされた普及版）。第 21 巻はカルヴァンの活動を記録した史料となっている。

⑩ Bedouelle, Guy/ Walter, François(dirs.), *Histoire religieuse de la Suisse: la présence des catholiques*, Paris, 2000.
スイスのキリスト教史をとくにカトリックの立場についてくわしく扱う。

⑪ Bergier, Jean- François, *Histoire économique de la Suisse*, Lausanne, 1984.
スイス経済史のくわしい概説書。

⑫ Duke, Alaster. C./ Lewis, Gillian/ Pettegree, Andrew (eds.), *Calvinism in Europe 1540-1610. A collection of documents*, Manchester, 1992.
「ヨーロッパに広がった改革派」という視野を重視して編まれた改革派に関する史料集。

⑬ Jouanna, Arlette/ Boucher, Jacqueline/ Biloghi, Dominique/ Le Thiec, Guy, *Histoire et dictionnaire des guerres de Religion*, Paris, 1998.
フランス宗教改革に関する詳細な研究書で、通史と事典を収録。

⑭ Paul-F. Geisendorf, *Livre des habitants de Genève, publié avec une introduction et des tables;* t. 1(1549-1560), t. 2(1572-1574 et 1585-1587), Genève, 1957.
ジュネーヴ市が新しい住民を受け入れた際の記録。年度ごとに、新住民の氏名、職業、出身地が記載されており、ジュネーヴへの亡命者に関する貴重な史料。

⑮ Stelling-Michaud, Sven (dir.), *Le Livre du recteur de l'Académie de Genève*, 1559-1878, 6 vols., Genève, 1959-1980.
1559 年に創設されたジュネーヴアカデミー（神学校）の登録簿。氏名と出身地が記載されており、ジュネーヴがヨーロッパ中から学生を集めたことがわかる。

⑯ Vischer, Lukas et al.(eds.), *Histoire du christianisme en Suisse : Une perspective oecuménique*, Genève, 1995.
スイスにおけるキリスト教の歴史を、カトリック、プロテスタントいずれかへの偏りを避けて、エキュメニカル（超教派的）な立場から編纂された便利な通史。

7章 アルプス発の文明批判
ジャン＝ジャック・ルソーの世界

小林淑憲

はじめに

　ある思想家の思想を考察する際に、その思想家の生まれ育った思想的環境を考慮に入れることが有効な場合があろう。このことはジャン＝ジャック・ルソーのように、とりわけ故郷を遠く離れ外国で執筆活動を行った思想家に当てはまるであろう。一般的にいって、生育環境とは異なった環境において思想を展開する場合、思想の摩擦・対立は不可避であるため、本来の思想の特徴が思想家の個性として際立つことがあるからである。

　ルソーは 1712 年にジュネーヴに生まれた。ジュネーヴは、16 世紀以来、カルヴァンらによる宗教改革の中心地であったが、とりわけ 18 世紀には「ユグノー・ディアスポラ」として知られるプロテスタントの一部が迫害を逃れて多数集まってきていた。と同時にフランスやサルデーニャなどのカトリック国に取り囲まれたジュネーヴの周辺では、その出入国者に対してカトリックへの改宗を働きかける人々が待ち構えていた。ジュネーヴは政治的には独立の共和国であり、「貴族」と呼ばれる国家支配層と、時計職人を中心メンバーとする民会とによって固有の政治生活が営まれていた。イギリスの哲学者ヒュームのように、その政治的自由に古代共和国との類似性を見ようとする場合すらあった。

　こうしたジュネーヴにおいて、ルソーは 15 歳までを過ごした。彼は幼い頃、父親の仕事場でプルタルコス『英雄伝』などを繰り返し読むことで、「自由で共和主義的な精神」を培ったという。生後まもなく母を失っていたルソーは、やがて父親にも見捨てられて叔父に預けられた。叔父は息子とともにルソーをある牧師に預け教育を受けさせた。ルソーはこの牧師からラテン語やカルヴィニズムの教育を授かったという。その後、懐中時

計に装飾を施す彫金師の見習いを務めるが、暴君的な親方の下での徒弟奉公に堪えきれず、1728年の春に故郷を出る。その後はフランスのアヌシー、イタリアのトリノ、スイスのフリブール、ヌシャテル、ローザンヌ、ヴヴェとアルプス地方の各地を放浪する。郷里を離れて生きていくために、トリノではカトリックに改宗した。その後フランス・シャンベリのヴァラン夫人宅に落ち着き、そこでプーフェンドルフやラ・ブリュイエールなどさまざまな思想家の作品を読んだと自伝『告白』に記している。やがて夫人と別れてからリヨンで家庭教師を経験した。音楽家としての成功を夢見てルソーがパリに向かったのは1742年、30歳の時である。つまり、ルソーは生まれてから20代までのほとんどをアルプス地方で過ごした。

図7-1　ルソー肖像画
（1743年〜44年頃、作者不詳）

（出典）Jean-Jacques Rousseau, *Œuvres Complètes*, sous la direction de Raymond Trousson et Frédéric S. Eigeldinger, I *œuvres autobiographiques* 1, Éditions Slatkine, Genève, Éditions Champion, Paris, 2012, p. 260.

　西洋史において、もっとも名の知られた思想家に数えられるルソーは、このようにアルプス地方で生活した時期にさまざまな経験や思考を積み重ねた。本章ではそうした蓄積が、彼の思想の展開にとって重要な契機となったことを明らかにする。この目的を遂行するため、筆者はさしあたり、宗教も含めた習俗に対する批判に焦点を当てて考察していきたい。

1　『学問技芸論』における習俗批判

フランス文化の賞賛と「ヴァンセンヌの啓示」

　思想家ルソーの誕生は、ディジョン・アカデミーの懸賞論題「学問と技

芸の復興は習俗の洗練に貢献したか否か」に応募し当選した時に求められる。ルソーは、この論文を1750年に『学問技芸論』として刊行した。彼はこの論文において、ルネサンス期に学問・技芸が復興したことで習俗は洗練されずにむしろ腐敗した、と断じた。学問技芸の進歩が人々の生活を豊かにしてきたという当時の風潮を真っ向から批判したのである。

　しかしながら、ルソーは懸賞論文を執筆するまでに一貫してこうした意見を持ち続けたわけではない。この境地に到達するまでには曲折があった。むしろ彼は一時期、フランスの習俗に代表されるヨーロッパの文明社会に強く惹きつけられていた。そのことは、1740年代初頭に書かれたと推定されている『ボルド氏への書簡詩』や『パリゾ氏への書簡詩』といった、ともすると無視されがちな小品によって裏付けられる。

　シャンベリを去ってリヨンで新生活を始めた際の恩人シャルル・ボルドに宛てて、ルソーは『ボルド氏への書簡詩』を著した。このなかでルソーは、「奢侈の道を通して欲求を緩和する無垢な産業を讃えよう」と書き、「魅力的な住処リヨンよ、汝の平穏な城壁のなかには、あらゆる技芸が迎え入れられている」と述べて、新天地リヨンの産業がもたらした技芸や奢侈を高く賞賛している（参考文献⑨Ⅱ、1131〜1132頁）。

　また、ルソーはやはりリヨンで世話になった軍医パリゾに書簡詩を捧げた。『パリゾ氏への書簡詩』は、幼少期に育まれた共和主義者としての誇りと、リヨンの町に集められたフランス文化の粋との狭間に苦悩する若きルソーの姿を浮き彫りにしている。ジュネーヴ共和国の主権者の一員として生まれた自分は、周辺の強大国、とりわけフランスに対する偏見を植えつけられ、技芸によってはジュネーヴは支えることはできず、公正であることが唯一の賢明な方策であることを教えられたというのである。だが、「華美を軽蔑する」そうした教育も、フランスの習俗に同化すべきか否かという自分の実存的な苦悩をかえって募らせるがゆえに、ルソーは、ジュネーヴで受けた教訓を「粗野な格率」として、これを永遠に捨て去ったと書いている（参考文献⑨Ⅱ、1140〜1141頁）。

こうして一度は、文明社会の波間に自らを漂わせることを決意したルソーであったが、パリのサロンで機知を競ったり、貴顕たちと交際したりするうちに、これまでの自己の生き方、ひいては人間のあり方そのものに強く疑問を抱くようになった。そうした疑問は、先に触れたディジョン・アカデミーの論題を目にした際に頂点に達したものと考えられる。すなわち、ルソーが論題を読んだ瞬間、「別の世界を見、別の人間になった」と表現した、1749年秋のいわゆる「ヴァンセンヌの啓示」である。ルソーは筆禍事件でパリ南東のヴァンセンヌ城に幽閉された友人ディドロに

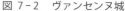

図7-2　ヴァンセンヌ城

1749年秋、ルソーはこの城に幽閉されていたディドロに接見に行く途中、突然のひらめきを経験し、『学問技芸論』を執筆することになる。(筆者撮影、1992年5月)

接見に行く途中、この論題を目にして衝撃を受けた。このときルソーは、人間は本来善良であって、現在の制度が人間を邪悪なものにすることを認識したという。ルソーはこの認識に基づいて、「社会制度の矛盾」を暴露する論文を書くことになる。

『学問技芸論』とスイス人

『学問技芸論』は2部構成である。

第1部では、学問技芸が習俗をいかに堕落させ、徳を喪失させてきたかを歴史に照合することで訴える。すなわち学問技芸から得られる利益によって、文明人は外観を飾りたて内実を失った。国家全体の利益を求めて強固な意思をもって献身する公共精神としての徳を本当は失っているのに、あたかも徳があるかのように外見を立派に見せる生き方、あるいはサロンを舞台とする社交界に典型的に見られるように、自分自身の資質に従わず、

あるがままの姿を見せることが回避される社会になっているという批判である。これに対して、ローマ人やスパルタ人、ペルシア人、スキタイ人、ゲルマン人などは学問技芸を自らしりぞけ徳を保持し続けたと述べている。ここでルソーは単に古代人を賞賛するにとどまらず、例外的に同時代のスイス人もこうした古代人と同様だと弁護している点に注意しておく必要がある。つまり『学問技芸論』は単に17世紀以来の古代人近代人論争の枠内においてのみ論じられたものではない。

　さて、第2部は歴史の対比よりもむしろ学問技芸の起源や機能、効果について論じている。論点は多岐にわたるように見えるが、要するに学問技芸は奢侈と相伴い、習俗を堕落させるという奢侈批判に集約される。奢侈は時代のトピックであった。当時、イギリスのマンドヴィルがいちはやくこれを弁護していたが、フランスではヴォルテールが典型的で、彼は『世俗の人』と題する詩において、奢侈を学問技芸と関連づけて肯定的に論じ、徳や無知と対比して論じていた。つまりルソーは、こうした奢侈擁護の論調に対して反論を加えていたことになる。奢侈批判それ自体はしばしば見られるものであり、大別すればキリスト教的な基準と、ギリシアやローマの古典古代的な基準に基づく、2つの系統によって行われていた。だが、先にも示唆したとおり、ルソーは単に古代的な価値に基づいて奢侈批判を行っていたのではない。『学問技芸論』の著者名を「ジュネーヴの一公民による」とのみ記したルソーが、学問技芸の進歩を奢侈や商業社会の進展とともに批判したのは、彼がスイスを商業社会化から守ろうとし、その感情を、幼少の頃の読書経験で培われた共和主義的精神と結びつけていたからではないか。実際、フランスのエルヴェシウス『精神論』やヒュームの『道徳・政治・文学論集』のように、スイスは未だ商業社会化されていない国と見る向きもあった。ルソーがスイス人を古代人と同列に扱い、またスイスが商業の影響に十分浴していない国家と見られていたことを考慮すれば、ルソーはまさにスイス人の視点に立って同時代の習俗を批判していたと見ることができよう。

❷『人間不平等起源論』における文明批判

『学問技芸論』は数多くの批判を惹起した。ルソーはそのいくつかに反論を試みるうちに、自分の思想的課題をさらに掘り下げる必要性を感じるようになった。同時代の習俗を告発し、古代人やスイス人を弁護したルソーは、はたして人間は最初から邪悪な存在だったのかという問題意識を深めていった。人間本来のあり方を検討する機会は『学問技芸論』から３年後に到来した。ディジョン・アカデミーが「人間の間の不平等の起源は何か。それは自然法によって是認されるか否か」を懸賞論題として再び論文を募集したのである。

シャルル・ボルドとの論争

この論題は、ディジョン・アカデミーの構成員たちが選んだものであるが、彼らは『学問技芸論』とその後の論争過程をかなり意識していたと思われる。なぜなら、論点のひとつが不平等の起源に関わるものだったからである。ルソーは、かつて自ら書簡詩を捧げたシャルル・ボルドの批判に対する反論『ジュネーヴのジャン＝ジャック・ルソーの最後の回答』においては、「お前のものとか私のものというこの恐ろしい言葉が考え出される前には」、「悪徳」や「犯罪」はなかったはずだと述べている（参考文献⑨Ⅲ、80頁）。これに対してボルドは、歴史上、純粋な習俗などありえず、悪徳は人間の進歩のそれぞれの段階にあり、商業や技芸は新たな悪徳を導入したに過ぎない。したがってルソーがいうような「粗野で平等の時代」に立ち戻ることはそもそも不可能であり、自然は人間が社会のなかで生活するように運命づけたのであるから、人間の性質は不平等でなければならず、およそ社会というものに不可欠な「政治的社会的不平等」の基礎として「自然的不平等」を認めざるを得ないと再び批判した（参考文献④23、64、72〜73頁）。このようにルソーとボルドの論争によって、不平等は人類に

普遍的に存在するか、それとも歴史的に生まれてきたのか、もし歴史的に生まれたのであればいつ生まれたのか等の諸問題が浮き彫りになった。

人間の本性を求めて

ルソーは自らの課題解決のために、絶好の機会を捉えて応募した。したがってルソーは、いわば『学問技芸論』論争の延長戦として『人間不平等起源論』を執筆したことになる。論題は不平等の起源を問うものであったが、ルソーはそれを解く手がかりとして、人間の本性の弁明に重点を置いて議論を展開しようとした。ルソーは「ヴァンセンヌの啓示」以来、人間が元来邪悪ではなかったのではないかとの強い疑念を抱いていたことから、問題になるのは従来の人間観であった。ルソーにいわせれば、ビュルラマキにせよホッブズにせよプーフェンドルフにせよ、それまで人間の自然状態を描いた著述家は皆、悪徳に満ちた、すでに社会を構成している人間をモデルとしていたので、そこに描かれた人間は本当の自然人ではなく、したがって彼らの描く自然状態も真実のものではない。そこでルソーは邪悪な現実の人間が後天的に獲得したはずの社会性をすべて剥ぎとることによって、言い換えれば人間をいわばゼロのスタート地点に立たせることで人間の本性を明らかにしようとする。ルソーの言葉でいえば、分析的方法ではなく、発生的方法によって自然人および自然状態を描こうというのである。ルソーはこうして、元来善良な人間が社会を形成するに従っていかに邪悪な存在となり、いかに人間たちの間に不平等が広まったかを論証しようとしたのである。

絶対的孤立の状態から専制国家へ

『人間不平等起源論』も2部構成である。

第1部では、情念や理性さえも有していないとされる自然人が、家族も友人も恋人もいない絶対的孤立の自然状態において、自由意思をその意味内容とする「自由な主体（agent libre）」という能力と、人間が環境の助け

を借りて自己を改善していく「完成可能性」という２つの本能をもち、「自己保存」の欲求と、「同胞の苦しむのを見ることを嫌う生来の感情」である「憐れみ」という２つの行動原理に突き動かされて行動する、とされている。ところがこの絶対的孤立の自然状態は、さまざまな偶然によって変化せざるを得なくなるという。人間が社会性を獲得していくプロセスは、食物を入手するのに伴う諸困難、他の動物たちとの争いや猛獣からの攻撃などの偶然的な契機によって始まると考えるのである。

　第２部では、自然人が共同生活せざるを得なくなり、他者との交わりを通じて虚栄や軽蔑などさまざまな悪徳や、私的所有や不平等といった社会的観念を獲得していく過程が描かれている。人間が社会的に結合することで、それまでは持っていなかった性質を獲得していくその直接的な契機は、共同生活をするうちに、他人と比較する機会が増えていったことにある。

　　「人々は小屋の前や大きな木の周りに集まることに慣れた。そして恋愛と余暇から生まれた真の子供である歌と踊りが、暇になって集まった男女の楽しみ、というよりはむしろ仕事になった。各々が他人を眺め、また自分自身も眺められたいと思い始め、そこで公の尊敬が一つの価値を持つようになった。最も上手に歌い、または踊る者、最も美しい者、最も強い者、最も巧みな者、あるいは最も雄弁な者が、最も尊敬される者になった。そしてこれが不平等への、そして同時に悪徳への第一歩であった。この最初の選り好みから一方では虚栄と軽蔑が、また他方では恥辱と羨望とが生まれた。」（参考文献⑨Ⅲ、169〜170頁、参考文献③96頁。ただし訳文は一部改変した）

　その後人間は互いに相手を評価するようになり、尊敬の観念を持つようになる。そして尊敬の念を示すため礼儀作法の義務が形成され、それを故意に怠ることは侮辱を意味した。侮辱された者は自己に対する軽蔑を見いだし、それに対する仕返しをなすようになる。こうして人間は血を好み、

残忍になったという。

　やがて人間は互いの関係を拡大・重層化させることによって、相互の不平等を進展させ、冶金と農業の発明を契機として、人間と人間の関係は直接的なものから間接的で相互依存的なものに進んでいく。すなわち継続的な土地の占有状態が私的所有を発達させ、人々は同胞の奉仕を必要とする「持てる者」と、同胞の援助を必要とする「持たざる者」とに分かれていくというのである。彼らはやがて限られた財をめぐって支配と隷従、暴力と略奪を繰り返す戦争状態へと導かれる。この戦争状態を回避すべく政治社会が確立されるが、それは持てる者が持たざる者を欺くことで成立する。そしてその政治社会では、最後には習俗も法も無に帰して、「すべてをむさぼり食う」専制主義が残ることになるというのである。このようにルソーは、人間が本来の善良な無垢の状態から次第に悪徳を身につけ、不平等の極大化した専制国家に至る、人類のいわば堕落の過程を描いた。ルソーが最後に描いた専制国家は、いうまでもなく同時代のフランスに対する痛烈な批判である。

同時代の人間観

　ところで、ルソーが「ヴァンセンヌの啓示」によって人間の「自然的善性」を獲得した背景として、18 世紀における人間観の変化を指摘しておかねばならない。この時代は前世紀と比較していえば、世界それ自体を善と見て、人間を本来邪悪な存在ではなく、善良な存在として捉える思想が広がりつつあった。世界それ自体を楽観的に捉えた思想家の代表は、ライプニッツやポウプであろう。彼らの「すべては善である (Tout est bien)」や「すべてあるものは正しい（Whatever IS, is RIGHT）」という言葉は、18 世紀フランスの思想家たちにとって標語でさえあったといってよい。また現実の人間は確かに邪悪であるが、本来はそうではなく、社会とともに邪悪になった、あるいは社会が邪悪にしたという見解は、ルソーのみならず、博物学者ビュフォンや無神論者ドルバックが共有する考え方である。ルソーは『人

間不平等起源論』において人間の本来的な善良さを訴えようとする際に、当時、世界各地で生活していたことが紹介されていた未開人を引照したが、これも慣習に従った方法である。たとえば著書『博物誌』においてラプランド人やタタール人、イヌイット人などさまざまな人々の習俗を明らかにしたビュフォンは、「徳は文明人よりも未開人に属して」おり、「悪徳は社会においてしか生じない」と言明している（参考文献⑤201頁）。

　ルソーやビュフォンに見られるような未開人礼賛は、「高貴な未開人」評価として知られている。「高貴な未開人」の習俗によって文明人を相対化する試みは、17世紀以来、旅行の趣味と習慣がヨーロッパ人の間で広まったことと深く関わっている。ポール・アザールの『ヨーロッパ精神の危機』が明らかにしているように、商人や宣教師は海を越えて未知の地域に旅立ち、旅行記や見聞録を書き残し、これを読んだ人々は視野を広げ教養を深めた。世界各地にはそれまで教会や聖職者が教えていたこととは異なる多様な習俗が存在することが明らかになり、未開人の習俗についてのさまざまな報告は、ヨーロッパ人たちに自分たちの習俗を相対化して見る視点を与えたのである。

　このようにルソーは、当時の思想的潮流を踏まえて、人間の本来的な善良さを担保しつつ、人間が悪徳を獲得する過程を描き、これを告発した。しかし、そうしたからといって、18世紀の思想家たちの共通問題と呼んでもよい、地上の悪の存在と神との関係、すなわち神義論を回避して済まされるわけではないであろう。ルソーは『人間不平等起源論』の自然状態における人間の営みを、「歴史的真理」ではなく、「仮説的条件的推理」とすることによって、神の義の問題をいわばひとまず括弧にくくったにすぎない。神の義を括弧の外に出した時、それはどのように弁証されるのであろうか。ルソーはこの問題を『エミール』において解こうとする。そこで『エミール』に収められた「サヴォワ人助任司祭の信仰告白」に目を向けてみよう。

❸「サヴォワ人助任司祭の信仰告白」の課題

　ルソーは多方面で優れた著作を残した思想家であるが、同時代から彼の名を高めた作品に『エミール』がある。『エミール』は、「すべては善である（Tout est bien）。事物の創造者の手から離れた時は。しかしすべては人間の手に入ると堕落する」という有名な一節で始まる（参考文献⑨Ⅳ、245頁）。したがって、この作品は人間が人間の手のなかで堕落することをいかに回避するかを考察した教育論である。人間の本来の善良さをできるだけ失わせないように配慮しつつ行われる教育の営みを記したものにほかならない。そしてこの作品には、「わたし」と称する教師が、「エミール」と名付けられた孤児で架空の生徒を乳児の頃から青年に成長するまで育てていく過程が示されている。生徒エミールにはその発達段階に応じたさまざまな教育がなされるが、社会から遮断されたエミールの感覚や理性の発達について行われた教育は、第4編において他者との道徳的関係を結ぶことに配慮し、それを通した知的訓練として展開される。そこでは宗教教育が扱われるが、「わたし」は、いかなる宗教によってエミールを教育するかを考察した際、あれこれの宗派を押しつけるのではなく、「彼の理性のもっともよい使用が彼を導いていくはずの宗派を選択できるような状態におく」という方針を採用する（参考文献⑨Ⅳ、558頁）。そしてエミールに教えられる信仰告白がすなわち「サヴォワ人助任司祭の信仰告白（以下「信仰告白」とする）」にほかならない。

　「信仰告白」は1人の貧しいサヴォワ人の助任司祭が、「不幸な逃亡者」としてジュネーヴから脱出した少年ルソーに対して施したさまざまな導きを紹介した長大な叙述である。このサヴォワ人助任司祭にはモデルが2人実在した。1人はルソーがアヌシーにおいて、聖職で身を立てることを考えた際に神学校でラテン語の手ほどきをしてくれたガチエ師と、もう1人は、トリノにおいてカトリックに改宗したとはいえ、まだ信仰と道徳につ

いて深い考察をなしえなかったルソーに対して、強制を伴わない導きによって多大な影響を与えたゲーム師である。「信仰告白」の導入部分でルソーはこのゲーム師との交流を想起しているが、それによれば、ゲーム師はルソーをトリノの町外れの高い丘の上に連れて行き、そこで自身の信

図7-3 トリノの聖ヨハネ大聖堂

1728年4月23日、ルソーはここでカトリックの洗礼を受けた。
（出典）Jean-Jacques Rousseau, *Œuvres Complètes*, sous la direction de Raymond Trousson et Frédéric S. Eigeldinger, I *œuvres autobiographiques* 1, Éditions Slatkine, Genève, Éditions Champion, Paris, 2012, p. 260.

仰について語った。丘の下方にはポー川が沃野を横切り、遠くにはアルプス山脈が壮麗な景色を取り囲んでいたという。ルソーはゲーム師を、「少なくとも大部分においてサヴォワ人助任司祭のモデル」だったと述べていることから（参考文献⑨ I 、91頁）、彼が宗教的にはゲーム師に多くを負うていたことがわかる。だが、「信仰告白」の内容は、どこがゲーム師やガチエ師の教訓でどこがルソー自身の宗教思想なのかはもちろん厳密にはわからない。しかし、そこには2人の薫陶を受けたルソーが宗教について考察を深めた結果が記されていることは確かである。

　ルソーは「信仰告白」において、助任司祭に当時の宗教に関する考え方やその制度を痛烈に批判させている。ルソー自身、『エミール』弁護論である『ボーモンへの手紙』において明らかにしているように、批判の矛先は主として2つの事柄に向けられる。ひとつは「信仰告白」前半部で扱われる無神論であり、もうひとつは後半部で扱われる既存の宗教の祭儀や、聖書も含めた啓示、奇跡などである。祭儀や啓示や奇跡に対する批判は激烈であり、それ自体非常に興味深いのであるが、ここでは神義論を展開す

る過程において前半部に表れる無神論批判に限って考察してみたい。

4 無神論に対する批判

　助任司祭は神の存在証明を試みる。結婚という神聖な契約を尊重するあまり、未婚の女性を妊娠させるという禁を犯して聖職を剥奪された助任司祭は、それまで当然のこととして受け入れていた価値体系に疑問をもつようになる。そして容易にわかる単純な規則にのみ従って、承認せざるを得ないすべてのことを認めながら真理の追究を行っていくことを決心する。助任司祭がまず獲得した真理は、自分が存在すること、自分が感官（sens）をもつということである。彼は感官を通じて物質の存在を認める。しかし助任司祭は認識において受動的な、単なる感覚論者ではない。自ら能動的に判断することによって自由に対象を認識するからである。

　物質にはそれ自体で行動する力はないと考えられるため、物質の運動には外部からの何らかの働きかけがあるはずだが、その物質的原因は認められない。助任司祭はデカルトやニュートンなど、当時の先進的な自然科学に依拠したところで究極の原因は追究できないことを理解する。そこで彼は宇宙を動かしているのは何らかの意思であり、それが自然に生命を与えていると信ずる。また物質が一定の法則によって運動するのは何らかの知性の存在のためであり、その知性は世界にあまねく存在し、世界を秩序立てていると感ずる。このように「宇宙を動かし万物を秩序づけている」存在を助任司祭は神と呼ぶ。神は感官によっても、比較したり判断したりする力によっても捉えることができないが、存在していることだけは明らかであると彼はいう。

　明らかに、ルソーはここで助任司祭の口を借りて無神論者を批判している。よく知られているように、18世紀フランスにはキリスト教信仰への懐疑すなわち理神論あるいは無神論がしばしば見られた。その契機をなす

思想を展開した著述家としてもっとも重要とされてきたのは、カルヴァン派への再改宗の後にジュネーヴ大学で神学を学び、その後フランスやオランダでさまざまな学術的活動を展開したピエール・ベールである。

ベールは1682年にいわゆる『彗星雑考』を著して、1680年11月末に出現した巨大な彗星が災厄の前兆だとする俗説をしりぞけるとともに、宗教と道徳の区別は可能であって、世俗的観点からみる限り無神論者も道徳的たりうることを主張した。彗星の出現と災厄の発生との因果関係を理性的に否定し、無神論者の有徳性を説いたとはいえ、ベールの意図は脱キリスト教化や無神論化の促進にあったわけではない。しかし『彗星雑考』やその他の著作が18世紀フランスにおける理神論や無神論の展開に多大な役割を果たしたことは明らかである。

理神論の代表はヴォルテールであり、無神論の代表はディドロとドルバックとみてよい。ヴォルテールは、1755年のリスボン地震を契機に『カンディード』を書き、それまで信頼をおいていた「すべては善である」のテーゼに対する深い懐疑を示した。ディドロとドルバックは、いずれも感覚論あるいは唯物論の立場から神の存在に疑問を抱き、独自の無神論をそれぞれ展開した。ディドロは『盲人書簡』において盲人の数学者ソンダーソンをして牧師ホームズに対し、「もし私に神を信じさせたいとお思いであれば、あなたは私に神に触れさせなければなりません」といわせている（参考文献⑥839頁）。これに対してルソーは盲者ではなく聾者を例にとって、音が感じられないからといって音の存在は否定できないのと同様に、神の存在は単なる感覚を超えていると反論するのである。またドルバックは、『エミール』よりも15年後に発表した『自然の体系』において、唯物論の立場に立脚し、宗教の起源は自然現象に関して単に無知な人間が自然に対して脅威を感じ、その原因を任意の人格的存在に帰したことにあると考え、デカルトやマルブランシュ、ニュートンなどに反駁した。彼らは神の存在証明を試みたが、結局は誰一人としてその証明に成功していないと批判する（参考文献①Ⅱ、5～10頁、94～113頁）。ルソーには『自然の

体系』に反論する機会はなかったが、最先端の自然科学をもってしても宇宙の運動の究極的原因を突き止められない以上、ドルバックのこの主張は、宇宙に秩序をもたらす何らかの主体を想定しなければ説明がつかないというルソーの信念を覆すことはできなかったであろうと考えられる。

さて助任司祭は、地上の王である人間たちのなかで自分自身の位置を知ろうとした時、自分が混乱と無秩序のなかにおり、地上は悪で満ちていることを発見する。ここで助任司祭は、独自の神義論を展開するが、アウグスティヌスさながらに、その答えを人間の自由意思に帰着させる。「神は人間がその選択によって、悪いことではなく良いことをするように、人間を自由な者」として創ったという。また「我々を惨めな者にし、悪人にするのは、我々の諸能力の悪用」に原因があるという（参考文献⑨Ⅳ、587頁）。助任司祭は悪をもたらすのが人間自身の自由意思であることを繰り返し強調するのである。しかし、助任司祭は救済を期待して悪の回避を恩寵に頼るということはしない。自分の心に、すなわち良心に問いかけるだけで善悪を瞬時に感じとることができるという。理性は人間を欺くことが多いが、良心は決してそうではないと助任司祭はいう。したがって、助任司祭の神義論は、伝統的な自由意思論に基づいて地上の悪を説明し神を弁護するのであるが、人間の原罪を認めず、悪の回避を自己自身の良心の声に求めようとする点にアウグスティヌス的な自由意思論との決定的な違いがある。

5 「信仰告白」の思想と 18 世紀のカルヴィニズム

このように自由意思を認めながらも原罪思想とは無縁の、善悪の判断を良心に求めた神義論を展開して「信仰告白」の前半部が閉じられる。これを聞いた少年ルソーはたいへん感銘を受け、この信仰を「有神論あるいは自然宗教」であり、無神論とはっきりと区別されるべきものであると述べたと書かれている（参考文献⑨Ⅳ、606頁）。

ここで注意すべきは、18世紀当時、自由意思を認めつつ、原罪を重んじない宗教思想がジュネーヴおよびその周辺地域に見られるようになっていた点である。『キリスト教綱要』第2編第1章から3章において明らかにしたように、カルヴァンは原罪を強調し、人間の自由意思を認めなかった。

　しかし、18世紀になるとカルヴィニズムは著しく変容し、原罪や予定などの中心的教義を緩和させていた。すなわち1679年にジュネーヴ参事会において採択された正統カルヴァン派的な「スイス一致信条」は、18世紀初頭に穏健な文言に改められた。また、ジュネーヴの神学者ジャン＝アルフォンス・テュレッティーニやその弟子ジャコブ・ヴェルネらは道徳的悪の原因を自由意思に帰すようになっていたことが知られている。さらにジュネーヴ人ジャン＝ルイ・デュパンは、自分が若い頃には、イエスは原罪の苦しみから人々を救済するためにやってきて、洗礼の水は原罪を洗い清めるものだと教えられたが、いまでは牧師たちは、洗礼の典礼からこの罪を削除してしまったと慨嘆している。あるいはまた本来、救済されるか否かは創造以来あらかじめ神によって定められたものと考えていたはずのカルヴィニストであったにもかかわらず、ラ・プラセットのように、救済の可能性を各個人のこの世における行動に帰着させ、自力による救済の可能性を示した者もいた。

　さらにジュネーヴ出身にしてリヨンで活躍した女性神学者マリー・ユベールは、啓示宗教に対して自然宗教を劣位に位置づける考え方に対して深い疑念を表している。ユベールは『単なる装飾とは区別された、人間にとって本質的な宗教についての書簡』において、助任司祭と同様に無神論あるいは無信仰を主たる批判の対象とした。彼女は、当時ほど無信仰の広がった時代はないとの危機意識の下に、信仰をもたない者をふたたび信仰へと導くことを意図してこの作品を執筆した。ユベールによれば、啓示宗教は人間にとって、子供に対する教育に相当し、「教育は自然の基礎の上にしか築き上げることができない」。したがって、「啓示宗教は自然宗教からそのすべての証を引き出して」おり、自然宗教が啓示宗教の「魂」

であり、「原理」であるという（参考文献⑦Ⅰ、62〜67頁）。こうした考えからユベールは、自然宗教は啓示宗教に先立っており、啓示宗教は自然宗教のためのひとつの方法に過ぎないと断言しているのである。これまで幾人かの研究者は、ユベールの思想にルソーの自然宗教に対する影響を見ようとしてきた。もっともはやくからそれを指摘したのは、マッソンであろう。マッソンによれば、ユベールは宗教の権威を良心にのみ見いだし、啓示は単に良心を補助するものに過ぎないと考えているという（参考文献⑧Ⅰ、209頁）。マッソンはこの点に、ユベールに対する助任司祭の負債を見いだしている。

むすびにかえて

　存命中からたびたびその思想の矛盾を批判されていたルソーは、自らの思想の一貫性を繰り返し訴えた。とりわけよく知られているのは、1762年1月、つまり『エミール』や『社会契約論』の出版に先立つ数ヵ月前にマルゼルブ出版統制局長官に宛てた4通の手紙である。その第2の手紙によれば、ルソーは「ヴァンセンヌの啓示」によって悟った真理、すなわち人間が本来は善良であり、社会制度によって邪悪になるという真理を、『学問技芸論』と『人間不平等起源論』、そして『エミール』の3作品にごくわずかにちりばめたという（参考文献⑨Ⅰ、1135〜1136頁）。このなかには『社会契約論』は含まれていない。

　ルソーはこのとき、『社会契約論』出版の計画をフランスの誰にも打ち明けていなかったために、それに言及しなかったと考えられるが、理由はそれだけでもなかろう。『社会契約論』は自然状態におかれた人間がさまざまの障害に直面し、すでに自己保存を全うできなくなった状況を出発点として議論を展開しており、そこから正当で望ましい国家は何かを議論しているのであって、社会制度によって人間が邪悪になる可能性やその過程を明らかにすることが目的ではなかったからである。

言い換えれば、すでに社会性を身につけた人間がいかにして徳を発揮しつつ国家を保持し、安寧を確保するかが主題だからである。そのことはさておき、ルソー自ら名を挙げた主要3作品を見れば、たしかにルソーがヴァンセンヌで獲得した「真理」は「ごくわずか」とはいえ確認することができよう。だが、これまで本章で考察してきたことから、そうした「真理」も、もともとはルソーが青少年時代を過ごしたアルプス地方におけるさまざまな経験から多くの示唆を得た結果だったのではないかと思われるのである。

[付記] 本章は、日本学術振興会科学研究費補助金（基盤研究B「ルソーと現代デモクラシー」、課題番号24330039、2012、13、14年度）に基づく研究成果の一部である。

参考文献

① ドルバック（高橋安光・鶴野陵訳）『自然の体系』I・II、法政大学出版局、1999年。

② ルソー『ルソー全集』全16巻（別巻含む）、白水社、1979～1984年。

③ ルソー（小林善彦・井上幸治訳）『人間不平等起原論　社会契約論』中央公論新社、2005年。

④ Bordes, Charles, *Second discours sur les avantages des sciences et des arts*, Chez François Girard, 1753.
ボルドによる『学問技芸論』批判に対するルソーの反論をボルドが再び批判したもの。ボルドは無知が習俗の純粋さを生み出すことはなく、無知な人々は悪徳に満ち野蛮であると主張している。

⑤ Buffon, Georges Louis Leclerc, comte de., *Œuvres Complètes de Buffon*, avec la nomenclature linniéenne et la classification de cuvier, Revues sur l'édition in-4o de l'Imprimerie royale et annotées par M. Flourens, Garnier Frères [s.d.].
全44巻からなる『博物誌』は、地球の歴史、人間、動物、鉱物などを記述する。ビュフォンは、人類の歴史を、たった1種類の人間の自然を出発点として、人口が増え拡散するにつれて、気候や食物の違い、疫病などによって、人類がさまざまな変化を被ったことを明らかにしようとした。

⑥ Diderot, Denis, *Lettre sur les aveugles à l'usage de ceux qui voient, Œuvres*, édition établie et annotée par André Billy, Gallimard, 1951.『ディドロ著作集 第1巻 哲学I』（小場瀬卓三・平岡昇監修、法政大学出版局、1976年）に翻訳が収められている。
盲人の数学者ソンダーソンと牧師ホームズとの、神の存在をめぐる対話編。

⑦ Huber, Marie, *Lettres sur la religion essentielle à l'homme, Distinguée de ce qui n'en est que l'Accessoire*, 2vols., Londres [i.e.Amsterdam?], 1756.
不信心者に反駁することを目的に匿名で出版された。啓示宗教に対する自然宗教の優越性を論じたユベールの理神論的代表作である。

⑧ Masson, Pierre-Maurice, *La religion de Jean-Jacques Rousseau*, I, II, III, Slatkine Reprints, Genève, 2012. [Réimpression de l'édition de Paris, 1916]
ルソーの宗教思想を思想形成史的な手法によってたどり、「サヴォワ人助任司祭の

信仰告白」や「公民宗教」の内容のみならず、ルソー没後から18世紀末までのその宗教思想の影響をも論じた大著。

⑨ Rousseau, Jean-Jacques, *Œuvres complètes de Jean-Jacques Rousseau*, édition publiée sous la direction de B.Gagnebin et M. Raymond, Paris: Gallimard, 1962-1995, I-V.
20世紀を代表するフランス語版ルソー全集。異本が収められ、註釈も充実。白水社版『ルソー全集』の作品（書簡を除く）のほとんどは、この全集を底本とする。

その他にルソーのやさしい概説として、以下の2冊などがある。

⑩ 福田歓一『ルソー』岩波書店、2012年。

⑪ 桑瀬章二郎編『ルソーを学ぶ人のために』世界思想社、2010年。

8章 ヨーロッパ世界のナショナリズムとアルプスの多民族国家 穐山洋子

はじめに

　4つの国語と3つの公用語をもち、文化的また宗教的にも多様な国であるスイスにとってナショナリズムは無縁のように思われるかもしれない。19世紀後半のヨーロッパで言語と民族の統一性に基づく国民国家設立が目指されたように、言語や民族は国家の構成員をまとめる重要な要素だと考えられている。そのため言語的、民族的に多様なスイスがひとつの国家を形成していることは、はしばしば「特殊ケース」と慣用的に表現される。しかし本章で示すように、文化的なネーションの形成過程や内部結束のための努力にかんしていえばスイスはむしろ「通常ケース」といえるだろう。多様であるがゆえに内部結束を強固にすることは、むしろ他の国よりも重要であったのである。

　本章では、18、19世紀スイスにおいてナショナリズムがどのように発展し、ネーションについての理解がどのように変化し、内部結束がどのように促進されたのかを明らかにする。また、19世紀後半に内部結束を強化するためにスイスのナショナル・アイデンティティが何に求められたかについても考察する。

　本題に入るまえに、「ネーション Nation」という概念の説明が必要であろう。ネーションという概念を日本語に翻訳することが難しいのは、ネーションが時代や社会的、政治的な状況や立場の違いによって異なって理解され、その含意するものが変化してきたからである。ネーションは国民を表すこともあれば、民族を表す場合もある。またネーションはひとつの共同体に属している集団とも理解されうる。本章では、ネーションが明らかに国民、民族を表す場合は国民、民族とルビを振り、概念的なものやそれ

以外の場合はネーションを使用する。

■ 19世紀のネーションについての理解

スイスとネーション

スイスは制度的、政治的に多様性を認める国のため、好んで多文化社会の手本として引き合いに出されるが、スイスの多様性はやはりネーションの本質と結束の問題を複雑にしている。

ドイツ語の正式国名である「スイス盟約者団 Schweizerische Eidgenossenschaft」は、国民国家という概念をスイスに留保なく適用できるのかという疑問を突きつける。「盟約者団」という言葉は、同盟を誓う人びとの意識的な結束を意味するからである。さらに、スイスにとって「国民国家」という概念が自明でないことを表しているのは、スイスがしばしば人びとの自由な帰属意志に基づく「意志のネーション」と自称していることである。

この概念の基礎は19世紀後半スイスの高名な法学者で国民議会議員のカール・ヒルティによって築かれた。このヒルティの政治的、社会的な考え方は、とくに言語的、民族的な境界線による国民国家の成立という、隣国の国家発展の影響を受けていた。スイスは多様性という特徴のためこの発展の道には追随できず、言語、文化、民族的な統一性に依拠しない「意志のネーション」を標榜したのである。

しかし、国家統一の特徴として言語的、民族的、文化的統一という基準が引き合いに出されないからといって、スイスが国民国家ではないことを意味するものではない。これを理解するためには、まず「ネーション」が歴史的にどう理解されてきたのかを考察する必要がある。

ネーションの発生

「ネーション」とそれと密接な関係にある「ナショナリズム」という概

念をどう理解するのかという問題に、何世代にもわたり多くの研究者が取り組んできている。ネーションの存在を自明と捉え、その発生の前提条件を問わない研究者がいる一方で、ネーションについての理解やネーションの発生条件に関する膨大な研究や議論が行われてきた。これらの研究や議論は、発生時期とその発展条件という2つの互いに密接な関係にある問題に大きく集約することができる。そこでとくに議論されるのは、ネーションは近代の産物であるのか、それともすでに前近代にも存在していたのか、ナショナリズムのような現象に必要な前提条件はあるのか、という問題である。もし、産業化社会の現象として出現したナショナリズムがネーションを生み出したのなら、ネーションは西洋近代の条件下ではじめて誕生したことになる。

ネーションとは何か

ネーションの発生の問題とは異なり、ネーションの機能の問題は自明である。ネーションという考え方は「我々」と「他者」の間にはっきりとした境界線を引くことを容認する。それは宗教、階層、性別のような排除と包摂の新たな基準を創造し、とくに国民国家の誕生以降、その機能がより明確になった。しかし、「ネーションとは何か」という問いには統一的な答えが出されていない。そもそも、ネーションは定義することはできるのだろうか？　もしそうならばどのような基準によって定義が可能なのだろうか？

1980年代前半にナショナリズム研究においてパラダイム転換が起こり、現在では「古典」と呼ばれる研究が次々発表された。アメリカの政治学者ベネディクト・アンダーソンの提示した、「ネーションは『想像の共同体』である」というテーゼは、今日のナショナリズム研究に強く影響を与え続けている。またイギリスの歴史家エリック・ホブズボウムらによって指摘された「創られた伝統」が、ネーションの発生と発展に密接な関係にあると認識されるようになった。

客観的定義によるネーション

　このようなパラダイム転換以前、とくに1945年以前の研究においては、ネーションを客観的に定義する考え方と主観的に定義する2つの考え方があった。

　客観的定義とは、ネーションを経験的に確認、検証できる特徴や共通の言語、文化、伝統、歴史、急進的なものは共通の出自や人種などの基準によって定義するものである。客観的定義によるネーション理解において、言語はとくに重要な基準のひとつとみなされている。このネーションについての考え方に関連して引き合いに出されるのは、ドイツの哲学者ヨハン・ゴットリープ・フィヒテである。当初熱烈なフランス革命支持者だったフィヒテは、ナポレオンの帝国主義独裁に幻滅すると、ドイツ民族の独立と国民教育の構想を訴えた。フィヒテは、1807年から1808年にかけてベルリンで行われた連続講義をまとめた『ドイツ国民に告ぐ』のなかで、ネーション形成のための共通言語の重要性を説いている。

主観的定義によるネーション

　これに対して主観的定義によるネーションは、ひとつのネーションに帰属するという人びとの意識または意志によって成り立つもので、政治的なネーションと理解されるものである。このネーション理解に関連して引き合いに出されるのは、フランスの宗教学者で歴史家のエルネスト・ルナンである。ルナンが1882年にソルボンヌ大学で行った有名な演説『国民（ネーション）とは何か』では、「ネーションとは日々の人民投票である」と指摘している。それによれば、ナショナルな結束はひとつのネーションを創りたいという繰り返しの自由な意志決定によって成立するとされている。しかしここで忘れてはならないのは、ルナンが単に人々が結束する際の意志の役割を重視しているだけではなく、ネーションの発生のために記憶という共通の遺産の重要性を指摘している点である。ルナンは「過去（遺産の尊重）」と「現在の合意（結束への意志）」の2つの要素がネーションの

成立に重要であるとした。ルナンは理想的な手本として、言語的、文化的多様性にもかかわらずひとつのネーションを形成しているスイスを引き合いに出している。

このルナンとフィヒテの対立するネーション理解は、アメリカの哲学者で歴史家のハンス・コーンの「西のナショナリズム」と「東のナショナリズム」に代表されるナショナリズム論の二分法的類型論に展開した。しかしながら、単なる政治的な意志のみによってひとつのネーションが形成されるのではないし、文化や言語が共通であったとしても、あるネーションに帰属する意識やその意志がなければ結束は難しいため、この2つのネーション定義の境界線を絶対視することはできない。それと同様に、スイスのネーションも単純に「意志のネーション」や政治的なネーションと定義するのは難しいのである。

２ 19世紀スイスのネーションについての考え方

まずネーションの形成経路を、イギリスの社会学者アンソニー・スミスの提示したエスニック共同体の2つの類型で見てみよう。ひとつは「水平的」なエスニック共同体といわれるもので、その構成員が社会的上層部に限られる一方で、地域的な広がりをもった共同体である。この共同体はすでに国民国家成立以前に成立しており、そこには共通の文化や価値を共有する人々（教養市民層や貴族などの上層）が属し、そこでネーションが形成された。もうひとつの類型は「垂直的」なエスニック共同体で、空間的な広がりはないが（通常、自治体、都市、国家の範囲）、上層から下層まですべての階層に開かれている共同体である。この共同体では、社会階層の違いが文化的な差異にならず、共通の遺産や伝統に基づく共通の歴史的文化が彼らを結びつけ、ひとつのネーションが形成された。これらの2つの共同体は同時代に成立したのではなく、前者から後者へ時代の経過とともに発展的に移行した。スイスでも最初にネーションという考え方が発生したのは、

「水平的」な共同体からであった。

政治的なイデオロギーとしてのネーション

旧盟約者団は、多様な邦から構成される強い地域主義に基づく緩い紐帯であったため、当時スイス領域に住んでいた人々にはスイスという国への帰属意識はほとんどなかったといえるだろう。

18世紀に、啓蒙運動の一環として改革運動が一部の教養市民層によって行われ、邦を超えた機関が成立した。それと同時に、文学、神話、歴史に基づいた集団的アイデンティティを創出しようとする、愛国的な意識も芽生え始めた。このように、フランス革命の影響によるヘルヴェティア共和国樹立（1798年）以前にもある種のネーションという概念が成立していたが、これは一部の市民層や啓蒙主義の特権階級にかなり限定され続けた。とくに好例とされるのは、1761年頃設立された啓蒙運動組織、ヘルヴェティア協会である。エリート的な性格やプロテスタントのドイツ語圏の会員が多数を占めるという宗教的、言語的な不均衡性にもかかわらず、ヘルヴェティア協会はスイスのナショナルな運動の発生に大きな役割を果たした。彼らのなかに、「共通の祖国」であるスイスという愛国的な意識の「発明者」や「創造者」が存在した。彼らはスイス誕生を回顧し、自然と景観の独自性のなかにナショナルな共通性というものを見出し、それはその後のスイスの愛国的な意識に決定的な影響を与えた。ここでいう「共通の祖国」は、伝統や身分の秩序ではなく、道徳、理性の原則、徳の高さに基づいた自由で平等に生まれた個人の共同体であると理解された。

1770年代以降、エスノヒストリー的な考え方が愛国的な議論に加わり、そのなかでコスモポリタン的な価値観の広がりはネーションの衰退の原因としてみなされるようになった。そして、「文化的な真正性」や「民族の自己決定」という言葉と密接に結びついたナショナルな運動が成立した。その際ネーションは、政治的な国家改革（国家統一）の正当性として使用され、統一国家樹立が目標に掲げられたが、イデオロギー運動の域を脱す

ることはなかった。

このように、18世紀のナショナリズムは、社会的な上層の教養市民層によって推進され、地域を超えた活動を伴うイデオロギー運動であった。よって、この18世紀末頃に発露した愛国的な感情（祖国愛）は愛国主義（パトリオティズム）と同一視することができるだろう。

統一国家設立とネーション

スイス初の統一国家、ヘルヴェティア共和国樹立によって国家権力が連邦に集中し、政治的な言説において、国民、民族、国家という概念の間に親和性が生まれた。ヘルヴェティア共和国は近代国家への道を開いたが、長く存続せず、スイスは1815年に旧体制へ戻った。しかし、ヘルヴェティア共和国がもたらした国民国家や憲法愛国主義という基本的な考え方は共和国崩壊後も存続した。

復古時代はふたたび強い地方分権に戻り、関税制度、通貨制度、計量制度の統一が行われず、これらがますます経済発展の障害となった。パリ七月革命の影響下で、1830年頃にカントン憲法改正を求める動きが現れ、国民主権の原則を規定する憲法が要求された。これによりいわゆる「再生」の時代が始まった。同時に、ナショナリズムが政治運動へと発展し、ネーションはスイス国家樹立をめぐる長い論争における重要な基本的枠組みとなった。

再生時代は自由主義が優勢であったが、指導的な立場にあった政治陣営のなかに共通点を見つけることは難しく、内部では将来のスイスの政治体制について統一的な考え方は確立されなかった。カトリック保守派が旧体制の維持を支持する一方、自由主義者と急進派は統一国家樹立を目標に掲げた。その考え方の違いは宗教的、言語的な差異ではなく、経済的、社会的、政治的な違いや近代化の進み具合に起因するものであった。

カトリック保守派は、スイス領域に住む多くの人びとは粗悪で教養のない大衆であるため、政治参加は不可能だとして、国民主権の理念を拒

絶した。カトリック保守派にとって、祖国とは決して創造されうる政治的な形成物ではなく、中央スイスの自然や山と結びついた伝統が重視される自然のままの領域的な統一体であった。つまり、カトリック保守派の考えるネーションとは、市民的なネーション概念とは異なり、政治的でも概念的でもなく、中央スイスの自然、とくにアルプスと結びつくものだった。また、彼らにとってネーションは決して地域を超えた自由概念や権利概念と結びつくものではなく、唯一地域を超えた「国際的な」イデオロギー的結びつきはカトリックという宗教だった。

それに対して自由主義者は、新しい進歩的な考え方を広めたかったが、現存する社会秩序はできるだけ壊さずに憲法改革と政治的、経済的改革を秩序よく進めるべきだとした。自由主義者にとって国民とは、すべての主権の由来となる政治的集団で、ネーションの国家理論的な概念と同一であった。

自由主義運動のなかには少数の急進派が存在し、彼らはすでに 1830 年代から国家統一を求めていた。急進派にとって、主権をもった国民はすべての法律や条約に関する最高位の立法者で、政治的な権力掌握への侵すことができない自然権が付与されているとされた。急進派は国民を平等な個人（男性）の集団と捉え、彼らにとって平等とは単なる法の前の平等や政治的権利の平等を意味するのではなく、ある程度までは社会的な平等も意味していた。

自由主義者と急進派は、ネーションは生まれながらの本質的特徴に基づくものではなく、平等、自由、同権、同等の幸福感のような共和国的な理想に依拠すべきだとした。自由主義者と急進派は、教皇権至上主義的なイエズス会とカトリック保守派は統一国家の障害であり、その性格上「反ナショナル」であるとみなし、国家統一の敵であると同時に、神政政治を行う立ち遅れた存在だと批判した。

ナショナリズムの高まりと自由主義の発展には、大国による外からの干渉が大きな役割を担った。大国による干渉や外からの影響はスイスネーション

の自意識を呼び起こしたのである。スイスがウィーン会議で中立国として認められたことで、スイスの独立が国家的現実となり、古くからある理想が新たな自己認識に変化した。「自由で独立したスイス」という理想はスイスのナショナル・アイデンティティに変化したのである。

連邦憲法における政治的ネーション

1847年、ルツェルン保守派によるイエズス会招致を引き金として勃発した分離同盟戦争で自由主義者が勝利し、近代的統一国家として連邦国家が成立した。これにより外側のネーション（制度としての国家）が形成され、これ以降、内部のネーション形成（内側の建国）が進められることになった。

自由主義者と急進派はそれぞれのカントンで代表民主主義を貫徹し、スイスのネーションについての理解は、ますます平等の市民の共同体という理想に基づくものとなった。この市民的なネーションという考え方は、連邦レベルの代表制民主主義という形式での国民主権の導入と全スイスの男性市民の法的な平等という表現で1848年の連邦憲法に体現されている。このように連邦国家設立は、公民としての資格と政治的なネーションの成立を同時に可能にした。1848年憲法に規定された国民は、共通の市民権、国民主権、国民自決権に基づく政治的なネーションであったが、男性キリスト教徒が対象となっており、女性およびユダヤ教徒は排除された。男性ユダヤ教徒は1874年の連邦憲法全面改正により政治的なネーションとして認められたが、女性が政治参加を許される、つまり政治的なネーションとして認められるのは20世紀後半になってからである。

しかし、1874年の法的同権の保障は、ユダヤ人のキリスト教多数派社会への受入、すなわち文化的ネーションへの帰属を意味したわけではなかった。ユダヤ人を社会から区別、排除する法的な根拠の代わりに、「倫理」や「文化」といった伸縮性のある概念を用いたあらたな排除の基準が適用されるようになったのである。

言語・民族的ネーションと多言語・多文化のスイス

　自由主義者は19世紀の進歩を楽観的に信じていたが、彼らは次第にさまざまな社会問題に直面した。

　1870年代の経済危機を背景に、経済的、社会的に冷遇されていた手工業者、農民、民主主義的な知識人や、保守的な連邦主義者が、自由主義的な制度に反対の声を上げた。彼らは、国民の直接的な政治参加の機会の増加と自由主義的な代議制度の廃止を求めた。この民主化を求める運動は、スイス的な共通意識の共有を要求する運動、つまり文化的なネーション形成を目指す運動と捉えることができる。この直接民主主義への要求は、1869年の連邦憲法改正で一部実現し、1874年の連邦憲法全面改正で完全に実現した。連邦憲法に「再」導入された直接民主主義はスイスのナショナル・アイデンティティの重要な要素のひとつと認識された。

　隣国での言語、文化、民族に基づくナショナリズムの登場の反作用として、1860年代に政治的な言説においてスイスの多言語性や文化的多様性がますます議論されるようになった。多言語の問題はすでにヘルヴェティア共和国成立時に、制度的に解決済みであったため、言語を統一するという議論は起こらなかったが、それに代わる内部結束を強めるための別の要素が求められ、歴史認識の共有が重要視された。1870年代に裏付け可能なスイスの歴史的起源を探し、これをナショナル・アイデンティティの構築に利用しようとする動きがあった。自国史は中世史に特化され、新連邦国家の歴史的な根拠づけのため、スイス建国年は、近代国家の礎を築いたヘルヴェティア共和国の設立年である1798年でも、近代的国家が成立した1848年でもなく、原初3邦が「永久同盟」を締結した1291年に決定された。これによって、統合的なネーションの歴史とネーションの起源の神話が成立したのである。

　「意志のネーション」という概念の礎を築いたヒルティ（第1節）は、「スイスの結束は比較的新しい政治思想に基づくもので、ナショナリティについてのスイスの合意は単なるひとつの理想の産物だ」と指摘したうえで、

「単なる言葉がナショナリティを形成するのではなく、関係し合おうとする積極的な意識と意志が結びついた歴史がナショナリティを形成する」と主張した（参考文献② 16、291頁）。ヒルティのネーション理解は、完全な主観主義的な定義によるものではなく、共通の歴史という意識や意志だけでは手に入れることができない要素もネーションへの帰属の前提としている。つまり「意志のネーション」とは、希望すればだれでもそのネーションの構成員として受け入れられることを意味するものではないのである。

自由主義者と急進派のネーション概念には、外部に対して厳格な境界線を引くことが含まれていたことはすでに指摘したが、言語、民族ナショナリズムの登場によりこれがさらに強められていった。

労働運動という新たな敵とネーション理解の変化

労働運動の成立と拡大は、市民階級という共通のアイデンティティの形成と同様にスイスのナショナリズムにも大きな影響を与えた。

1880年以降、階級社会が完全に成立し、社会的な対立が先鋭化し始めた。労働者の階級意識と国際的連帯をアピールした労働運動は、市民的秩序に対する煽動と攻撃として認識され、共通の祖国とナショナル・アイデンティティである民主主義への裏切り、つまりスイスネーションの敵とみなされた。

1888年のスイス社会民主党の設立は、ドイツ社会民主党との親密性と国際的な指向のため、脅威として受け止められた。スイス社会民主党の前身である、スイス労働組合連合の会員のほとんどが外国人であったこともそれに拍車をかけた。内なる敵とみなされた労働運動の出現は、分離同盟戦争で敗北を喫して以来、中央政治の蚊帳の外に置かれていたカトリック保守派と自由主義急進派の和解のきっかけを作り、1891年に、1848年以来自由主義者に占められていた連邦内閣に初めてカトリック保守派が入閣した。カトリック保守派の牙城である中央スイスにはスイス建国の地リュトリの草原が存在する。この和解によりスイスでは躊躇な

く、スイス建国史や建国神話を引き合いに出すことができるようになり、それは伝統的価値を見直す伝統回帰の傾向とも呼応していた。カトリック保守派との和解により、ネーション理解もスイス的な伝統的価値とますます結びついていった。

ドイツ語圏とフランス語圏におけるネーション理解

　以上19世紀のスイスのネーション理解が、政治的、社会的、国際的な情勢を背景に、いかに変化したのかを示した。ここで、スイスの2大言語圏つまりフランス語圏とドイツ語圏はまったく同じネーション理解を共有していたのか、という疑問が提示されるかもしれない。フランス語圏とドイツ語圏の対立はおもに国民投票結果で話題にされることが多いが、たとえば、1893年にユダヤ教徒による動物の屠殺方法（シェヒター）の禁止の是非を問う国民投票でも、その対立が鮮明に表れた。ドイツ語圏のカントンがシェヒター禁止に圧倒的に賛成したのに対し、すべてのフランス語圏とイタリア語圏のカントンは反対した。この国民投票はドイツ語圏動物保護協会の働きかけによって実現したものだが、彼らはシェヒターは動物虐待であり「スイスの文化」とは相容れない、非人道的な屠殺方法だと主張した。この主張はドイツ語圏では受け入れられたが、フランス語圏ではシェヒターは動物虐待でないうえ、その禁止は信教の自由の侵害と同時に反ユダヤ主義的行為であると主張された。

　この両言語圏の対立の背景のひとつはネーション理解についての違いであるが、このことに決定的に影響しているのは言語の割合の差である。フランス語がドイツ語に比べて人口に占める割合がかなり低いことがネーション理解に影響しているのである。フランス語圏が、スイスネーションを連邦憲法に規定された権利と義務を持つ政治的なネーションと理解しているのに対し、ドイツ語圏は、ネーションを統合する重要要素として歴史をより重視している。さらにフランス語圏はドイツ語圏よりも、スイスネーションの文化的多様性を、スイス特有で、根源的な特徴として強調す

図 8-1　チューリヒの全国射撃大会（1834 年 7 月 13 日～19 日）

（出典）Gatherine Santschi, *Schweizer Nationalfeste im Spiegel der Geschichte*, Zürich 1991, S. 42. ベルン市民図書館所蔵。

る。この考え方は20世紀初頭に登場した概念で、同時にフランス語圏の文化の独自性を強調した「スイスロマンド」に体現されている。また、19世紀後半に自由主義者が進めようとした中央集権化に対して、フランス語圏は地域の特色が残せる連邦制を訴えていた。つまり少数派であるフランス語圏はドイツ語圏の勢力拡大につねに脅威を感じているため、スイスの特徴としての多様性を重視し、それゆえユダヤ教を含む異文化に対して寛容であるといえるだろう。

連帯意識の強化

　言語圏間でネーション理解に違いがあるが、むしろそれだからこそ、スイス人としてのナショナルな連帯意識を高揚させるための努力が必要であった。

　1815年の同盟規約に基づき1817年に制定された軍隊規則により、軍隊は萌芽的に中央集権化された。装備、武器、制服が統一され、スイス国旗のもとで訓練するという経験は、スイス人としての帰属意識と連帯感を深め、スイスの根本的な考え方を共有するのに重要な役割を果たした。また、

射撃協会（1824年設立）、体操協会（1832年設立）、スイス将校協会（1833年設立）、スイス下士官連盟（1864年設立）などの協会活動は、カントンを超えて行われ、すべての言語圏のスイス人が参加し、スイス人としての連帯感を高めるのに大きな役割を担った。1883年にチューリヒで開催が始まったスイス博覧会は、産業や工業の展示会であったが、スイスの結束を示すナショナルな展示も行われた。博覧会を訪れた人々が自分たちの住む国スイス全体を知り、それを通じてスイスへの帰属意識を深めた。スイス博覧会は1896年にジュネーヴで、1914年にベルンで開催が続けられた。同様に、スイスの歴史や文化を展示するスイス国立博物館設立および設立地の選定問題や、スイス建国記念日（8月1日）の祝賀行事制定問題めぐる議論は、スイスが統一的な国家であると認識させることに寄与した。

❸ スイスのナショナル・アイデンティティ

　あるネーションの内部結束を考えるとき、アイデンティティの問題は避けて通ることはできない。アイデンティティがある人間や集団にとって不可欠であるのは、誰もが自分が誰で、他の人とどんな関係にあるかを確認することを必要としているからである。とくに集団意識としてのアイデンティティは国民国家にとって重要である。ナショナル・アイデンティティは国民統合と内部結束を促進させるが、たとえば民族的、文化的、領域的、経済的、法的、政治的な影響のような多くの互いに関連し合う要素によって成り立つ複雑な構築物である。

　スイスでは、隣国で言語や民族に基づいた国民国家が成立した1870年代に、ナショナル・アイデンティティの構築が内部的な結束のために重要視された。以下では、19世紀後半に確立したアルプス、農民、牛というスイスのナショナル・アイデンティティの発展を考察する。

アルプス

ヨーロッパ中央部に位置するアルプスは複数の国にまたがっているが、スイスほどアルプスとナショナルな自己認識が結びついている国はないだろう。スイスでは、すでに中世においてアルプスは神によって創造された防塁として捉えられていたが、スイスの起源神話としてのアルプスと旧盟約者団との意識的かつ体系的な結びつきは18世紀の産物である。啓蒙時代になってはじめて、それまでタブー視され、恐れられていたアルプスの自然科学的な調査が始まった。

自然科学者で医師のヨハン・ヤーコプ・ショイヒツァーは、アルプスとその住民の調査を行い、地形と天候がアルプス住民の性格を特徴づける要因であると指摘した。彼にとってスイス人は、景観、天候、新鮮な山の空気の影響によって、正直で実直な男性となった理想的人間に思われた。

医師で生物学者および植物学者であったアルブレヒト・フォン・ハラーはショイヒツァーのこの考え方を引き継ぎ、彼の有名な詩「アルプス」（参考文献①）のなかでアルプス住民の自然で素朴な生活を褒め称えた。ショイヒツァーとハラーの著作や作品は外国でも共感を呼び、アルプスの景観とスイス人という組み合わせは国内のみならず外国でも受容された（4章も参照）。なかでも、フリードリヒ・フォン・シラーによるスイスの独立神話を描いた『ウィリアム・テル』はスイスとアルプスの結びつきを認識させるのに大きな影響力を与えた。アルプスをモチーフにした絵画も、スイス人とアルプスの結びつきを広めるために大きく貢献した（アルプスと絵画

図8-2　ウィリアム・テルの像

（出典）Catherine Santschi, *Schweizer Nationalfeste im Spiegel der Geschichte*, Zürich 1991, S. 17.

図8-3　ユングフラウヨッホとアルプス祭の展望

(出典) Catherine Santschi, *Schweizer Nationalfeste im Spiegel der Geschichte*, Zürich 1991, S. 41. 当時の所蔵はGALERIE GRAND-RUE, Marie-Laure RONDEAU 25, Grand-Rue 1204 Genève - Suisse である。

についてくわしくは9章参照)。このようにして、アルプスの国スイスというイメージは18世紀以降ますます広まっていった。

　地方主義に対抗して統一的なスイスを要求したヘルヴェティア協会の愛国主義者たちも、アルプスをナショナルな徳、つまりナショナル・アイデンティティとみなしていた。このような考え方はヘルヴェティア協会に限らず、彼らの努力のおかげもあり、彼らに近い集団以外の間にも広まっていた。アルプスとスイスおよびスイス人の結びつきを深く印象づけたシラーの『ウィリアム・テル』が1804年に発表されたとき、スイスはヘルヴェティア共和国時代で、「自由なスイス」という理想とはかけ離れた状態にあった。そのためいっそう、他国の支配のもとで自分たちのアイデンティティを守るため、スイス人とアルプスとの結びつきに取り組んだのである。

　1870年代には言語的、民族的な国民国家成立を背景とした、景観とネーションの関連についての言説の再興隆を確認することができる。つまりアルプスの景観が言語や民族に代わるナショナル・アイデンティティ構築のための重要な要素となった。法学者で政治家のヨハン・カスパー・ブルンチュリは、ヒルティの「意志のネーション」を非現実的だと批判し、スイス人を結束させているものは、まずは権利、そしてとくに祖国愛であると主張した。ブルンチュリによれば、この祖国愛は、共通の故郷という特有

の感情を喚起するアルプスの素朴な生活を基礎としている。

前述のように、1870年代は歴史叙述においてスイスの現在と前近代とが結びつけられ、とくに建国神話が好んでとり上げられた。それを通じて、建国神話と密接な関係にあるアルプスはより強固にスイスと結びつけられた。さらに多くの全国的な祭典や催事、たとえば建国記念日の祭典がリュトリの草原で開催され、軍事訓練がアルプスやそのふもとで行われた。射撃協会、体操協会、合唱協会の大祝祭の会場では、建国神話である「テルの神話」に由来する絵画や引用が祝辞、壁画、メダル、山車などのあらゆるところに見られた。このようにしてアルプスはスイスのナショナル・アイデンティティにおいて不動の地位を獲得した。

農民と牛飼い・羊飼い

旧盟約者団の一員であるということは、多くのスイス人にとってナショナル・アイデンティティのメルクマールである。この理想化されたスイス人の自己像は、中世を起源とし19世紀後半に復活したものである。

旧盟約者の歴史像には、農民性や農民という肯定的なコノテーションがあり、集団としての農民や農民階級は、中世以来支配的なスイス・アイデンティティとして連想される。旧盟約者は支配者や他国の支配から人々を解放したのだという建国神話とも密接な関係にあるため、旧盟約者はスイスの自由と独立を体現しているとみなされた。

唯一スイスだけが君主制の支配から解放され、共和国的な自由を享受していたという事実は、16世紀に救いの予定説の考え方と結びつき、この神の救済に与る者、神に選ばれし者という考え方によって、18世紀までに、敬虔な、徳のある、自足した、調和的な農民としての旧盟約者という描写が形成された。

18世紀になるとアルプスの「発見」とともに、スイスのシンボル像としての農民に新たな価値が付与された。啓蒙時代にショイヒツァーによって根拠づけられたアルプスの住人への自然条件の影響に関する機能的推論

は、アルプスは「真のスイス人」としての旧盟約者の性格を形成した、という考え方を導いた。つまり、アルプスと旧盟約者の結びつきは、18世紀のイメージ構築の産物なのである。

さらに「農民の国」という像は18世紀にアルプスの牛飼い・羊飼いというイメージとも結びついた。それ以来、牛飼い・羊飼い像と農民像は歴史的にまったく異なる人々であるにもかかわらず、重なりあうようになった。アルプスのカントンの牛飼い・羊飼いは、啓蒙主義者によって自然で自由を愛する民主主義者であると理想化され、このような見解は『ウィリアム・テル』の作品によって強化され広まった。

自由主義的な市民層によって樹立された新連邦国家は、農民または牛飼い・羊飼いの創造物でないことは明らかであるにもかかわらず、中世の農民との連続性のなかに位置づけられた。しかし、この理想化された農民は、決して実際の農民ではなく、共同体の政治に参加する平等な個人という伝統的な共和国の意味における政治的、経済的に自立した市民として表された。

農民による解放というスイス建国の理想像は、1891年に、原初3邦が「永久同盟」を結んだ1291年8月1日をスイス建国記念日に定めたことにも体現されている。

急速な産業化と近代化を背景とした田舎（農業）生活の夢幻的な理想化にともない、19世紀末に牛飼い・羊飼い像はナショナル・アイデンティティのシンボルとして広まった。ヨハンナ・シュピーリの作品『ハイジ』のなかでも、スイスの理想的な生活として牛飼い・羊飼いの牧歌的で、素朴な生活が表現された（ケーススタディ「アルプスの少女ハイジ」参照）。しかし、このような農民や牛飼い・羊飼いの理想化されたイメージは、実際の社会的状況やアルプスの経済的状況とは大きく異なっていた。

19世紀最後の四半世紀において、スイスの理想像として農民や牛飼い・羊飼いが強調された理由は2つある。ひとつは、スイス人は自分たちのアイデンティティを建国神話に求め、スイス人の農民イデオロギーを確認し

たこと。次に、スイス人は自国を牛飼い・羊飼いの国と表現する際、産業化と近代化に対立するものとして牧歌的なアルプスの景観とその生活を捉えていたのである。

図8-4　ミルカ牛
（出典）ミルカ社 HP
（http://www.milka.com）

スイスの象徴としての牛

今日、牛はスイスの象徴としてゆるぎない地位を獲得し、旅行土産、広告、芸術品などスイスのあらゆるところに存在している。1901年からチョコレートの包装紙に描かれている「ミルカ牛」（図8-4）はもっとも有名な例だろう。このシメンタール牛はスイス産の牛乳の高い品質を保証している。歴史的に見てもスイスと牛とは密接な関係にある。スイスといえば羊飼いより牛飼いの方が明らかにイメージに沿うものであるし、スイスの伝統的な民謡のひとつは各地で多くのバリエーションがある牛飼いの歌である。

畜産業はスイスの主要産業のひとつである。すでに中世においてスイスは雄牛を輸出するためにある程度の畜産業を行っていた。スイス中央部で穀物産業から酪農業への産業転換が起こったのは1860年代のことである。当時、国内外で畜産物の需要が高まっており、畜産業は農業におけるもっとも重要な分野となった。19、20世紀において牛の飼育は畜産業全体のなかでも大きな割合を占めるようになった。このようにして、牛は家畜や飼育牛としてスイス人の生活に前近代以上に密接にかかわるようになった。

「田舎者（＝牛）のスイス人」はかつて悪意のある罵言であったように（ケーススタディ「都市民・農民の「名誉」文化」参照）、「牛」がいつも肯定的なイメージを表していたわけではない。しかし、19世紀末や20世紀初頭に「牛」という概念が肯定的なものに変化した。19世紀最後の四半世紀における「牛飼い・羊飼いの国スイス」の強調とともに牛はますます理想化され、スイスのシンボルとして認識されるようになった。牛が非政治的で農民的なもの、さらに素朴な伝統と結びつけられ、スイス人は

牛がスイス的なものすべてを体現していると捉えるようになった。

　ここで紹介したアルプス、農民（牛飼い・羊飼い）、牛という3つのナショナル・アイデンティティは互いに密接に関連するともに、すべて自然（素朴さ）を連想させるものでもある。

おわりに

　本章では、スイスのナショナリズムとネーション理解の変遷、カントンを超えた帰属意識の発展、ナショナル・アイデンティティを考察した。スイスのネーションについての考え方は、各時代の社会的、政治的情勢や立場を反映し、変化し、さまざまな考え方が共存・競合していた。スイスのネーション理解の発展は決して単純な一本道をたどったわけでないが、内部結束やスイス人としての連帯感の高揚という目的は同じであった。

　19世紀のスイスでは、包摂的および排他的な2つの方法で内部結束が促進された。包摂的な方法は、統合的なナショナル・アイデンティティの創出や、祖国愛的な文化協会の設立、建国記念日の制定、国立博物館の設立などを通じて連帯意識を醸成し、深めることで内部結束を促すものである。排他的な方法は、「よそ者」や「異質」という概念を適用することで外部に対して境界線を引き、「我々」と「他者」を明確に区別し、「他者」の排除によって内部結束を促進しようとするものである。つまり「我々」と「他者」の間に境界線を引くことによって、誰が自分たちのネーションに属し、誰が属さないのかを定義した。「他者」排除によるネーション形成は、スイスのように共通点を見つけることが難しい多文化社会において特徴的である。「よそ者」や「異質」という概念は、決して明確に定義できないため、スイス内部の多様性を厳密に問うことなく、恣意的に境界線を引くことが可能なのである。

　18世紀以降、スイスは他国との戦争の経験がなく、他のヨーロッパ諸国が経験したような外部の敵は存在しなかった。しかし、イエズス会、カ

トリック保守派、ユダヤ人、外国人、労働運動のような内部の敵はつねに存在し、彼らとの間に境界線を引くことで内部結束を促し、同時に「スイス的なもの」という共通の価値観を「発見」し、確認したのである。

「我々」と「他者」との境界線は、社会的、政治的情勢の変化や、議論を通じてつねに新たに引き直され、移動する。スイスにおいてよそ者の存在とその存在の認識はスイスのネーション形成のみならず、のちに「外国人過多の言説」に見られるように20、21世紀の社会的、政治的文化にも大きな影響を及ぼし、また及ぼし続けている。

以上、スイス人のナショナル・アイデンティティについて論じてきたが、最後に確認しておきたいのは、アルプス世界はけっして閉鎖空間ではなく、越境と交流の舞台であり、また諸民族のネーション形成がつねにせめぎあう場であって、どこに線を引いても不自然さを免れないこと、そうした状況こそがスイス人のどこか不自然なナショナル・アイデンティティの生成を促したことである。

参考文献

① Haller, Albrecht von, Die Alpen, in: *Versuch Schweizer Gedicht,* 1732.
1729年にアルプレヒト・フォン・ハラーによって発表された詩「アルプス」。前年のアルプス旅行の経験をもとに創作された。

② Hilty, Carl, *Vorlesung über die Politik der Eidgenossenschaft*, Bern 1875.
ベルン大学で教鞭をとった法学者カール・ヒルティによるスイスの政治に関する講義録。

③ Kaufmann, Eric and Zimmer, Oliver, In Search of the authentic nation, landscape and national identity in Canada and Switzerland, in: Nations and Nationalism 4 (4), 1988, p.483-510.
イギリスの歴史学者O.ツィマーとイギリスの政治学者E.カウフマンによる、スイスとカナダのアイデンティティ構築における景観（自然）の役割についての論文。

④ Marchal, Guy P., *Schweizer Gebrauchsgeschichte. Geschichtsbilder, Mythenbildung und National Identität*, Basel 2006.
スイスの歴史家G.P.マーハルによるスイスの歴史像、神話形成とナショナル・アイデンティティの関係についての著書。

⑤ Schiller, Friedrich, *Wilhelm Tell*, 1804.
詩人フリードリヒ・フォン・シラーによるスイス独立の物語を描いた歌劇。

⑥ Schweizerisches Landesmuseum Zürich (Hg.), *Die Erfindung der Schweiz 1848-1998*, Zürich 1998.

スイス国立博物館が建国記念日制定150周年記念展示の際に発行した論集。スイスがいかに「創り出されて」いったのかを、多くの論文と写真で示している。

⑦ Spyri, Johanna, *Hedis Lehr- und Wanderjahre*, 1880; *Heidi kann brachen, was es gelernt hat*, 1881.
ヨハンナ・シュピーリによる児童文学『ハイジ』2部作。

⑧ Tanner, Albert, Willensnation versus Kulturnation. Nationalbewusstsein und Nationalismus in der Schweiz, in: Basshart-Pfluger, Jung, J., Metzger, F. (Hg.), *Nation und Nationalismus in Europa*, Frauenfeld 2001.
スイスの歴史家A.タンナーによるスイスネーションに関する論考。意志のネーションと文化ネーションという概念で考察している。

⑨ Zimmer, Oliver, *A Contested Nation, History, Memory and Nationalism in Switzerland 1761-1891*, Cambridge 2003.
イギリスの歴史家O.ツィマーによるスイスのナショナリズム研究。ツィマーは、スイスでは各地域が競いあうことでスイスネーションが成立したと指摘している。

上記のほか、ナショナリズムの入門者向け和書・訳書として、以下を挙げる。

⑩ コーン、ハンス（百々巳之助・浦野起央訳）『ナショナリズムと自由——スイスの場合』アサヒ社、1963年。

⑪ ルナン、エルネストほか（鵜飼哲他訳）『国民とは何か』インクスリプト、1997年。

⑫ アンダーソン、ベネディクト（白石隆・白石さや訳）『定本　想像の共同体　ナショナリズムの起源と流行』書籍工房早山、2007年。

アルプス絵画
その曙からたそがれまで

岡村民夫

はじめに

　画家は風景を、目の前に存在するから描くのではなく、特定の価値体系に沿って環境からピックアップした諸要素を「風景」として再構成するかぎりで描く。しかもこの種の価値体系は、個人的な偏差をもつだけでなく、集団的かつ不可逆的に変化する。要するに「風景＝視覚」にも歴史があるのだ。絵画の変遷は、普通には気づきがたいこうした歴史を私たちに示唆する。西洋絵画史において、このことがもっとも顕著に露呈している領域は、アルプスの表象である。

　西ヨーロッパの中央を占めるアルプスは、太古からいやおうなく意識せざるをえない大地の巨大な隆起であり、無数の人々の眼にさらされ、際限なく話題となってきたはずであるにもかかわらず、幾世紀ものあいだ絵画の「主題」とはならなかった。自然主義的な具象的表現に卓越していた古代のギリシア人・ローマ人は、牧歌的田園を賛美したが、アルプスを美的風景として認知しなかった。地誌や歴史書においてごく漠然とアルプスに言及したり、交通上の難所として言及したりしているにすぎない（カエサル『ガリア戦記』、ストラボン『地理誌』、プルタルコス『英雄伝』）。

　中世の宗教画では、聖書が物語るシナイ山やオリーブ山、あるいは聖者や修道士の隠棲地などとして、背景にしばしば山が描かれている。しかし、それらは決まってコンクリート製の猿山のような、不自然で抽象的な形状をした不毛の岩山であり、前景の人物がなにをしているのかを説明するための象徴的書割にとどまる。『風景画論』（参考文献②）のケネス・クラークは、その理由としてキリスト教的世界観と経験不足を挙げている。中世人にとって山岳は、エデンの園の外の荒地、ないし大洪水の傷跡であり、神が罪

深い人間に課した苦役を象徴していた。また中世人は現実の山に積極的関心をもたず、楽しみや調査のための登山をしなかったといわれている。

　アルプスの景観を堂々と提示した絵画が出現するのは、ようやく18世紀後期にいたってなのである。この日付は、中国において8世紀（唐代）に「山水画」が独立し、1000年以上にわたって絵画における玉座を占めたことを思えば、驚くほど遅く、新しい。どのような諸段階をへてアルプスは絵画に入り込んでいったのだろうか。アルプスがアルプスとして描かれたとき、感性の歴史において何が起きたのだろうか。そしてなぜ、アルプスは絵画の重要な題材ではなくなったのだろうか。

　日本語で書かれたアルプス絵画の通史は、アルピニスト近藤等の労作『アルプスを描いた画家たち』（1980年、参考文献⑤）以外、残念ながら皆無に等しい。本章で私は、アルプスの絵画表象の形成史を、社会背景や地政学的側面を重視しながら描き出してみようと思うが、ラフスケッチとならざるをえないことをあらかじめ断っておく。

■1 初期フランドル派とコンラート・ヴィッツ

　画家たちが自然主義的かつダイナミックな表現を競いはじめたルネサンス期（14〜16世紀）は、通行の必要以外の動機による登山が、きわめて散発的にではあれ実践されはじめた時代でもある。1336年、イタリアの詩人ペトラルカはプロヴァンスのヴァントゥー山（リュベロン山地の独立峰、標高1,912m）を登頂し、高所から観る風景に対する感激を書簡に記した。1492年、貴族アントワーヌ・ド・ヴィルは、フランス王シャルル8世の命に応えてモン・テギーユ（標高2,097m）を登頂した。1511年、レオナルド・ダ・ヴィンチは、高山の地質や気象を調査するために「モン・ボソ」（モンテ・ローザの一峰と推定されている）に登攀した。

　13世紀末以降のイタリア絵画においては、象形文字的人体に換わって、しだいに解剖学的な構造やプロポーションを備えた人体が、透視遠近法に

則した空間のなかで、しなやかな身振りを演じだし、その顔は個性的で豊かな感情を表現するように変化していった。ただし、アッシジの聖フランチェスコ教会のフレスコ画『聖フランチェスコ伝』(13世紀末)、タッデオ・ガッティの『羊飼いへの天使の知らせ』(1328～1330年)、パオロ・ウッチェロの『聖ゲオルギウスの竜退治』(1460年頃)などを一瞥すれば明らかなように、山は相変わらず人物の後景に押し込められ、人体や室内空間・都市空間などの表現に比べ、写実化という方向で遅れをとっていた。

写実的山岳描写においてアルプス以南の画家たちに一歩先んじたのは、アルプス以北の画家、とくにネーデルラントの諸都市で活躍した初期フランドル派(美術史では後期ゴシックにも初期北方ルネサンスにも分類される)の画家たちだ。

ヤン・ファン・エイク

15世紀初期にブルッヘ(ブリュージュ)を拠点に活躍した画家ヤン・ファン・エイクが、その晩年、1430年代から1441年に描いたと推定される油彩板絵『キリストの磔刑と最後の審判』を観てみよう。これは左翼のパネル「キリストの磔刑」と右翼のパネル「最後の審判」から構成されているが、私たちにとって問題となるのは「キリストの磔刑」である。前景に聖母マリアやキリストの弟子たち、中景に見物人や兵士たちの群衆が俯瞰で配され、後景に十字架のキリストが、左右に磔刑に処された2人の罪人をともなって屹立している。そのさらに奥の遠景に、エルサレム全景と青い山脈が描き込まれているのである。山脈はリアルな稜線を備え、右手のひときわ高い山々は万年雪で白く輝いている。架空の山景ではあるが、アルプスをモデルとしていると推量できる。描法も非常に自然主義的であり、奥に位置する山ほど青みが薄くなるように描き分けられており、遠近感ばかりでなく、空気感が感じられる。ファン・エイクが大気を注意深く観察していたことは、青空に輪郭が融け込むかたちで積雲が描かれ、上空には強い風でなびく巻雲が描かれていることや、空が上部に行くほど青くなってい

ることなどからもわかる。

　なおブルゴーニュ公に仕えていたファン・エイクは、1426年に公務で
イタリア訪問をしたと推量されており、その通りなら、アルプスを実見し
ていたことになる。

　概して初期フランドル派の画家は、イタリアの画家よりも、同時代の
風景や風俗を忠実かつ詳細に描いた。この先進性を可能にした要因は、
ネーデルラントにおいて商工業が著しく発達し現実主義が形成されたこ
とや、アルプスに阻まれてローマ・カトリック教会と古典的人文主義の
拘束が比較的弱かったことであると見られている。つまりアルプスは、
描かれる対象として定位される以前に、西洋絵画を南北に分化する地政
学的条件だったといえる。

コンラート・ヴィッツ

　アルプスを完全に特定できる仕方で表現し、アルプス絵画の曙となった
のは、初期フランドル派の傍流に位置すると推定されているスイスの画家
コンラート・ヴィッツが、1444年に完成させた「奇跡の漁り」（図9-1）である。
しかもこれは、実景を写実的に表象した最初の西洋絵画と目されてもいる。

　「奇跡の漁り」は、当初、ジュネーヴのサン・ピエール大聖堂を飾る板
絵『聖ペテロの祭壇画』の一パネルをなしていた。絵の主題は、ゲネサレ
湖（ガリラヤ湖）で不漁を嘆いていたペテロたちのもとに現れたキリストが、
奇跡的な豊漁をもたらすと、ペテロに「いまからあなたは人間をとる漁師
になる」と告げ、彼らを弟子にしたという新約聖書のエピソードだ。すで
に小舟から湖に飛び込んだペテロが、水面上に立つ赤衣のキリストの方へ
歩み寄っているが、対岸の風景は、ジュネーヴのレマン湖東岸から見え
る風景と一致する。3つの山は、左から順にレ・ヴォワロン山、モール山、
サレーヴ山（傾斜した層理を示す石灰岩の断崖が注意深く描写されている）であり、
中央のピラミッド型のモール山の両脇には、万年雪に覆われたモン・ブラ
ン山塊が頭を出している。

ヴィッツがこの故事を選んだのはサン・ピエール大聖堂がペテロ（ピエール）に捧げられたカテドラルだからだが、なぜジュネーヴの実景を取り込んだのかは謎として残る。確かに、遠国の古の超常的な出来事と現在の日常的風景との組み合わせは、当時のジュネーヴ市民の関心をそそったことだろう。それは、縁の薄い出来事に思われていたキリ

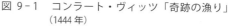

図 9-1　コンラート・ヴィッツ「奇跡の漁り」
　　　　（1444年）

ジュネーヴ美術・歴史博物館所蔵

ストの御わざを身近で生々しいものに感じさせるという宗教教育的効果を発揮したかもしれない。けれども、それならば、この種の風景描写がこれ以前に試みられていても、これ以降に広まっていてもよさそうなものだろう。

　私見ながら、背景の山が象徴的な価値を担っている可能性を指摘しておきたい。構図上、遠景の山々が人物の配置と対応しているように見えるのだ。ヴォワロン山の下方には中景左側を占める舟や漁師たちがおり、モール山の下方にはキリストが立っている。モール山の頂きにたなびいている白雲は、キリストの頭部の光輪と対をなしているのではないだろうか。だとすれば、この山の背後に控える白い山脈も、キリストの聖性を暗示する舞台装置と解釈できよう。いいかえれば、アルプスが醜い魔の山としてではなく、神々しい創造物として先駆的に表象されている、ということになる。

　また、これが描かれる数年前（1439年）に、サヴォワ（サヴォイア）家のアメデオ8世がバーゼル公会議によって教皇に即位しているという事実も興味深い。ヴィッツはバーゼルの住人であり、当時ジュネーヴはサヴォワ（サヴォイア）家の統治下にあった。モン・ブランは、同家の本拠地サヴォ

ワの高山である。

2 ルネサンスの巨匠たち

レオナルド・ダ・ヴィンチ

アルプス以北の山岳表現に遅れをとったイタリア・ルネサンス絵画に著しい革新をもたらしたのは、かのレオナルド・ダ・ヴィンチだ。『受胎告知』（1475～1485年）、『カーネーションの聖母』（1478～1480年）、『モナ・リザ』（1503～1505年）、『聖アンナと聖母子』（1510年頃）といった油彩画の背景に描かれている山岳に注目しよう。いずれも氷山のように尖った稜線をもつ峻峰であり、巧みな空気遠近法がほどこされ、作品の神秘感ないし静謐を強めている。

初期フランドル派の風景表現の影響は実証されていないが、ありえないことではない。レオナルド・ダ・ヴィンチの若い頃、イタリアはテンペラから油彩への移行期にあり、油彩をいち早く確立していた初期フランドル絵画がアルプスを越えフィレンツェへもたらされ、研究対象となっていた。

『モナ・リザ』に描かれた山岳については、東アルプスのドロミーティ山塊とする説があるが、おおまかな部分的類似が認められるにとどまり、全体としてはレオナルドが創作した幻想的地形といえる。ただし、現実のアルプスの科学的観察を基づいていることは間違いない。すでに言及したように、レオナルドは初めてアルプス登山をした画家であり、しかも「ペトラルカが初めて山に登った人であるとすれば、（中略）初めて山の緻密な科学的研究を行った人」（参考文献②130頁）でもあるのだ。彼はその登山経験を以下のように手記に書き残している。

　　　私は主張する。空中にあらわれる青さは空気自身の色ではなく、ごく微細で感知できない原子となって蒸発せる熱い水分〔水蒸気〕によって生ずる。この水分は自己の背後に太陽光線の当るのを受け、そして自分の上を

覆っている火層圏の無量の暗闇を背景として発光するのである。

そしてフランスをイタリアから分つアルプスの高峰、モンボーソに登れば、人は、私のかつて見たと同じようにこの現象を目にするであろう。この山はその麓から四つの河を発して相異なる四方に流してヨーロッパ全土を灌漑している。いかなる山といえどもこれほどの高度な山麓を有している山はない。

この山は非常に高く聳え立って、ほとんどすべての雲を抜いており、めったに雪も降らない、ただ雲がいつもより高く騰る夏期に雹が降るばかりである。そしてこの雹はそこに積ったままでいる。だからそこに雲の降りたり昇ったりすることが稀——一年に二度と起らない——でなかったら、何層もの雹によって高められた大量の氷が非常に高く積もっているに違いない。実際私も、そこの氷が七月のさ中というのに非常に厚くなっているのを見たことがある。かつ私の頭上の大気が暗いのを、そして山脈を照らす太陽が、下の平原におけるよりここでの方が一層キラキラ光っているのを見た、というのはその山頂と太陽とのあいだにはより稀薄な空気層が介在しているだけだからである。（参考文献⑦下87頁）

降雪に関する誤解が含まれているとはいえ、レオナルドが時代に先駆けて太陽光線や気象を科学的態度で研究していることに驚かざるをえない。長年書き溜められた膨大な手記に見られる科学的考察は、いかに描くかという問題設定を明らかに超過しているが、彼の絵画論や実作が科学的思考に裏打ちされているということも確かである。別の手記に赤チョークで描かれた連峰の素描には、遠方から大量の空気を通して見られた高山植物の色調についての考察が書きそえられている。彼はアルプスの観察を通して空気遠近法に磨きをかけたと思われる。

手記中の気象学的・地学的研究においても、アルプスは特権的な領域として現れている。「風の急激さは断続している。ちょうどさまざまに拡がりねじくれながら風によって空中に巻上げられる埃がわれわれに示してい

図 9-2　レオナルド・ダ・ヴィンチ「アルプスの山中の嵐の風景」(1503年頃)

ウィンザー城王立図書館所蔵

るように。さらにまたアルプス山脈の谷の入口においてそういう風の吹き当たりが種々さまざまな作用をひきおこすのが感じられる」（参考文献⑦下75頁）。「大海の底からその大地の内蔵たる凹んで広々とした洞窟に〔水は〕流れこみ、そこより分枝せる水脈を通って水の自然な流れと反対に高い山々のてっぺんへ遡り、そして水脈の傷口から絶えず噴出しては低地へ戻って行く」（参考文献⑦下113頁）。「こうしてそれらの貝類はこの泥の下に死んだまま埋もれていたが、この泥は次第に高まってついに海底から空気中に姿をあらわすに至った。いまではこういう海底は非常に高くなって丘陵や高山と化したところ、その山腹の侵蝕者たる河川がその貝殻層を露出させたのであった。かくのごとく大地の軽い表面は絶えず隆起し、その対蹠点は沈下していよいよ地球の中心に接近しつつある」（参考文献⑦下127頁）など。

　レオナルドにとってアルプスとは、光と大気の光学的関係、水と大地の力動的関係、地質学的時間などを覗き見ることができる天然の実験室だったのだ。彼が油彩画の背景になだらかな田園よりも荒々しい山岳や岩石を選び、その麓に湖・海・河川などを描いているのは、こうした自然認識に基づいていたはずである。このことは私的な素描において、より直截に表現されていよう。都市の後背をなす渓谷に豪雨が降る光景を大俯瞰で描いた『アルプス山中の嵐の風景』（図9-2）と呼ばれる素描（1503年頃）や、黙示録的な暴風雨・山崩れ・洪水を渦巻く線で描いた晩年の素描群（1514年頃）

は、自然の荒ぶるエネルギーを非常に大胆に表現しており、人文主義的なルネサンス絵画の範疇を越えている。

アルブレヒト・デューラーとピーテル・ブリューゲル

　レオナルド・ダ・ヴィンチがアペニン山脈に近いフィレンツェやアルプスに近いミラノで活動したのに対し、ほぼ同時期の、北方ルネサンスを代表するアルブレヒト・デューラーは、周囲に山岳がないニュルンベルクで主に活動した画家である。しかしデューラーは、レオナルドとは異なった経緯でアルプスを実見し、革新的な山岳表現を行った。彼は生涯に２度、ブレンナー峠を越えてヴェネツィアへ旅しており、その第１回イタリア旅行（1494〜1495年）の往路と帰路、道中で目にした東アルプスの景観や峠道を水彩で写実的に描いている。それら十数枚の水彩画は、たいてい人物を含まぬまま造型的に完成しており、私的な記録とはいえ、西洋絵画史上、もっとも早い彩色された純粋な風景画と位置づけられる。なかでもガルダ湖北側の渓谷の岩山を描いた『アルコ谷の風景』は、実在する特定の山を主題とした最初の西洋絵画、近藤等の表現を借りるなら、最初の「山の肖像画」として注目される（参考文献⑤26頁、62頁）。

　デューラーは公的な油彩画としては「山の肖像画」を描かなかったが、『自画像』（1498年）や木版画シリーズ『マリアの生涯』の「エリザベツ訪問」（1503年）の背景に、リアルな山影を導入した。

　16世紀、デューラーと並ぶ北方ルネサンスの画家（初期フランドル派の最後尾に位置づけられもする）、フランドルのピーテル・ブリューゲル（父）も、モン・スニ峠を越えてイタリア旅行（1551年頃〜1554年頃）を敢行し、素描『アルプスの風景』（1553年）をなしたり、アルプス的山岳を舞台にした宗教画『パウロの回心』（1567年）を描いたりした。『パウロの回心』は構図が斬新である。目のくらむような断崖に沿った急傾斜の隘路を進むパウロ一行が前景を占め、その先の岩間から平野と海が見える。視点が山岳のなかにあるのだ。しかも隘路上の高めの位置に視点が設定されているので、鑑

賞者は自分が、画中の騎乗者の仲間として馬上からこの光景を見ているかのような臨場感を覚える。ブリューゲル自身、イタリア道中、こうした険しい山道を馬かロバでおそるおそる辿ったのではないだろうか。

アルプスは西ヨーロッパを南北に分かつ障壁であるとともに、両者をつなぐ動脈でもあった。イタリア絵画の国際的権威が確立し、アルプス以北の画家がイタリアへ修行旅行をするようになった。その旅行をとおして、画家が「アルプス」というイタリア的でもなければ北方的でもない未知の風景に出会い、それを、イタリアで学んだ画法を加味しつつ、新たな仕方で表現するという出来事が生起したのだ。山岳を描く試みが、北方的絵画とイタリア絵画を融合する創造行為の一端をなしていたということでもある。

もっとも、イタリアの画家がアルプス以北へ仕事に赴くという対称的な移動があったことにも留意したい。たとえば、レオナルドは、イタリアの学芸に憧れるフランス王フランソワ1世に請われ、1516年、『モナ・リザ』とともにフランスへ渡り、アルプス以南のルネサンス芸術のフランスへの移植に貢献し、アンボワーズにある王の居城に近い邸宅で没したのである。

■3 イギリス・ロマン主義とターナー

風景画を独立したジャンルとして確立したのは、初期フランドル派を継ぐ17世紀のオランダ（ネーデルラント共和国連邦）の画家たちである。プロテスタントの市民のあいだでは、身のまわりの起伏に乏しいありふれた田園や都市の様子を、聖書や神話のドラマを抜きに写実的に描いた絵画が人気を博した。干拓によって国土を拡げ、水運によって繁栄したその風土にふさわしく、空が画面の大半を占め、雲の表情、穏やかな日射し、水辺の諸相が巧みに表現された。けれども、オランダの画家たちの関心はもっぱら国土の再認識に向けられており、またイタリアやフランスなどのカトリック国で宗教的・神話的場面を人体の劇的構成によって表象

する「バロック絵画」が隆盛していた事情もあり、オランダ風景画がすぐにアルプスの主題化へ展開することはほとんどなかった。

　ところが、18世紀末、にわかにアルプスの「風景画」が確立するにいたる。主導したのは、またしてもアルプス以北の国の画家たち、ただしそれまで西洋美術史の前景に現れなかったイギリスの画家たちだった。

　17世紀末から19世紀前半のイギリスでは、学業を終了した貴族階級の青年のあいだで、ローマを最終目的地としてフランスやイタリアを長期間かけて巡る「グランド・ツアー」が盛んに実践された。この大旅行は、大陸の古典的文化に対するコンプレックスと憧憬を抱いていた彼らが、産業革命や交易で蓄積した財力を背景に、洗練された礼儀作法や学芸、古代ギリシア・ローマおよびイタリア・ルネサンスの教養などを現地で学ぼうとして企てた一種の修学旅行であり、文化史的には観光旅行（ツーリズム）の前駆形態と位置づけられる。

　18世紀後半には、アルプスやレマン湖の美しさを顕揚したジャン＝ジャック・ルソーの書簡体小説『新エロイーズ』（1761年）が各国でベストセラーとなり、堕落した都市文明と対比して「自然」を顕揚する新思想が拡まった。科学的調査のためにアルプスを踏破し、1787年に2番目のモン・ブラン登頂を果たしたオラス＝ベネディクト・ド・ソシュールの紀行文『アルプス旅行記』（1779〜1796年）は、さらにアルプス奥地への欲望をそそった。気象学・地質学などの確立期とも重なり、アルプスは科学と審美の両面から価値づけられた。かくして、グランド・ツアーにおける厄介な通過地にすぎなかった山岳地帯が、必見の景勝に転じていった。高山がわずかしかない島国に生まれ育ったイギリス人の眼に、アルプスはとりわけ驚異に映る。山並みや氷河を壮麗かつ写実的に描いた絵画が、一生に一度の大旅行の記念品として、あるいは旅行に向けて知識と期待を養う媒体として望まれるようになり、新たな画家たちがアルプスを「主題」とした絵画を描くにいったのだ。

　「歴史画」（宗教画・神話画を含む）を特権視する古典的規範に抗ってアル

プスを描くにあたり最大の参照となったのは、「風景画」をすでに確立していたオランダ絵画だった。私たちは北方ルネサンスにおいてイタリア旅行がアルプスの発見につながったことを確認したが、同様の逆説が、イギリス人によって組織的かつ大規模に再演され、押し進められたということができよう。

カズンズ父子

旅先ですばやく描くことができ、購入や携帯がたやすいペン画や水彩画が重宝され、習作や備忘録の地位に甘んじていた水彩画が、売り買いされる「作品」へ昇格していった。初期の代表的山岳画家は、アレクサンダー・カズンズとその息子ジョン・ロバート・カズンズである。アレクサンダーは、セピアのインクや水彩を活用して、スイスやイタリアの風景画を量産した。ジョン・ロバートは、グランド・ツアー（1776～1779年、1782～1783年）を実践し、1789年に成果としてスイスやイタリアで写生した水彩風景画シリーズを発表し、好評を博した。彼の水彩画『シャモニーとマルティニーのあいだのヴェルト針峰』（1876年）では、画面の下方の山道の奥に粒のように描き込まれている2つの人影は、もはや古典的絵画における人物とは無縁で、彼らの行く手に聳えるヴェルト針峰（4,122m）の高さを、氷河や半透明な雲とともに強調するだけの存在にすぎない。

カズンズ父子は、山岳風景に「水」のさまざまな様態を加え、その微妙な表情を卓抜に表現している。湖・渓流・滝・氷河などがしばしば画面の要所を占め、たいてい空は不均質で動的な雲に覆われており、空気に湿度が感じられる。水彩やインクで描かれていることも、画面の湿度を高めているのかもしれない。「水」の重視は、彼らの山岳画と、岩の形態表現に傾いていた過去の山岳表現との際立った違いをなしている。背景には、オランダ風景画の影響があるだけではなく、雨が多く天候がうつろいやすいイギリスの風土に養われた感受性があろう。

J.M.W. ターナー

　ジョゼフ・マロード・ウィリアム・ターナーは、画家としての方向性を模索していた青年期、カズンズ父子の水彩画を研究し、その技法とヴィジョンを吸収していった。英仏戦争（ナポレオン戦争）のせいで大陸へ渡れず、よけいアルプスへの憧憬をつのらせたようだ。1802年に暫定休戦が結ばれるや、彼はスイス旅行を敢行し、山岳の険しさと「水」の表現を押し進めた。たとえば、水彩画『アンデルマット付近の「悪魔の橋」、サン・ゴッタルド峠』では、風景画としては異例の縦長のフレームを選び、その下部に「悪魔の橋」を配したこと、橋の傾斜を現実よりきつくしたこと、パースペクティヴや地誌的説明を犠牲に、絶壁の頂部や橋下の渓流をフレーム外へ追いやり、上部の1/3ほどを、岩肌に沿って動きつつあるグレーのガス（すばやい運筆）で打ち消したこと等が、すなわち表現上の不安定さが、「悪魔の橋」のいまにも崩れ落ちそうな凄みを強めている。

　ターナーの念頭には、「崇高」というロマン主義的理念があったはずである。イギリスの哲学者エドマンド・バークは、『崇高と美の観念の起源』（1757年）において、弱さ・滑らかさ・小ささによって特徴づけられる「美_{ビューティー}」に対して、強さ・荒々しさ・巨大さによって特徴づけられる「崇高_{サブライム}」を対置し、恐怖や驚愕を喚起するものを安全に観照する時に生まれる高揚感と定義した。バークの崇高論は、心理学的な美学の企ての一部分をなしているだけで、「崇高」を「美」より上位に位置づけたり、新しい芸術の理念として提示したりしているわけではないが、ロマン主義の潮流と結びつき、イギリスの多くの作家や画家を「崇高」の表現へ駆り立てる要因となった。

　1810年代、ターナーによる「崇高」の表現は、山中のカタストロフィーという題材を得て、一気に激化し極相に達した。『グリゾン州の雪崩』（1810年、グリゾンはグラウビュンデンの英語表記）は、フィリップ・ジェイムズ・ド・ラウザーバーグの『アルプスの雪崩』（1803年）に触発されて描かれたと

図 9-3 J.M.W. ターナー『雪嵐、アルプスを越えるハンニバルとその軍隊』(1812 年)

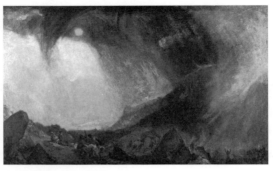

テート・ギャラリー所蔵

推定されているが、逃げ惑う人物や岩山が明瞭に表現されている『アルプスの雪崩』とは一線を画す。人物の姿は見えず、山肌は白い雪崩や灰色の雪嵐のよって打ち消されている。ラウザーバーグが遵守している古典的な滑らかな絵肌も斥けられている。ターナーは崩れ下る雪塊を、パレットナイフでカンヴァスに擦りつけた絵の具の隆起によって表し、濃い灰色の雪嵐を、絵筆の斜めのストロークによって表した。題名がなければ、何が描かれているのかすぐにわからないだろう。

『雪嵐、アルプスを越えるハンニバルとその軍隊』(1812年、図9-3) は、さらに過激である。題名を聞いただけだと普通の「歴史画」と思ってしまうが、ハンニバルの姿なぞどこにも描かれていない。暗い雪嵐の旋風がカンヴァスの大部分を覆い、隅にかろうじて兵隊たちの列が識別できるにすぎない。しかも、荒波のように軍隊に上から襲いかかる雪嵐と岩の斜面が等しく黒々した流れとして描かれているため、あたかも岩山自体が気化し、大気中を旋回しているかのように見える。画面左上にはグレーのヴェールを透かしてオレンジ色の太陽が覗いているが、かえって雪嵐の異常な突発ぶりを印象づける。

1810年代のターナーの山岳表現は、「風景画」の限界域に触れていると

いっても過言ではあるまい。しっかりした表面をそなえた形態を遠近法や明暗法によって表現するという、14世紀以来の西洋絵画の基本原則そのものを侵しているからである。前提とされてきた土台がまさに雪崩のように崩れつつあり、表面をもたない無形のエネルギーの混沌とした流動や渦や衝突が絵の具の奔流となって姿を現している。晩年のレオナルド・ダ・ヴィンチが密かに描いた黙示録的ヴィジョンが、深い地下水脈をへて19世紀のロンドンに噴出したのだろうか。

4 おわりに——スイスの画家たち

スイス国内で、コンラート・ヴィッツ以後、アルプスの絵画表現がどうなったのかを最後に概観しておこう。

ベルンやチューリヒで活躍した新教徒の画家ニクラウス・マヌエル・ドイッチュは、『聖母を描く聖ルカ』（1515年）や『ピラムとティベス』（1520年）といった宗教画・神話画の遠景に、アルプスにインスパイアーされたと覚しき山影を描いた。

18世紀後期には、アルプスを写生旅行し、それを主題として描くスイス人風景家が出てくる。パリでラウザーバーグとともに仕事をした経験をもつカスパー・ヴォルフは、アルプスに地質学的関心を抱いていたベルンの出版業者による調査旅行に随行し、ベルナー・オーバーラントやヴァレー（ヴァリス）を写生旅行し、その成果としてラウターブルンネン渓谷の瀑布・氷河・洞窟などを丁寧に描いた彩色銅版画集が1785年に出版された。これは地誌的アルプス絵画の先駆例だったが、商業的成功につながらず、ヴォルフは不遇のうちに早世した。チューリヒの画家ルートヴィヒ・ヘスは幾度もアルプス各地を写生し、18世紀末、地誌的写実性とロマン主義的情感の共存する油彩画を制作した。

しかし、こうした画家たちの成果は、文化的に不均質で、求心力を欠き、美術アカデミーもなかったスイスにおいては、単発的でマージナルなもの

にとどまるほかなかった。

スイス・ナショナリズムとジュネーヴ派

　アルプスを主題として描くことを初めてムーヴメントに高め、国内外における社会的成功を勝ち得たのは、1820年代からジュネーヴを拠点に活躍したフランソワ・ディデーとアレクサンドル・カラムに代表される「ジュネーヴ派」である。彼らは光線や気象や水流をダイナミックに表現しながら、堂々とアルプス風景を油彩の大作としており、ロマン主義的な山岳の価値体系がスイスにもようやく定着したことがわかる。

　スイス・ナショナリズムの高まりも、ジュネーヴ派の画家の情熱と成功を後押しした。諸カントンの緩い軍事連合体だったスイスは、列強の政治介入に対する防御や市場統一の必要性から、また国際的なナショナリズムの高揚の影響から、19世紀前半、紆余曲折をへながらも徐々に近代的国民国家へと生まれ変わっていった。一般的に、国民国家の形成には国語の統一や国民文学の構築が大きな役目を果たすが、それが多言語・多文化のスイスでは難しい。その点、スイスの全地域で誰もが見ることができるアルプスは、ナショナル・アイデンティティの象徴として説得力があり、観光産業にとっても好都合だった（参考文献① 14頁および8章参照）。そして、国の象徴としてのアルプスのイメージを広めるメディアには、文学よりも、言語の障壁を越えやすい絵画の方が適していた。

　こんにちもっぱらコマ割り漫画の創始者として知られるロドルフ・テプフェールは、イラスト入りのアルプス紀行をいくつも書いた作家であり、ジュネーヴ派を支援した美術批評家でもある。彼は雑誌を通じて、ジュネーヴの画家たちに対し、アルプスを描くことを外国人の手に任せておくのではなく、スイス国民として引き受けなければならないと呼びかけた。ディデーにもカラムにも、ウィリアム・テルの物語と建国の舞台であるフィーアヴァルトシュテッテ湖畔を描いた作品が見られる。

　ジュネーヴ派がアルプスの国民的象徴化に貢献した歴史には、しかしな

図 9-4　アレクサンドル・カラム『ハンデックの嵐』
1839 年

ジュネーヴ美術・歴史博物館所蔵

がらアイロニカルな逆説がひそんでいるといわざるをえない。そのアルプス表現が、オランダ絵画やイギリス絵画に準拠していることは一目瞭然である。ベルナー・オーバーラントの谷の雷雨——なぎ倒される針葉樹、岩に砕ける激流、山体を覆いながらも一角に陽が差し込む暗雲——を描いたカラムの『ハンデックの嵐』(1839年、図9-4)は、ジュネーヴで展示されたおり「最初の国民的絵画」という評価をえた大作だが、オランダ的細密さとイギリス的「崇高」からなっている。ディデーは、嵐で船が翻弄されている湖上風景を何枚も描いたが、オランダおよびイギリスの海洋画のヴァリエーションの域を出ていない。ちなみに、カラムが画家を志したのは、ジュネーヴを訪れる外国人観光客向けに風景画を描くためだった。

ウィリアム・テルが国民的象徴となる経緯をめぐっても、類似した逆説が認められる。テルが広く知られるきっかけとなったのは、ドイツの文豪フリードリヒ・フォン・シラーが書いた戯曲『ウィリアム・テル(ヴィルヘルム・テル)』(1804年)である。そしてこのドイツ語戯曲がフランス語に翻訳され、こちらをもとにイタリアのジュアキーノ・ロッシーニが作曲したオペラ『ウィリアム・テル(ギヨーム・テル)』(1829年)が大好評を博して、

はじめてテルは国際的に知られる「スイスの英雄」となった。

　もっとも、外国人が創り出したイメージがナショナルなイメージへ転じるという逆説は、さほど特異な出来事ではないだろう。そもそもイギリスにおける国民的風景の形成にしてからが、そうしたねじれをはらんでいる。海洋国というセルフ・イメージはオランダ海洋画に倣っており、イギリス式庭園の形成やイングランドの田園風景の再発見は、フランス人画家クロード・ロランが描いたイタリア風景の代替物を国内に求めた結果であり、湖沼地方やスノードン山の再発見は、アルプス的風景の代替物を国内に求めた結果である。

ジョヴァンニ・セガンティーニ

　ジュネーヴ派以降もスイスのイメージは、外国人とスイス人との合作として形成されていった。

　こんにちチューリヒ美術館やバーゼル美術館は、「アルプスの画家、セガンティーニ」のコレクションを誇り、サン・モリッツにはセガンティーニ美術館が建っているが、ジョヴァンニ・セガンティーニは、デューラーが通りがかりに岩山を写生した北イタリアのアルコ（当時はオーストリア領）に生まれ、ミラノで絵画を学んだ画家である。しかし、スイスの高地への移住を敢行し、そこで画題ばかりか画風を一変させ、そこに骨を埋めており、近隣に住んでいたジョヴァンニ・ジャコメッティ（彫刻家アルベルト・ジャコメッティの父）の画業に決定的な影響を与えてもいるので、「イタリアの画家」と呼ぶことにも違和感が残る。その両義性を明記した上で、本節へ組み込んでおこう。

　ディデーが晩年の栄光を享受していた1870年代、フランスではすでに印象派が成立しており、筆触分割を駆使して日光と大気や水面の戯れを表現したことにより、風景画に革命をもたらしていた。印象派の影響は諸国へ波及し、1880年代のミラノでは「分割主義」が展開した。イタリア時代のセガンティーニは、美術学校で学んだ伝統的画法で陰影に富んだ風景

や肖像を描いたが、1886年、コモ湖畔からグラウビュンデン州のサヴォニンへ移った直後、分割主義を知り、これを高地の光と空気の表現に応用した。

印象派流の筆触分割を採用すると、画面が明るく色鮮やかになる一方、全体が朦朧とかすんだようになる。この手法は、セーヌの川辺やノルマンディーの海岸とか樹木の茂みなどには最適だが、乾いて澄んだ空気のもとで遠景まで鮮明に輝いて見えるアルプス高地には向いていない。そこでセガンティーニは、細い線状の筆触を工夫し、色の繊維を緻密かつ周到に束ねることによって、太陽光線の分析的表現と鮮明な形態表現を矛盾なく両立させた。かくして絵画史上はじめて「高原の光」の定着に成功したのだ。1894年、グラウビュンデン州のなかでもさらに標高の高いマロヤに移住すると、画面の清澄さは神々しい域に達した。

他の特徴は、印象派の画家たちのように純粋風景や市民風俗へは向かわず、フランソワ・ミレーのように風景に農民の生活を描き込んだこと、またしばしばアリゴリーを盛り込んだことである。未完の遺作『アルプス三部作 生・自然・死』（1896～1899年）には、セガンティーニの模索が総合されている。

フェルディナント・ホドラー

本章を締めくくるために最後に登場してもらう画家は、フェルディナント・ホドラーである。

スイス連邦が誕生し、ベルンが首都となった5年後、ホドラーはベルンに生まれ、1872年から77年までジュネーヴ美術学校で学び、ジュネーヴを拠点に活躍した。美術学校時代、ディデーやカラムの山岳画を模写している。アカデミックなデッサン力を身につけたのちも芸術的な革新を怠らず、パリやウィーンの象徴主義運動から刺激を受けながら、1880年代末、自らのスタイルを確立した。単純化・象徴化された形態と色彩、力強い筆さばき、輪郭線に縁どられた逞しい人体表現、対称的・平行的な構図、平

図 9-5　フェルディナント・ホドラー『白鳥のいるレマン湖とモン・ブラン』(1918年)

ジュネーヴ美術・歴史博物館所蔵

面的・装飾的な背景処理……。その画風は、モニュメンタルな大作にふさわしく、ホドラーは公共機関の求めに応じ、『ウィリアム・テル』(1897年)、『マリニャーノからの退却』(1900年)、『満場一致』(1913年)など、愛国的な歴史画を数々描いた。

　こうした華々しい活動の一方、ホドラーは鉄道（ときには登山鉄道も）を利用してスイス各地へ旅行し、私的に渓谷や湖や峻峯を描きつづけた。岩肌を鮮やかな色面のモザイクに単純化しながらも、山脈のマッシヴな構造を巧みに捉えている。人物や人工物を含まず、歴史画や寓意画とは明確に区分されるシリーズを形成しているが、彼の愛国心に裏打ちされていることは想像に難くない。

　ホドラーは、まさにスイスの国民的画家である。ただし最後の国民的画家だろう。

　1917年、持病の悪化により自宅から外出できなくなった老画家は、亡くなるまでの約1年間、窓から見える風景だけを繰り返し描いた。その小型な連作は、驚くべき純粋さに達している。晴朗な明け方か夕暮れの時間が選ばれ、レマン湖、サレーヴ山やモン・ブラン、雲からなる風景は、リズミカルに波打つピンクや黄や青の横縞へ単純化されており、抽象絵画に近づいている。

　この時期のホドラーが美術界の最新情報を耳にしていたかはわからない。

しかし、すでに 1910 年代初頭には、ワシリー・カンディンスキー、フランティセック・クプカ、ロベール・ドローネーなどが、同時多発的に抽象絵画を試みていた。抽象絵画の登場は、近代絵画の表舞台から風景画が退場することを意味する。実際、ホドラーの死後、もはやアルプスは絵画の革新と有機的に結びつくことがなくなり、その表象は、もっぱら写真や映画やリトグラフといった新参の機械的メディアに担われることになるのだ。

それにしても、アルプス絵画のたそがれを告げるホドラーの連作が、アルプス絵画の曙であったヴィッツの『奇跡の漁り』が表象した場所と同一の場所を表象することになったとは、なんという歴史の奇跡だろうか。

参考文献

① ウィズマー、ベアート監修『スイス・スピリッツ 山に魅せられた画家たち』（展覧会図録）、Bunkamura ザ・ミュージアム、2006 年。

② クラーク、ケネス（佐々木英也訳）『風景画論』ちくま学芸文庫、2007 年。

③ クラーク、ケネス（丸山修吉・大河内賢治訳）『レオナルド・ダ・ヴィンチ（第 2 版）芸術家としての発展の物語』法政大学出版局、2013 年。

④ コルバン、アラン（小倉孝誠訳）『風景と人間』藤原書店、2002 年。

⑤ 近藤等『アルプスを描いた画家たち』東京新聞出版局、1980 年。

⑥ シュトゥツァー、ベアト／千足伸行監修『アルプスの画家 セガンティーニ——光と山』NHK プロモーション、2011 年。

⑦ レオナルド・ダ・ヴィンチ（杉浦明平訳）『レオナルド・ダ・ヴィンチの手記（上・下）』岩波文庫、1954 年。

⑧ 森田直子「ロドルフ・テプフェールのジュネーヴ」『比較文学研究』第 98 号、2010 年。

⑨ 『ターナー展』（展覧会図録）、朝日新聞社、2013 年。

⑩ *Ferdinand Hodler et Genève, Collections du Musée d'art et d'histoire Genève*, Musée d'art et d'histoire Genève 2005.
「フェルディナント・ホドラーとジュネーヴ ジュネーヴ美術・歴史博物館コレクション」展の図録。

⑪ *Kunsthaus Zürich, Les chefs-d'œuvre*, Zürcher Kunstgesellschaft, 2007.
チューリヒ美術館常設展の図録。

⑫ *Musée d'art et d'histoire Genève*, Musées Suisses, 2008.
ジュネーヴ美術・歴史博物館常設展の図録。

中世の巡礼路
銀嶺の世界からサンチャゴへ

猪刈由紀

　「そうして僕らはスイスの地へ入る／人々は僕らを歓迎し／食事を与えて
　くれる／彼らは僕らに寝床を供し暖かい毛布で覆ってくれる／そして道
　を示してくれる」（ある巡礼歌より　参考文献④ 189 頁）

サンチャゴ巡礼

　聖ヤコブ、ゼベダイの子ヤコブと聖書に書かれ、弟ヨセフとともにキリストの弟
子であったこの使徒の墓がスペイン北西の果てで見つかったとされるのは、9 世紀
のことである。その後近隣から巡礼者を迎えていたサンチャゴ・デ・コンポステー
ラは、11 世紀にはフランス、イタリア、ドイツを集水域とするヨーロッパ規模の
巡礼地となる。12 世紀以降その範囲はさらに拡大し、北欧や東欧からも巡礼者が
やってくるまでになっていった。巡礼地の発展は、概して政治・宗教・経済的観点
からの領主や教会による保護──具体的には教会堂の増改築、道や宿場などのイン
フラストラクチュア整備から、宣伝・プロパガンダの拡散など──、さらには信徒
の間での評判の高まりといったさまざまな要因を背景としている。その点からする
と、最初の巡礼の書である『聖ヤコブの書』が書かれたのがサンチャゴ巡礼のまさ
に発展期にあたる 12 世紀だったことは、おおいに納得がゆく。この本は巡礼路の
案内のほか、聖ヤコブの伝説や奇跡譚など、聖ヤコブ信仰とその墓にまつわる記述
がつまった聖ヤコブ巡礼の総合書となっている。

　さらに活版印刷技術によって書籍出版が一般化した中世末以降、さまざまな巡
礼案内書、いまでいう旅行ガイドが出版されている。ドイツ語でのもっとも古い
出版であるヘルマン・キューニッヒ・フォン・ファッハ著『聖ヤコブへの巡礼と
道』（1495 年）は、ドイツ語を話す巡礼者を対象に、サンチャゴまでの巡礼路と各
地点間の距離（1 ドイツマイル＝約 7km で測った距離）、途中で宿をとるべき村や町、
そこで泊まるべき宿場から両替や靴の手配まで、細かい忠告を与えている。16 世
紀半ばまで何度も再版されるほど人気のあったこの本で興味深いのは、中部ドイ
ツ出身と想定されている著者がサンチャゴ巡礼案内の出発地に選んだのが、スイ
スのアインジーデルンだということである。

スイスのサンチャゴ巡礼路

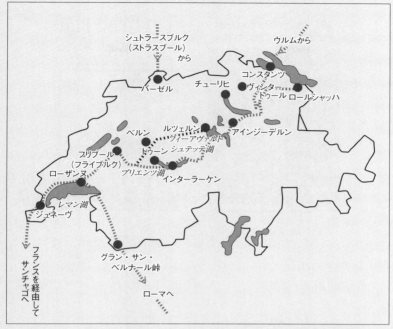

(http://www.jakobus-info.de/unser_weg/camino3.htm の図をもとに筆者作成)

スイスのサンチャゴ巡礼路

　中部ヨーロッパとサンチャゴを結ぶ巡礼路には、すでに12世紀には南ドイツからスイスを経由する山岳巡礼路（高地道 Obere Straße）と、低地地方とつながる低地巡礼路（低地道 Niedere Straße）と呼ばれる2つのルートがあった。スイス内の山岳巡礼路は、さらにボーデン湖をロールシャッハからアインジーデルンを通りルツェルン湖から南西へ抜ける経路と、コンスタンツからアインジーデルンへ向かい、そこからルツェルン湖水地方北側を進んでルツェルンを経由し、ブリエンツ湖へ抜けるルートに分かれていた。とくにブリエンツ湖からトゥーンあるいはベルン、フリブール（フライブルク）を経てレマン湖へ抜ける巡礼路沿いには、かつてのサンチャゴ巡礼者の痕跡が数多く残っている。

巡礼書初版の表紙

（出典）参考文献③

アインジーデルン

　スイスを経由する巡礼者で、スイスを代表する巡礼地アインジーデルンに立ち寄らない者はまずなかったことだろう。ヘルマン・フォン・ファッハがサンチャゴ巡礼の出発点にこの場所を選んだように、ドイツを経由する、あるいはイタリア半島を北上してきた多くのサンチャゴ巡礼者の訪問でも、アインジーデルンは有名である。このベネディクト会修道院への巡礼の始まりはさらに数百年さかのぼるともいわれるが、14世紀初頭の記録が現存最古のものである。ヨーロッパ各地の人々を惹きつけたのはそこにまつられる聖母子像であり、また9世紀にこの地で隠遁生活を始め、のちの修道院設立（10世紀）の礎を築いた聖マインラート崇拝だった。黒いマドンナとして知られる現在の聖母子像は、1465年の火災で焼失した聖像に代わる後期ゴシック様式で、祝福を与える幼児キリストをマリアが抱いている姿が刻まれている。

　サンチャゴを目指すサンチャゴ巡礼とはいえ、サンチャゴのみでなく、途上のさまざまな聖地を巡りながら道をゆくのが巡礼として一般的であり、巡礼者が途中の教会に立ち寄り、これまでの無事を感謝し、これからの安全を祈願することは、当然のこととして受け入れられてもいた。近世に入ると、巡礼者は次第によそ者、流れ者として疑いの目を向けられ、巡礼としての身分と目的地とを証明す

る証書の携帯が求められるようになったが、証書を提示する限り、道中での宿泊や食事が無償で提供され、通行税が免除される場合すらあった。アインジーデルンのような大巡礼地では、巡礼者のためのサービスは充実しており、サンチャゴまでの旅程を控えている巡礼者が英気を養うには最適の環境だったことだろう。

ルツェルンの聖ヤコブ巡礼宿舎

アインジーデルンに近いスイスの主要都市ルツェルンは、フィーアヴァルトシュテッテ湖上をアインジーデルン方面と結ぶ船の発着地でもあり、サンチャゴへ向かう、またサンチャゴからの帰路訪れた巡礼者の記録が残っている場所である。ここには巡礼者が宿泊するための巡礼宿舎も存在した。

ルツェルンの聖ヤコブ宿舎は、巡礼者の宿泊を目的として市壁外のゼンティ地域に15世紀半ばに設立されたと推定されている。市当局がその管理者だったが、財産の管理は聖ヤコブ兄弟団が担当していた。聖ヤコブを守護者として集まった信者団体であるこの兄弟団は、ほかにも宿泊中に亡くなった巡礼者の埋葬などを通じてサンチャゴ巡礼者に奉仕していたことがわかっている。1590年代に改定された巡礼宿舎規則によると、巡礼宿舎にはサンチャゴ巡礼者か、他の巡礼地からの帰還者、また「貧しい兄弟姉妹」（ただし本当の巡礼者として証書がある者のみ）が宿泊を許された。記載はないが文面から判断するところでは、一般の宿屋に泊れるだけの経済的余裕のある巡礼者はおそらく受け入れを拒否されたほか、男女は別れて宿泊することが決められていた。もっともルツェルンの聖ヤコブ聖堂にある、聖ヤコブの奇跡を描いた1600年ごろの絵には、男女のサンチャゴ巡礼者がひとつのベッドで眠っている姿が描かれているので、実際のところはわからない。宿泊は病気の者等を除き原則一晩のみ、到着日の晩と翌朝、穀物の粥とパンひとつが与えられることになっていた。聖ヤコブ宿舎はルツェルンのほか、巡礼路上のアルトドルフ、フリブール（フライブルク）、ジュネーヴにあったことがわかっている。

スイスからのサンチャゴ巡礼者

巡礼者を歓待する心性は、巡礼者が目指して旅する聖人への崇敬の念と切り離すことはできない。聖ヤコブが教会や、信者団体である兄弟団の守護聖人になった事例からは、スイスでの聖ヤコブ崇拝の広がりを知ることができる。ローザン

ヌ司教区（レマン湖地方、フリブール地方、ジュネーヴ地方）では、9世紀以来、聖ヤコブを守護者として建立された教会が数多くみられる。また聖ヤコブ兄弟団も同様に、北はヴィンタートゥールからジュネーヴまでの巡礼路沿いを中心とする各地で設立されていたことがわかっている。

　聖ヤコブの象徴である貝の印をつけた埋葬者の墓碑もスイス各地で見られ、古いものではサン・ジェルヴェ（カントン・ジュネーヴ）の12世紀の墓碑が4つの貝殻の飾りをつけており、サンチャゴ巡礼者のものである可能性が高いといわれる。さらに年代記を見ると、（いずれもカントン・ルツェルンの）グロースヴァンゲン（1465年）、エントレブーフ（1492年）、マルタース（1509年）など各地でサンチャゴへ出発した巡礼者の記録が残されている。スイスを通過する巡礼者を援助するのみでなく、スイスから自らサンチャゴへ向かう巡礼者も少なくなかったのである。ロマンス語圏スイスでの調査によると、21の町村が貝の印の紋章をもっており、教会のみならず共同体と聖ヤコブとの結びつきは強かったことがわかる。それを裏書きするように、近世になってもいくつかの市当局が巡礼者に金銭的援助を行っていた。1480年と1530年にフリブール（フライブルク）市当局がカントン・シュヴィーツ出身のサンチャゴ巡礼者に喜捨を与えたという記録が残っているほか、ベルン市でも、とくに1506年以降、年に2、3回喜捨に関する記録がある。

　ただし当局と巡礼者の関係は宗教改革以降大きく変化し、巡礼の道行きは宗派対立という新たな困難にも煩わされることになった。たとえば1582年、カントン・アールガウのメーレンシュヴァントとムリから出発した巡礼グループは、プロテスタントとなったベルンの領内で役人に詰問される。スパイだと疑われ、さまざまな嫌がらせを受け、射殺すると脅されたうえでようやく解放されたという。もっとも、これはカトリックに留まったルツェルン市の書記による描写であるため、ベルン側を悪く書こうとした宗派的な意図を差し引いて読まれるべきであろう。

　それからおよそ500年の時を経た今日、サンチャゴ巡礼は宗派や文化の違いを越え、ヨーロッパ統合のシンボルとしての意味をふたたび担うようになっている。日常的な人の移動と交流こそが文化的一体感と価値の共有につながるという事実は、昔もいまも変わってはいないのである。

参考文献

① Ganz-Blättler, Ursula, Pilgerwegsforschung am Beispiel von Luzern, *Der Jakobuskult in Süddeutschland*, hrsg. von K. Herbers, G. Narr 1995.

② Göttler, Werner, Die Beherbergung von Pilgern und anderen sozialen Gruppen in Luzern, *Stadt und Pilger*, hrsg. von K. Herbers, G. Narr 1999.

①と②はドイツ聖ヤコブ協会の「聖ヤコブ研究 Jakobusstudien」というサンチャゴ巡礼研究の叢書に入っている論文集のなかの、スイスに関する論文2つ。①はルツェルンとサンチャゴ巡礼の関わりにかんする研究。

②はルツェルンでの、とくに巡礼の受け入れについての研究。

③ Herbers, Klaus, *Der Jakobsweg: mit einem mittelalterlichen Pilgerführer unterwegs nach Santiago de Compostela*, G. Narr 1986.

この協会の中心人物でもある同叢書の編者が、中世の巡礼手引き書をもとにサンチャゴ巡礼を再現した書籍。

④ Mittler, Max, *Pässe, Brücken, Pilgerpfade : historische Verkehrswege der Schweiz*, Artemis 1988.

スイスの交通路の歴史に関する大判の本で、豊富な地図や写真を眺めるだけでも楽しい。

異端者たちのアルプス越え
── 自由を求めたイタリア人

高津美和

イタリアと宗教改革

　1517 年にマルティン・ルターによって開始された宗教改革の衝撃は、アルプスを越えてイタリアにも伝わった。ルターの声は、腐敗したローマ・カトリック教会の刷新を期待するイタリアの聖職者や民衆の心もとらえたのである。しかし、彼らの希望はやがて絶望に変わった。プロテスタントへの「対抗」宗教改革へと舵をきったローマ教皇庁は、1542 年に異端審問所を再編し、彼らを「異端者」として迫害していく。こうして多くの「異端者」たちが、アルプスを越えてスイスに、とくにグラウビュンデン、チューリヒ、バーゼル、ジュネーヴなどの地に亡命を余儀なくされた。このコラムでは、アルプスの彼方に信仰の自由を求めたイタリア人の歴史を、1 人の人物の生涯に焦点を当てて論じたい。

ベルナルディーノ・オキーノの亡命

　ベルナルディーノ・オキーノ（1487 ～ 1564 年）は、16 世紀にイタリアからアルプス以北へ亡命した人々のなかで、もっとも有名な人物である。カトリックの修道会のひとつ、カプチン会の総会長もつとめたオキーノは、修道会の指導を行うかたわら、説教師としてイタリア各地を巡回したが、1536 年頃にナポリを訪れた際、スペイン出身の思想家ファン・デ・バルデスが主宰する知識人サークルに参加したことがきっかけとなって、エラスムス、ルター、カルヴァンらの著作に接するようになった。オキーノの説教内容に彼らの思想の影響がまぎれもないものとなってくると、ローマ教皇庁は異端の嫌疑で彼を召喚した。オキーノは逡巡した後、亡命を決意した。そして 1542 年 7 月にイタリアを離れ、アルプスを越えた。

　オキーノや彼の同時代人が残した書簡は、イタリア人亡命者の移動ルート、彼らを助けるスイス各地のイタリア人コミュニティの存在、亡命先での活動などについて知る多くのてがかりを私たちに与えてくれる。以下では、それらの史料を活用して、オキーノの亡命を再現してみたい。

　オキーノが最初に向かったのは、スイス東部のグラウビュンデンであった。グラウビュンデンは、1526 年以降、カトリックとプロテスタントの両宗派体制に

あり、信仰上の緩衝地帯となっていた。オキーノだけでなく、多くのイタリア人亡命者がグラウビュンデンに向かった理由としては、こうした信仰の自由のほか、イタリアからの距離的な近さ、さらに6つの地域（ブレガッリア、ポスキアーヴォ、メゾルチーナ、ボルミオ、ヴァルテッリーナ、キアヴェンナ）でイタリア語が通用したことも重要であった。

当時の教皇使節の報告書には、オキーノがキアヴェンナで説教を行い、次の印象的な言葉を語ったことが記されている。「キアヴェンナで、オキーノは侯爵夫人宛の書簡に記したのと同じ言葉を繰り返していた。すなわち、これまでは仮面をつけてキリストについて説教をしてきたが、これからは仮面なしで説教をするだろう、と」（参考文献⑥69頁）。ここに記された「侯爵夫人」とは、ミケラ

1542年、ヴェネツィアで出版された著作の表紙に載せられたオキーノの肖像

参考文献⑤におさめられた画像 n.5。

ンジェロとの親交でも有名な女流詩人のペスカーラ侯爵夫人ヴィットリア・コロンナであるが、彼女はオキーノおよびカプチン会の熱心な後援者であった。イタリアを離れたオキーノは、「仮面をつけて」すなわちカトリック信仰から逸脱しないように配慮しながら自分の信仰について語るという束縛から脱したのである。

その後、オキーノはキアヴェンナからチューリヒに向かった。当地の宗教改革者ハインリヒ・ブリンガーが知人に宛てた書簡は、オキーノがチューリヒ在住のイタリア人たちから大歓迎を受けた様子を伝えている。しかしオキーノは、わずか数日でチューリヒを離れ、目的地であるジュネーヴへと出立した。

オキーノがジュネーヴに到着したのは、カルヴァンがジュネーヴに帰還して1年ほどのことだった。当時、ジュネーヴではイタリア人の信徒団体が形成され始め、イタリア語で説教を行う人材が求められていた。オキーノは、まさにうってつけの人物であったといえよう。1542年10月23日に都市議会（参事会）は、オキーノがイタリア語で説教することを希望しているため、彼にサン・ピエール教会の一部を使用することを認めている。また、カルヴァンは知人に宛てた書簡のなかで、オキーノとおぼしき人物のことを「我々のベルナルディーノ」と呼んで信頼し、「我々のもとには、尊敬すべき様子をした年配のイタリア人がいる。彼は

自国でたいへん尊敬されていた。［……中略……］もし彼が言葉を学べば、大いに役に立つだろうと私は期待している」と述べて、オキーノがイタリア人の亡命や改宗を促す上で「役に立つ」ものと期待をかけていた（参考文献④）。

しかし、彼らの信頼関係は、長くは続かなかった。カルヴァンは、翌年4月の書簡のなかで、「もし彼（オキーノ）が何らかの点で我々と異なっていたならば隠すことができないように、信仰のそれぞれの点について彼とよく論じた」と述べているが、こうした議論の際のオキーノの態度について、「彼（オキーノ）は、教義をテーマとした議論に同意しなかった。それらを、学者による意味のない論争として、あまりにも細かいものとして考えているのだ」と不満をもらしている（参考文献④）。ここには、両者の立場の違いが端的に表れている。ジュネーヴの宗教指導者であるカルヴァンにとって、信徒間の教義に対する理解の違いは、看過できないきわめて重要な問題であった。他方、イタリアを離れてカトリックの聖職者という仮面を外したオキーノにとっては、自分の信仰を自由に語ることこそ重要な問題であり、本心に反して他者の教義に従うように強制されること――カルヴァン派という別の仮面をつけること――などできない相談だった。

カルヴァンとの関係が悪化した結果、オキーノはジュネーヴで説教をする機会を奪われ、以後は執筆活動に専念した。その著作や書簡の記述からは、彼の主たる関心が、依然としてイタリアに向けられていたことが推察される。『説教集』の序言で彼は、「もはやイタリアに対して生の声で説教することはできないので、多くの人に共有されるように、俗語で書くことにしよう」と宣言している（参考文献⑤ 128頁）。オキーノの著作は、いわば直接語りかけることのできない故郷の同胞への説教として、イタリアに向けられていたのである。

1545年8月、アウクスブルクのイタリア人団体の説教師のポストを獲得したオキーノは、ジュネーヴを離れた。そしてその後は（1553年にジュネーヴを再訪したことはあったが）、チューリヒ、バーゼル、イングランド、ポーランドなどヨーロッパ各地を転々とした末、宗教的に寛容なモラヴィアの地（チェコ東部）で死去した。

ルッカからジュネーヴへ

オキーノの思いのつまった著作は、主にアルプス以北の都市との交易に従事する商人の存在を通じてイタリアにもたらされた。1542年のローマ異端審問所の再編の後も、宗教改革思想は、ひそかにイタリアに流入していったのである。と

りわけ、宗教改革思想が深く浸透したのが、トスカーナの都市ルッカである。ルッカは、亡命前のオキーノが説教を行った場所のひとつであり、また、宗教改革思想の影響を受けたアウグスティヌス会士のピエトロ・マルティレ・ヴェルミーリや人文主義者のアオニオ・パレアリオが、聖俗の教育活動を展開したことでも知られる。

しかし、ローマ教皇にパウルス4世が就任した1555年以降、イタリアでは異端取締りがさらに厳しさを増し、ルッカの多くの人々がジュネーヴに移住した。16世紀末までに、その数は約70家族に上ったという。ルッカからの亡命者には富裕な上層の人々が多く、ジュネーヴにおける銀行業や絹織物業の発展に貢献したほか、都市の役職に就任して市政に関与する者もいた。また、彼らのなかには故郷とのつながりを維持した者も存在し、イタリアにおける「ニコデミズム（内面の信仰を偽り、外面的にはカトリックの典礼に従うこと）」の運動にも影響を与えた。

アルプスの山々は人々の信仰の自由を奪うほどに大きな障害ではなかった。むしろアルプスは、オキーノやルッカのプロテスタントたちにみられるように、ヨーロッパの南北世界、そして東西世界を結ぶ思想的・人的交流の経路であり、自由を求める人たちの逃れの地にして、新たな旅立ちの拠点でもあったのである。

参考文献

① 高津美和「ジュネーヴのベルナルディーノ・オキーノ——カルヴァンとイタリア人亡命者」『史観』第156号、2007年。

② モンター、E. W.（中村賢二郎・砂原教男訳）『カルヴァン時代のジュネーヴ——宗教改革と都市国家』ヨルダン社、1978年。

③ Adorni-Braccesi, Simonetta, *"Una città infetta": La Repubblica di Lucca nella crisi religiosa del Cinquecento*, Firenze, 1994.
16世紀のルッカを事例としてイタリアにおける「宗教改革と都市」の問題を扱った先駆的研究。

④ Calvin, Jean, *Ioannis Calvini opera quae supersunt Omnia*, ed. E. Baum, E. Reuss, New York, 1964, No. 426, No,462.
ジャン・カルヴァンの著作集。本ケーススタディで引用したピエール・ヴィレ宛書簡（1542年10月）、コンラート・ペリカヌス宛書簡（1543年4月）も収められている。

⑤ Ochino, Bernardino, *I dialogi sette e altri scritti del tempo della fuga*, a cura di U. Rozzo, Torino, 1985, p.128.
ベルナルディーノ・オキーノの初期の著作である『七つの対話』や『アンチキリストのイメージ』のほか、亡命前後の書簡も収められている。

⑥ Nicolini, Benedetto, *Studi cinquecenteschi 2*, Bologna, 1968-74, p.69.
ベルナルディーノ・オキーノやヴィットリア・コロンナなど、16世紀のイタリア宗教史における代表的な人物をとりあげた、伝記的研究。

知の交差点
大学と出版の町バーゼル

佐藤るみ子

中世都市バーゼルの概要

　現在のスイス連邦共和国の北西部に位置するバーゼルは、司教を都市領主に抱く司教都市であり、かつ帝国自由都市でもあった。当市がスイス盟約者団に加盟するのは 1501 年と、近世への過渡期になってからである。このケーススタディのテーマである大学と出版業が登場するのは 15 世紀半ば以降のことで、その時期のスイス盟約者団との関係は、ベルン、ゾロトゥルンとの間で一時的に同盟を結ぶに留まる。その一方で、アルザス地方の主要都市シュトラースブルクを中心とする下部連合に加盟し、政治的比重はむしろそちらに置かれていた。とはいえ、地理的には盟約者団と隣接しているがゆえに、フランス語圏のジュネーヴ同様に、盟約者団ともさまざまな意味で無縁ではない。

　その理由のひとつに、当市の立地が挙げられる。バーゼルは、フランス王国、神聖ローマ帝国とも国境を接し、ヨーロッパ大河のひとつ、ライン川が北に転じる河川交通の出発点で、経済史上重要な地位を占める。南に目を転じると、古代から人々が徒歩での山越えをしてきたヨーロッパ大陸を南北に隔つアルプス山脈がある。中世に入り新たに開削されたザンクト・ゴットハルト峠道が南北交通路の要衝となるが、河川交通との結節点であるバーゼル経由の路線が、南北の最短路としていっそう注目されるようになる。当然当市の遠隔地大商人も、アルプス以北の諸都市、とくに南ドイツの大商人がそうであったように、このルートを経由して南国の特産物の取引に従事し、かつ新たな情報や技術、人物交流に一役買うことになる。

バーゼル大学の創設

　15 世紀は都市バーゼルにとって、政治的にも文化的にも大きな動きが見られる。15 世紀初頭、バーゼル司教のもつ支配権の多くを都市が買いとり、また自身ツンフト政権への移行に成功する。そしてドイツ語圏としては 10 番目、スイス域では最初の大学が創設されるが、これは当時の国際政治が大きく影響している。さらに従来の大学とは異なり、都市がイニシアティブをとり、創設に動いて

16世紀初頭の都市バーゼル

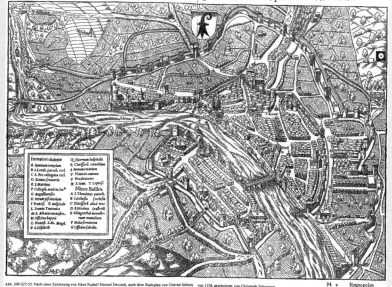

（出典）Hieronymus, Frank, *1488 Petri - Schwabe 1988. Eine traditionsreiche Basler Offizin im Spiegel ihrer frühen Drucke*, Bd.1, Basel 1997, S. 700f.

いる。その契機は教会大分裂の終結を目指す宗教会議が、コンスタンツ、次いでバーゼルで開催されたことにある。当然、聖界のトップをはじめとして、知識人である宗教人、さらには王侯貴族も大挙して当市に集結することになる。要は、教皇、皇帝をはじめとして聖俗のヴィップが当市に滞在することになったのである。

　重要なことは、教会会議が1432年に教皇使節団構成員のための学習の場 studium generale を、当市に組織したことである。その後続のものとして40年には教皇大使大学 alma mater universitas studii curiae Romanae と呼ばれるものも登場する。しかし高位聖職者が帰途につくと、これは消滅する。そのためバーゼル市民層と特別熱心な学識者から再開の要望が強まり、その後10年して、市長、法学者、都市書記、司教座聖堂参事会員、そして市民が中心となり、大学開

設計画を推進することになる。58 年、大学設立特権取得要請の好機が訪れる。それは宗教会議出席者で、当市と親交のあったエネア・シルビオ・ピッコローミニが、教皇ピウス 2 世として選出されたことである。59 年夏にはマントヴァ（北イタリア）の教皇宮殿に使者を派遣した結果、請願が口頭ではあるが受理される。幾多の教皇庁との協議、皇帝への請願を経て、最終的にイタリアのボローニャ大学を範としたバーゼル大学が、60 年 4 月 4 日開校することになる。開校式には書記局・司教座聖堂首席司祭として、司教ヨハン・フォン・フェンニンゲン、最初の学頭としてゲオルク・フォン・アントラウが参列した。

印刷出版業と大学の関係

　もうひとつのバーゼルにとっての大きな変化は、新産業の勃興である。それは近世を準備する技術のひとつである「白い工芸」と「黒い工芸」といわれるもので、ほぼ同時期前後して当市での生産が始まる。前者は中国に端を発し、中東を経由してイタリアの地で発達したもので、例の遠隔地大商人がその新技術を故郷に導入する。これに対し後者はアルプス以北で技術開発がなされ、これを最終的に商業ベースにのせたのがドイツ人ヨハネス・グーテンベルクである。彼の開発した技術はその後職人たちにより、交易路を介してヨーロッパ中に普及することになる。つまり南から伝播した製紙業（白い工芸）と、北からの印刷業（黒い工芸）である。

　印刷業と大学の関係は他の大学都市で見ると、たとえばパリでは非常に密接な関係にあることが知られている。ではバーゼルではどうであろうか？　初期には出版計画に主として正統神学である伝統的なスコラ学のものがあったが、これは学究的授業のためではなく、修道士や教区司祭を対象とするものであったようだ。また、ドイツ出身の教会法教授陣とイタリア出身の立法学者との対立が生じ、そのため研究によると、大学側が委託した印刷物はまったく存在しなかったらしい。通常教授たちは自らの私設書庫を持参するが、バーゼルでは数人だけで、彼らが当初印刷業への需要にわずかな影響を与えたにすぎないようである。それはどうしてであろうか？　バーゼル大学は開設に際し、俸給の源資問題や教授陣の獲得に苦慮している。そのためか、多くが短期間の滞在で数ヵ月から長くて 8 年であり、法学部では 1461 〜 66 年までイタリア出身者 10 人を招聘するものの、1 〜 3 年しか滞在していない。一方で、現在の教養学部にあたる自由学科には多

数の教授陣がおり、なかでもヨハネス・ロイヒリンのように多数のラテン語・ギリシャ語文献の編集者として、70年代の印刷業勃興に貢献した者もいる。しかし多くは大学人としての時代よりも、その後自らの著作物の出版を目的に、バーゼルの印刷工房を訪れるようになる。つまり、印刷業は大学と直接的な関係をもってはおらず、教授として雇用された知識人たちの私的な著作物出版を通して、彼らの知的活動に深く関わっていたことになる。

　ところで、印刷工房を経営したりここで働くには、識字能力や文脈理解のための知識を必要とする。バーゼル最初の印刷者であるミカエル・ヴェンスラーについては大学に籍をおいたことが証明されている。62年にバーゼル大学に登録しているが、いつどこで学業を終了したかは不明である。初期の職人に関しては他に就学の痕跡はないが、印刷者の第二世代に関しては、自由学科を終了している人物が数名証明されているため、70年代にはある程度の可能性はある。ただし、その人数もそれほど多いわけではなく、バーゼルにおける初期印刷業については、大学が重要な刺激となり勃興したとはいいがたいようだ。

印刷工房とヒューマニスト

　大学と印刷者との関係は、むしろ15世紀末から16世紀に、別の意味で存在したといえよう。それはヒューマニズムの推進者として印刷者が活躍するようになり、その第二世代がバーゼル大学、あるいは外地で学業を終え、バーゼル大学の教授として活躍するようになるためである。このヒューマニズム期には大学そのものは残念ながら学生数が減少し、存亡の危機に陥り、印刷業との関係はもはやない。この時代の印刷者は主としてシュヴァーベン、フランケン地方出身者で、そのなかでもデジデリウス・エラスムスの保護者としても有名なヨハネス・フローベン、ヨハネス・アーメルバハは学識ある印刷者として、バーゼルのヒューマニズム推進者を代表する人物である。前者の工房にはヒューマニストのサークルが誕生し、まさに彼らの出版の中心工房となる。またヨハン・ペトリの工房のように、幾多の手を経て現在シュヴァーベ出版社となっているものもある。このように出版工房との交流で、ヒューマニストたちが著作物の出版のために、たびたび来市することになる。『阿呆船』の著者ゼバスチャン・ブラントをはじめとして、宗教改革前夜にはジャン・カルヴァンのように、多くの著名人がバーゼルで出版していることは周知のことであろう。

宗教改革期を経て大学も変化し、アーメルバハの息子や孫は法学者として、また
バーゼルの宗教改革にも貢献し、印刷者としても活躍したトーマス・プラッター
の息子フェーリクスは医者として、バーゼル大学の知名度を上げることになる。
その他短期滞在ではあるが、バーゼル大学にてドイツ語で授業するなど、革新的
教授方法や内容を展開した東スイス出身のテオフラトゥス・パラケルススも、後
に多数の著作物をバーゼルの工房から出版している。さらにドイツ人も教授人に
名を連ねており、たとえばゼバスチャン・ミュンスターは後にはペトリから有名
な『地誌学』を出版することになる。

　このようにバーゼル大学が直接出版業の勃興に貢献したとはいいがたいが、そ
の存在が出版人と知識人の人脈形成を促し、間接的ではあるものの出版業を推進
したともいえよう。いうまでもなくその背景には、すでに述べたような大学人や
ヒューマニストの旅と交流、そして印刷文化の生成の歴史がある。もちろん著作
物は出版後の売れ行きが重要であり、その意味でバーゼルという都市の立地は、
情報発信という意味でも好都合であったと考えられる。

　20世紀半ば以降、バーゼルは「レギオ・バシリエンシス」という名の下に、国
境を越えてアルザス域、ブライスガウの諸都市との文化的交流をいっそう活発化
させ、文化都市としての存在を主張してきた。現在、経済・政治面でもさまざま
なプロジェクトを展開し、対象地域も北西スイスから南プファルツ域まで拡大さ
せている。

参考文献

① 印刷史研究会編『本と活字の歴史事典』柏書房、2000年。
② グロリエ、エリク・ド（大塚幸男訳）『書物の歴史（改訂新版）』白水社、1992年。
③ 佐藤るみ子「スイスにおける製紙業の誕生　バーゼルの製紙業創始者たち」
④ 森田安一編『スイスの歴史と文化』刀水書房、1999年。
⑤ ブラセル、ブリュノ（木村恵一訳）『本の歴史』創元社、1998年。
⑥ マン、ジョン（田村勝省訳）『グーテンベルクの時代——印刷術が変えた世界』原書房、2006年。
⑥ Bonjour, Edgar, *Die Universität Basel. Von den Anfängen bis zur Gegenwart*, Basel 1971.
　　1460年バーゼル大学開校から20世紀までの大学史。
⑦ Kälin, Hans, *Papier in Basel bis 1500*, Basel 1974.
　　バーゼルの製紙業発展に貢献した人物・家系の動向について。

⑧ Münkler, Herfried/ Münkler, Marina, *Lexikon der Renaissance*, München 2000.
ルネサンス・ヒューマニズム期全般に関する百科全書。

⑨ Schüpbach-Guggenbühl, Samuel, *Der Rektor bettet zu Tisch*, in BasZG, Bd. 96.
16世紀のバーゼル大学学頭が開く宴会出席者ならびに市当局との交渉について。

⑩ Sieber-Lehmann, C., *Neue Verhältnisse. Die eidg. Basel zu Beginn d. 16. Jhds.*, in:
Territoriale Identität u. Polit. Kultur i.d. Frühen NZ, Jahrbuch d. it. -deut. his. Ins.
Beiträge 9, Berlin 1998.
バーゼルが仲裁役としてスイス盟約者団に加盟後の立場について。

⑪ Van der Haegen, Pierre Louis, *Der frühe Basler Buchdruc*k, in: Schriften d. Unibibl.
Basel, 5, Basel 2001.
バーゼルが出版地として成長するまでの経緯ならびに市の背景。

⑫ Van der Haegen, Pierre Louis, *Basler* Wiegendrucke, in: Schriften d. Unibibl. Basel,
1, Basel 1998.
15世紀末のバーゼルにおける出版人とその出版物カタログ。

飛び交うニュース
フッガー家の通信網とアルプス

栂香央里

フッガー家とアルプス

　フッガー家は、南ドイツの帝国都市アウクスブルクを本拠地として活躍した、16世紀の最大の商人であり銀行家としても知られる。同家の祖先は、レッヒフェルトのグラーベン村に居住する織布工として生計を立てていた農民であった。1367年にアウクスブルクに移住し、遠隔地商人となり、商社経営を始めると、1466年にはアウクスブルクの納税者中第7位を記録するまでに上昇した。1514年には伯（Graf）、最終的には侯（Fürst）へと身分的上昇を遂げ、一族はいまもなお継続している。

　アウクスブルクは、紀元前15年、古代ローマ帝国アウグストゥス帝の時代に軍隊の宿営地として築かれた。1世紀末には「ウィア・クラウディア・アウグスタ」（クラウディウス帝とアウグストゥス帝の街道）が完成し、ヴェネツィアをはじめとする北イタリア諸都市と結びついた。アウクスブルクからアドリア海へ至る道は2通りであった。ひとつめは、フュッセンを通りレッシェン峠を越え、北イタリアのボーツェン（ボルツァーノ）、トリエント（トレント）、ペルジーネ・ヴァルスガーナを経由する古代ローマ以来の交通路（約620km）、ふたつ目は、インスブルックを通り、2世紀に開通したブレンナー峠を越え、コルティーナ・ダンペッツォ、コネリアーノ、トレビソを経由する交通路（約520km）である。騎馬で片道10日間の距離の短いブレンナー峠越えのほうが使用されていた。中世以来、南ドイツの商人たちは、亜麻布、塩、銀、銅、羊毛ならびに毛皮などを地中海地域へ輸出していた。その一方で、南ドイツにはヴェネツィアからガラス製品、フィレンツェから革製品、その他北イタリアからレモン、イチジク、チーズなどが輸入され、東方から絹や絨毯、インドから香辛料がもたらされた。ブレンナー峠は1480年までには道路の拡張工事が行われ、往来の頻繁なアルプスの峠のひとつとなった。

　イタリアからは各種の商品や貨幣のみならず、学問、芸術、生活様式がアルプスを越えてアウクスブルクにもたらされ、同市は16世紀には、神聖ローマ帝国におけるもっとも大きな帝国都市のひとつとなった。フッガー家のほか、アウクスブルクにおいては、南米ベネズエラに植民地を建設したヴェルザー家、水銀独占

で知られるパウムガルトナー家とヘッヒシュテター家などの大商人が出現した。大商人たちは、皇帝マクシミリアン1世、およびカール5世との緊密な関係を築き、アウクスブルクの輝かしいルネサンス文化（活版印刷と人文主義）に貢献した。とくに経済史上、「16世紀はフッガー家の時代」（参考文献⑦）とも呼ばれている。

　南ドイツ諸都市は、スイスの諸地域とも経済的・政治的に結びついていた。とくに、ボーデン湖畔の帝国都市コンスタンツは、亜麻布とバルヘント織（亜麻布と綿布の混紡）の生産地として繁栄し、東方貿易の中継地となっていた。麻織物、毛織物取引で栄えた大ラーフェンスブルク商会の本拠地であり、フッガー家の商社も取引をしていた。

　アルプス越えの商業路は、情報伝達の経路としても重要であった。ボーデン湖畔には、すでに8世紀には、ザンクト・ガレン、ペータースハウゼンならびにライヒェナウ島を結ぶ、ベネディクト会修道士の定期的な情報網（Mönchspost）が形成されていた。ヨーロッパ諸都市における伝令（Läufer）および飛脚（Bote）の存在は、14世紀以降、各地で確認される（基本的に伝令は徒歩、飛脚は騎馬によるものとする）。15世紀以来、コンスタンツの伝令は、ボーデン湖畔諸都市の代表として情報伝達を行い、情報はリンダウ、ヴァンゲン、イスニーを経て、ザンクト・ガレン、ブレゲンツ、アウクスブルクへと転送された。コンスタンツのほか、バーゼル、ゾロトゥルン、ベルン、フリブールの伝令および飛脚も、アウクスブルクやニュルンベルクに情報を伝えている。また、ルツェルンは、13世紀初頭にに開通したザンクト・ゴットハルト峠を経由する交通路と北東および中央スイスの道路網の交差点に位置し、15世紀以来、スイスの飛脚とローマ教皇、ミラノ公、チロル大公、フランス宮廷ならびに神聖ローマ皇帝の使節たちの合流地点となっていた。

フッガー家とタクシス家

　アウクスブルクとヴェネツィア間においては1350年頃から、伝令および飛脚による定期的な情報交換が行われていた。16世紀の飛脚によるアウクスブルクから主要都市への日数は、ミラノまで6日間、ヴェネツィアおよびアントウェルペンまで8日間となっていた。

　フッガー家のような大商人は、自身の商業活動を達成するために、さまざまな情報をヨーロッパ中から収集し、また定期的に情報を転送していた。たとえば、

1522年11月5日、ルターの異端審問に関連する情報を記した手紙は、ローマからアルプスを越えてフッガーを経由し、ザクセン選帝侯へ送られており、1523年9月14日には、ヴェネツィアより教皇ハドリアヌス4世の訃報がフッガーに伝わり、フッガーからバイエルンの代官へ転送され、ニュルンベルクにおいて公表された後、同年9月23日にザクセンに報告されている。当時、フッガー家の拠点アウクスブルクは、情報の中心地となっていたのである。

　時の皇帝マクシミリアン1世は、フッガー邸に滞在することも多く、このために1500年頃よりアウクスブルクに駅逓（Post）が置かれたともいわれている。1515年には駅逓局長（Postmeister）が配置されるようになり、駅逓局長は、1520年より神聖ローマ帝国のドイツ地域の区間監督も兼ねるようになった。アウクスブルクは、ドイツ領内における最初のもっとも重要な駅逓局（Postamt）となった。この駅逓路線は1490年に、北イタリアのベルガモ出身のタクシス家によって開設された。当初は、インスブルックからブリュッセル近郊のメヘルン間のみを結ぶ路線であったが、1560年代にはスイスとイタリア全域、フランスとイベリア半島の一部の諸都市を結ぶ路線が増設され（図参照）、17世紀には北のハンザ諸都市にまで拡充していった。

　フッガー家の商社は、最盛期の「富豪」ヤーコプ（1459～1525年）とその後継者アントーン（1493～1560年）の時代には、全部で80以上の都市に在外支店（Faktorei）や営業所（Niederlassung）を開設していた。たとえば、ヴェネツィア、ミラノ、ローマなどイタリア諸都市、インスブルック、シュヴァーツ、ボーツェンなどチロル地方、ブロツワフ、ポズナン、ノイゾールなど東欧、リューベック、ハンブルクなどハンザ諸都市、イベリア半島全域、ジュネーヴ、チューリヒなどスイス諸都市である。タクシス家の駅逓路線は、このフッガー家の支店網を土台に築かれたといわれている。タクシス家は有力な飛脚問屋として知られ、ローマ教皇シクストゥス4世（在位：1471～84年）の教皇庁伝書業務を引き受けていた。その後、アルプス以北への事業拡大に乗り出したタクシス家は、15世紀末には、インスブルックに拠点を移し、ハプスブルク家の伝書業務に就いた。ハプスブルク家の皇帝マクシミリアン1世は、ネーデルラントを1477年に、チロルを1489年に獲得しており、これらを結ぶ書類の送達を駅逓で実施しようとしたのである。

　フッガー家は商業活動とならび、皇帝および帝国諸侯への貸付を行っていたが、情報の仲介・提供者としても活動していた。ヤーコプ・フッガーはザクセン

フッガー通信の情報網

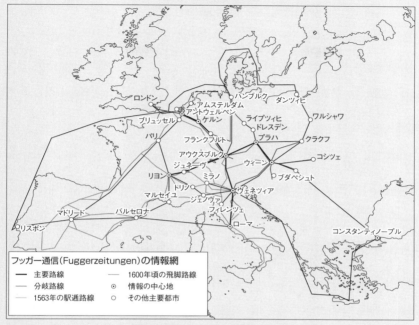

(出典) www.univie.ac.at/fuggerzeitungen/de/（一部翻訳し、加筆・修正）

公ゲオルク（1471～1539年）に、ハンス・ヤーコプ・フッガー（1516～75年）はバイエルン公アルブレヒト5世（1528～79年）に情報を提供している。当時、フッガーが質の高い情報を手中にしていることは周知の事実であったという。また、マルクス（1529～97年）とハンス（1531～98年）フッガー兄弟は、皇帝の駅逓委員（Postkommissar）を務め、危機的状況下のタクシス駅逓を救い、帝国駅逓としての再編に尽力した（1597年）。

フッガー通信（Fuggerzeitungen）の情報網

フッガー通信は、1568年から1605年のあいだにフッガー家の商社員、新聞記者（Zeittung Schreiber）、友人ならびに知人からアウクスブルクへ送られた情報を、フィリップ・エドゥアルト（1546～1618年）とオクタヴィアン・ゼクンドゥス（1549～1600年）フッガー兄弟が収集した「手書き新聞集」である。通信は、

およそ2万通（全27巻）を超え、その多くは手紙に同封されて送られたものであり、一部に私信も含まれている。当時の経済および政治の中心地、アントウェルペン、ローマ、ヴェネツィア、ケルン、リヨン、ウィーン、プラハ、コンスタンティノープルなどからアウクスブルクへ、情報は定期的にもたらされた。その間隔は、アントウェルペンとケルン発、およびローマとヴェネツィア発の場合、ほぼ1週間ごとであった。その他の都市からアウクスブルクへの運送日数は、リヨン11.7日、マドリード35.3日、リスボン48.5日などで、もっとも遠いインドのゴアからは273.3日かかっていた。

フッガー通信の情報網（図参照）は、フッガー家の商社の支店網と一致している。同家の支店にはたいてい、通信員が置かれていた。16世紀後半における同家の商社は、スペインに集中していた。アウクスブルク本店とマドリード支店の結びつきには、その中間に位置するジュネーヴ支店が重要であった。ジュネーヴは16世紀前半からサヴォワ公の圧力を受けており、アウクスブルクからジュネーヴを経由しリヨンへと至る駅遁路線は長期間遮断されていた。この間、フッガー家の商社はマドリード支店への業務文書を、ヴェネツィア〜ローマ〜バルセロナの迂回経路などをもちいて送達させなければならなかった。フッガー通信には、この後1589年に勃発したジュネーヴとサヴォワ公の戦争についての記事も含まれている。ジュネーヴは当時ベルンの支配下に置かれており、サヴォワと交渉したのはベルンであった。1602年、サヴォワ公はジュネーヴへの奇襲攻撃（エスカラード＝梯子作戦）に失敗し、結局、ジュネーヴ支配を断念することになった。

フッガー通信には、スペイン、ネーデルラント、イギリス、フランスの覇権争いに関して、たとえば「ブリュッセル発・エグモント伯とホールン伯の処刑」、「アントウェルペン発・オランイェ公の暗殺」、「パリ発・フランスのユグノー」、「ハンブルク発・アルマダ（無敵艦隊）の最後」、「マドリード発・フェリペ2世の逝去」などの記事がある。このほか、東インド貿易に関する報告、南米ペルーにおけるインディオの暴動、日本におけるイエズス会の布教活動に関する記事なども含まれ、情報の発信地は世界各地にわたっている。

参考文献

① 菊池良生『ハプスブルク帝国の情報メディア革命——近代郵便制度の誕生』集英社、2008年。

② 渋谷聡「広域情報システムの展開とトゥルン・ウント・タクシス家——16、17世紀における帝国拡充を中心に」前川和也編著『コミュニケーションの社会史』ミネルヴァ書房、2001年、47〜72頁。

③ 栂香央里「近世におけるフッガー家とコミュニケーション——ハンス・フッガーの時代を中心として」『史艸』51号、2010年、42〜64頁。

④ ベーリンガー、ヴォルフガング（髙木葉子訳）『トゥルン・ウント・タクシス——その郵便と企業の歴史』三元社、2014年。

⑤ 諸田實『フッガー家の遺産』有斐閣、1989年。

⑥ 諸田實『フッガー家の時代』有斐閣、1998年。

⑦ Ehrenberg, Richard, *Das Zeitalter der Fugger. Geldkapital und Kreditverkehr im 16. Jahrhundert*, 2 Bde, Jena 1896.
フッガー研究の巨匠・経済史家のエーレンベルクによる古典的研究書。日本における「大塚史学」（経済史家の大塚久雄）に多大な影響を与えた。

⑧ Hübner, Klara, *Im Dienste ihrer Stadt. Boten- und Nachrichtenorganisationen in den schweizerisch- oberdeutschen Städten des späten Mittelalters*, Stuttgart 2012.
中世後期における飛脚と情報伝達の組織について、スイスを中心にボーデン湖畔の諸都市との関連にも触れつつ、分析された研究書。

改革思想を歌にのせて
活字と楽譜の伝達力

本間美奈

> 「深い淵の底から、主よ、あなたを呼びます。主よ、この声を聞き取ってください。嘆き祈るわたしの声に耳を傾けてください。」（詩篇第 130 歌）

1560 年代のベルギー。異端とされた改革派が、公開処刑に臨んで「詩篇歌」を歌うことが人々の関心を引いていた。上の詩篇第 130 歌は、そのような時とくに歌われたという。かたやジュネーヴの印刷業者ジャン・クレスパンは、同時代に 12 版も重ねた彼の『殉教者列伝』に、改革派の模範としてこうしたネーデルラントでの出来事を収めた。一般の人々に対して、「詩篇歌」の斉唱は改革派の信仰の強さを印象付けるものだった。このケーススタディでは、16 世紀に作られた「ジュネーヴ詩篇歌」が、どのようにしてヨーロッパ中の改革派の信仰を支える共有財産となったかを追ってみたい。

『ジュネーヴ詩篇歌』の成立

旧約聖書の詩篇はもともと歌うものとされており、カトリック教会において歌いつがれてきた。だがカルヴァンは、詩篇をそれまでのように聖職者がラテン語で歌う儀式的なスタイルではなく、一般信徒が自分たちにわかる言語で一緒に歌うことが重要だと考えた。16 世紀の 40 年代頃から、詩篇を母語で歌う試みは他所でも始まりつつあったが、その場合、その土地の人々がよく知っている歌の「替え歌」のスタイルをとることがあった。これならば楽譜の必要もないからである。だが、たとえばネーデルラントでは、こうした場合の原曲の歌詞は日常生活に題をとるもので、時に艶っぽく相当にあけすけであることもあった。1540 年に今日のベルギーのアントウェルペンで出版されたオランダ語詩篇歌『サウターリーデケンス』の編者は、「聖なる神の名がしばしば軽佻でくだらない歌によって汚され誤用されているので」、「若い人々にはそうした肉欲的な歌に代わって良いものを歌う機会を与え」「彼らが教化されるために」この詩篇歌をつくったと言っている（参考文献③ 60 頁）。

もとの歌詞のイメージが頭をよぎるのを心配してか、カルヴァンは替え歌に反

対だった。彼は、翻訳においても音楽においても、詩篇に相応しい品格を求めて新しい詩篇歌づくりを開始したのである。

カルヴァンらの働きかけで、1537年にはジュネーヴで詩篇歌を礼拝に取り込むことが求められていたが、翌年カルヴァンはこの都市を追われ、シュトラースブルクのフランス人教会で牧会に従事することになる。すでにシュトラースブルクの福音派教会では一般信徒がドイツ語詩篇歌を歌っており、カルヴァンはフランス人教会のために詩篇歌作成を急いだ。詩篇をフランス語訳する作業は、詩人クレマン・マロが担った。マロは当初、福音主義(宗教改革)に好意的だったフランス王室の詩人であるが、1534年の「檄文事件」(第6章参照)によりフランス王が改革派の弾圧に転じたことで亡命を余儀なくされていた。1539年シュトラースブルクで、マロとカルヴァンが訳した19点の詩篇に、ドイツ讃美歌やシュトラースブルクのドイツ語詩篇歌の曲(ダシュタインとグライターによる)がつけられて、フランス語詩篇歌 Aucuns Pseaumes et Cantiques mys en chant が出版された。これが『ジュネーヴ詩篇歌』の第一歩となった。一連のフランス語訳詩篇歌の作成については、ピドゥの研究に詳しい(参考文献⑥)。

1562年出版の『ジュネーヴ詩篇歌』

(出典) Clément Marot et Théodore de Bèze, *Les Psaumes en vers leurs mélodies*, Genève, 1986.

1541年にカルヴァンはジュネーヴに戻り、マロが去った後はテオドール・ド・ベーズが訳を引き継ぐ一方で、メロディーはダシュタインやグライターのものから、ギョーム・フランやルイ・ブルジョワが手掛けたものに代わり、よりフランス語に相応しい曲となった。詩篇150歌すべてが完成するのは1561年のことである。

これらは単旋律のメロディーで、楽器の伴奏はつかない。詩篇歌斉唱は神を讃えることが目的であり、多声によるハーモニーの美しさのみに心を奪われず、詩をはっきり発音するためと、カルヴァンは説明している。もっとも、詩篇歌は作曲家の創作意欲を刺激し、私的な集まりでの使用に限定してではあるが、各地で多声曲の版も数多く作られた。こうして完成した改革派教会のフランス語訳詩篇

『ジュネーヴ詩篇歌』の出版地（16世紀）

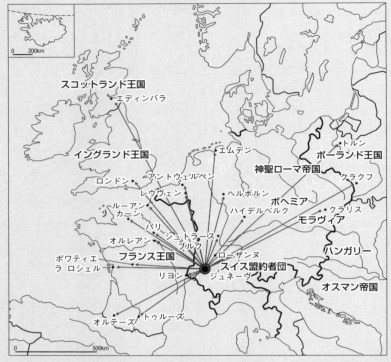

（出典）G.Duby (dir.), *Grand atlas historique: l' histoire du monde en 520 cartes*, Paris, 2001, p.70. をもとに作成。

歌は、じつに18世紀まで歌いつがれることになる。

出版と販売のネットワーク

　1550年代になると、各地に詩篇歌が広まり、カトリック教会に対する示威行動の際などに歌われていた。詩篇歌は都市当局や為政者に警戒され始める一方で、ジュネーヴ教会も反体制的な行動と詩篇歌が結びつくことを問題視していた。転機は1561年に訪れる。この頃、カトリックとプロテスタントの対話路線に傾いていたフランス王権は、ジュネーヴ改革派の願いを聞き入れて、リヨンの書籍商ヴァンサン家に認可するというかたちをとって、彼らに『ジュネーヴ詩篇歌』の

出版特許を与えたのである。ジュネーヴ教会は、「これらの詩篇がさまざまな訳で売られることを防止するために」「この版を唯一のものとして」普及させることを目指した（参考文献⑤ 419～420頁）。『ジュネーヴ詩篇歌』の出版は計画的かつ大規模に行なわれた。ジュネーヴに近いリヨンは、当時のフランスの2大出版地であると同時に、パリのように高等法院や大学神学部による介入を受けにくく、かなり自由な出版活動が行なわれていた。リヨンの出版業者には改革派シンパも多く、「大書籍商」ヴァンサン家のアントワンヌもその1人であった。彼はリヨンの印刷所を息子に任せて連絡をとりながら、自分はジュネーヴに移って詩篇歌出版の準備を始めた。ジュネーヴ教会にとって、彼の資金力とネットワークは頼もしい援軍であった。

　各国、多くはフランスから、信仰亡命者がジュネーヴにくるようになると、彼らのなかに出版業界者が多数いたことから、ジュネーヴはにわかに出版活動に適した都市となった。

　ヴァンサンはジュネーヴに資材を調達して印刷工房で詩篇歌を刷らせる手配をするだけでなく、リヨンやパリを中心に各地の印刷工房に仕事を依頼した。契約関係にはド・ベーズも関与し、パリの19名の出版業者との契約書には、出版業者は出版費用の8％を改革派教会に渡し、教会は利益を貧者のために使うと明記されている。ヴァンサンの契約相手は、ネーデルラントで最大手であるプランタン工房にも及んでおり、広い地域をターゲットとしていたことがわかる。こうして、『ジュネーヴ詩篇歌』は16世紀のベストセラーとなった。1550年代以降、フランス各地にジュネーヴから牧師が派遣されており、信仰の拠点が築かれ、信徒の数が増えていった。彼らユグノーは、迫害に耐える自分たちを励ますため、『ジュネーヴ詩篇歌』を旗印としたのである。

亡命者教会と『ジュネーヴ詩篇歌』

　『ジュネーヴ詩篇歌』の影響力は、フランス語圏に留まるものではなかった。1548年、皇帝カール5世はシュマルカルデン戦争の勝利によって、帝国法としてカトリック優位の「仮信条協定」を押しつけた。そのため、それまでプロテスタント諸派の調停に努めてきたシュトラースブルクのブツァーはロンドンに亡命した。イングランドでは、カンタベリー大司教トマス・クランマーが大陸のプロテスタントの受け入れを申し出ており、ブツァーをはじめ、ポーランド人ラスキ、

イタリア人オキーノ（ケーススタディ「異端者たちのアルプス越え」参照）など、高名な改革思想家が亡命してきていた。英国王エドワード６世は、フランス系とネーデルラント系の亡命者に彼らの教会の設立を許可した。彼らの教会では礼拝様式を整える必要が生じ、オランダ人教会ではベルギー地域ヘント出身のユーテンホーフェが、先述のアントウェルペンの『サウターリーデケンス』やシュトラースブルクのドイツ語版詩篇歌を参考にしながら、1551年にロンドンでオランダ語詩篇歌を出版した。

　興味深いのは、彼らのオランダ語詩篇歌が時間を経るにつれ、『ジュネーヴ詩篇歌』の訳と曲を採り入れていくことである。この傾向は、彼らネーデルラント亡命者教会が、カトリック女王メアリの即位によってイングランドを退去して大陸に戻ることを強いられ、受入れ地を求めて移動するうちに強まった。ついに彼ら亡命者教会はドイツのプファルツ選帝侯に受け入れられるが、この時ヘント出身のダテヌス訳のオランダ語訳詩篇歌がハイデルベルクで出版され、曲は『ジュネーヴ詩篇歌』と同じものとなった。

　のちにオランダ改革派教会は、オランダ語版はこのダテヌス訳、フランス語版は『ジュネーヴ詩篇歌』を公式版として採用することになる（参考文献⑦20頁「ヴェーゼル教会議事録」第31条）。つまり、歌詞はそれぞれの言語で歌われるが、メロディーは同じものになったのである。ネーデルラントは地域によってオランダ語とフランス語が使われており、彼らが同じメロディーの詩篇歌をもつことは、この地の改革派教会の伸長のために意義のあることであった。実際、禁じられた野外説教などの折りに、おのおのがわかる言語で詩篇歌が歌われたという。

　本拠地のジュネーヴでも、亡命者教会のために詩篇歌が作られはじめた。以下、主にヴェーダの研究に拠りながら概観してみたい（参考文献⑧）。

　イングランドではすでに1547年にトマス・スタンホールドによる英訳詩篇歌（19歌）が国王エドワード６世に献呈されており、1549年にはこれにジョン・ホプキンスが訳を加えたものが出版されていた。

　メアリ女王の登位によりジュネーヴへ亡命したイングランド人は、この英訳詩篇歌を携えており、ジュネーヴでの礼拝に合わせて改訂することになる。1556年、スコットランドのジョン・ノックスはこの亡命者教会の牧師となった。彼は、すでに51歌が訳されていたジュネーヴ詩篇歌をもとに、英訳詩篇歌にウィリアム・ウィッティンガムの訳を加えて51歌とし、ジュネーヴ詩篇歌のメロディーも

取り入れた。この英訳詩篇歌は、『教会の歌と祈りの形式』(*The Forme of Prayers and Ministration of the Sacraments, etc...*) にカルヴァンの教理問答書とともに収録され、同年 1556 年にクレスパン工房から出版された。1558 年、カトリックの女王メアリに代わってエリザベス 1 世が王位にのぼるとノックスは故国へ戻り、この英訳詩篇歌をもとにして協力者とともにスコットランド詩篇歌を成立させることになる。

　他方、ジュネーヴのイタリアからの亡命プロテスタントにも印刷業者がいた。最初のイタリア語訳詩篇歌は、1554 年にクレスパン工房から出版されたが、その後はイタリア人による詩篇歌の出版が続けられ、たとえばジャン・バッティスト・ピヌレルの工房によって 5 回も版を重ねている（参考文献④ 213 〜 214 頁）。イタリア地域ではとくに 16 世紀後半以降、禁書の出版が困難になっており、彼らは故国の改革者たちに向けて、ジュネーヴでこうした書籍を出版し販売した。

ドイツ語訳『ジュネーヴ詩篇歌』

　『ジュネーヴ詩篇歌』が広まるにつれ、これを直接、各国語に翻訳する試みも始まった。ふたたびヴェーダの調査に拠ってみたい（参考文献⑧）。

　ドイツ語訳はザクセン出身のロープヴァッサーによるもので、彼は 1550 年代に法学を学んでいたフランスのブールジュで、伸長しつつある改革派の詩篇歌斉唱に感銘をうけた。彼はドイツに戻るとジュネーヴ詩篇歌の完訳版を入手し、これを底本として 1565 年にハイデルベルクでドイツ語訳詩篇歌を出版した。

　ロープヴァッサーのドイツ語詩篇歌は、ドイツのプロテスタント地域で人気を博すと同時に、スイスドイツ語圏の改革派教会でも受け入れられたという。さらに、彼のドイツ語詩篇歌は、ボヘミアやハンガリーなど、東欧でのジュネーヴ詩篇歌の受容にも役立つことになる。ロープヴァッサーは、ドイツには教会での合唱の伝統があることを念頭に、多声の詩篇歌の作成にも取り組んだ。1564 年ジュネーヴ出版の、フランス人音楽家グーディメルによる四声の詩篇歌をもとに、ロープヴァッサーは念願の四声のドイツ語詩篇歌を 1573 年ハイデルベルクで出版した。ロープヴァッサーのドイツ語訳は、バーゼル大学の音楽教授サミュエル・マレシャルにも創作意欲を与え、ジュネーヴ詩篇歌のメロディーに乗せたドイツ語詩篇歌が作成され、1606 年に出版された。離れた地でこうしたことが可能となったのも、『ジュネーヴ詩篇歌』が量販されたこと、それらに楽譜が印刷され

たことによる。

おわりに

16世紀前半にはさまざまな場所で、詩篇を母語で歌う試みが始められていた。たとえば先に見た1540年アントウェルペン出版のオランダ語訳詩篇歌『サウターリーデケンス』の場合、すでにこの時点で詩篇すべて（150歌）が訳されており、替え歌のかたちで曲もついていた。だがカルヴァンのジュネーヴ改革派教会は、採用する訳や音楽、詩篇歌の使い方など細部についてヴィジョンをもって新しい詩篇歌を作ることを目指し、1537年から1561年までの長い時間をかけて、『ジュネーヴ詩篇歌』を完成させた。そしてこの詩篇歌の作成過程における幾多の関係者たちとの交流や出版活動を通じて、ジュネーヴ教会は、すでに各地に存在した特色ある詩篇歌を『ジュネーヴ詩篇歌』を規範とするものに置き換えていくことに成功した。同時に、言語の境界を越えて展開されるヨーロッパの出版業のあり方と、それを有効に利用した改革派教会の「普及力」にも思い至る。今後、さまざまな地域での『ジュネーヴ詩篇歌』の受容について調査が進めば、歌というメディアを使った改革思想の伝播の実態がより明らかになっていくだろう。『ジュネーヴ詩篇歌』は、各地の改革派の参照軸となったのであり、アルプス発の越境と交流の最良の事例のひとつといえよう。

参考文献

① 寺本まり子『詩篇の音楽 旧約聖書から生まれた音楽』音楽之友社、2004年。

② ミエ、オリヴィエ（和田光司訳）「ジャン・カルヴァン、クレマン・マロとユグノー詩篇歌」『関西学院大学社会学紀要』vol.82、1990年、39〜45頁。

③ Bruinsma, Henry. A., *The Souterliedekens and its Relation to Psalmody in the Netherlands*, Univ. Michigan, 1948.
1540年アントウェルペン出版のオランダ語詩篇歌『サウターリーデケンス』の訳文・メロディーを収めた貴重な研究。

④ Chaix, Paul, *Recherches sur l'imprimerie à Genève de 1550 à 1564. Etude bibliographique, économique et littéraire*, Genève, 1954.
ジュネーヴ出版業に関する第一人者の研究。当該期の出版業者の取引関係などもわかる。

⑤ Guillo, Laurent, *Les éditions musicals de la Renaissance Lyonnaise*, Paris, 1991.
ルネサンス期のリヨンはフランスにおける2大出版地だったが、本書はとくに音楽書の出版についての研究。

⑥ Pidoux, Pierre, *Le Psautier huguenot du XVIe siècle. Mélodies et documents*, 2ème vol:

Documents et bibliographie, Bâle, 1962.

「ジュネーヴ詩篇歌」（ユグノー詩篇歌）に関する詳細な研究書。史料集として価値が高い。

⑦ Rutgers, Frederik Lodewijk, *Acta van de Nederlandsche Synoden der zestiende eeuw*, Utrecht, 1889.

16世紀ネーデルラントの改革派教会に関する史料集。

⑧ Weeda, Robert, *Itinéraires du Psautier huguenot à la Renaissance*, Turnhout, 2009.

「ジュネーヴ詩篇歌」がヨーロッパ中で受容・作成された様子を広い視点から描写。

調和する不調和
ブルクハルトのヨーロッパ認識とスイス　　　　　森田　猛

ヨーロッパ世界の多様性

　　ヨーロッパ的なるものとは、記念碑、図像と言葉、制度や党派、個人にい
　たるまで、すべての諸力がみずからを表明していること。すべての面、方向
　に精神的なものの浸透がみられること、精神がみずからのなかにある一切の
　ものを痕跡として告げ知らせるようつとめ、オリエントにおけるように世界
　帝国や神政に黙々と従わないこと。近くにあれば不調和に聞こえるかもしれ
　ないが、ひとつの高くはるかなる立場――歴史家の立場はそうであるべきだ
　が――から聞けば、鐘の音が美しく和して響いてくる。調和する不調和。

　　　　　　　　　　　　　　　　　　　　　　（参考文献③ 192 ～ 193 頁）

　スイスの歴史家ブルクハルトは、バーゼル大学における講義「17・18 世紀の歴
史」序論（1869 年 5 月 4 日付）で、このように語っている。彼はヨーロッパの本質
を「調和する不調和」と言いあらわした。それは生き生きとした多様性のなかに
ヨーロッパの特質をみるものである。ここにおいて個は自由にその力を発揮し、
他との闘争を繰り返してきたが、その闘いは全体として、ひとつの緊張ある調和
的世界を構成するという。多様な個は人間精神を共有しているがゆえに、その自
由な発展は最高度に全体に奉仕するのである。
　ブルクハルトにとってヨーロッパとは、物質的には乏しい「岬と島々の切り立
った」土壌しかもたないが、「自由と多様性」（参考文献③ 193 頁）に恵まれた世界
であった。彼がこれと対比したものは、古代オリエントの世界帝国である。ペル
シャやアッシリアは豊饒な大地を領有し、その王宮は財宝に満ちていたが、それ
らの社会は強力な王権に隷属しており「ひとつの力、精神、調子」（参考文献③ 193
頁）しかもたなかったという。ヨーロッパにおいても、「政治的・宗教的・文化的
な強制による統一と均質化」（参考文献③ 195 頁）が訪れなかったわけではない。だ
が、この地には一元支配を許さない「救済者」がつねにあらわれた。スペインの
覇権に対してはオランダやイギリスが立ち上がり、ルイ 14 世の野望もついについ

え去った。ブルクハルトはその見地から、フランス革命前のいわゆる「旧制度（アンシャンレジーム）」期を、ヨーロッパ的なるものが最後の残照をみせた時代として再評価したのである。

このような認識を示したブルクハルトは、スイスのなかでもバーゼルに拠点をおく歴史家であった。この街は、ドイツ、フランスと国境を接する国際都市であり、アルプスの水路と峠道を通ってイタリアに旅人を導く交通の要地であるが、政治面ではカントン自治の伝統を重視し、連邦の中央集権化に抗する立場をとった。ここに開放性と保守性をあわせもつバーゼルの特性と、ブルクハルト思想との関連性をみることができる。彼はスイスの多様性を構成するカントンに、ヨーロッパ史の伝統、小国家の理念を看取したのであり、歴史家と

ブルクハルト（1860年頃、甥の画家エルンスト・ミュトゥケルベルクによる）

（出典）Burckhardt, J., *Briefe. Vollständige und kritische Ausgabe*, Bd. IV, Schwabe & Co. Verlag 1961, Titel (Abb. 1).

して古代ギリシアのポリスやルネサンス期イタリアのコムーネに特別な共感を抱いたのである」（参考文献① 212頁）。ブルクハルトは住民のできるだけ多くの部分が「完全な意味での市民」（参考文献② 63頁）であることができる小国家を自由な文化の基盤と考え、多数の小国家を許容してきた歴史的世界としてヨーロッパ史像を構築した。換言すれば、彼は多様性原理を通して、スイス保守主義の特殊な立場を普遍的なものへと架橋したといえるかもしれない。

ドイツ帝国とドイツ系スイス人

これらの言説が、教育という知的営為のなかで語られたものであり、特定の受益者たちに対する教育的配慮を含意していたことを見逃してはならない。講義の受講生であるバーゼル大学の学生は、バーゼル人を中心としたドイツ語圏のスイス人が大半を占めており、講義草稿に付された日付は、この言葉が普墺戦争（1866年）と普仏戦争（1870〜71年）の戦間期に発せられたことを示している。この時期、ドイツ系スイス人は、岐路に立たされていたといっても過言ではない。スイ

バーゼル大学（1860年以降）

（出典）Kaegi, W., *Jacob Burckhardt. Eine Biographie*, Bd. IV, Schwabe & Co. Verlag 1967, S. 88(Abb. 9).

スの今後をめぐる保守派と連邦派の対立は、周辺諸国の国民統合によって激化した。すでにアルプスの南ではイタリアが統一（1861年）され、アルプスの北、ドイツも普墺戦争によってプロイセンを中心とした統一に向けて大きく前進した。大国に四方を囲まれることになるスイスにおいて、中央集権化を望む声が高まる一方、ドイツ系住民においては大国化するドイツに対する帰属意識が増していった。とくに専門教育をドイツに依存する教養層にとって、この国は魅力ある存在であった。スイスとドイツの間に揺れ動くアイデンティティの危機のなかで、多元的小国家の伝統的あり方は、いっそう厳しく批判にさらされるようになったのである。

　このような状況下に語られた多様性のヨーロッパ像は、ドイツ系スイスの教養層にとっていかなる意味をもったであろうか。それはヨーロッパ史的観点からカントンの存在理由を再定義する一方、現今のナショナリズムに疑念をもつための論拠を与えたのではないだろうか。ブルクハルトによれば、この運動がめざす国民国家とは、エゴイズムの実現に有利な「近代史の主要形成物、大国家」（参考文献③77頁）の美名であり、その建設は、ヨーロッパを国民単位に分割しつつ国家内の均質化を推し進め、「調和する不調和」を根本から解体するものである。ヨーロッパ特有の価値、自由と多様性は、世界帝国や神政の貫徹を妨げる対抗要素でもあった。その消失は権力による人間支配をいっそう容易にするだろう。ブルク

ハルトはドイツ帝国創立後の 1872 年に「毎日、太鼓のすり打ちではじまり、おわる」全体主義的な日常生活の到来を予感したのである（参考文献④ 161 頁）。

19 世紀、国民国家礼賛が蔓延するなか、ブルクハルトは「調和する不調和」を説くことによって、大国ドイツへの自己同一化でもスイスの中央集権化でもない、第 3 の道の必要性をスイスの学生に指し示そうとした。その言葉は、EU 統合をみた現代、いっそう輝きを増している。

いずれにせよ、スイスの小都市バーゼルに生まれた歴史家ブルクハルトは、いうなればアルプスの高みからヨーロッパ全体を視野におさめ、最善の道を同郷の若い市民たちに、そしてすべての同時代人に示す役割を果たしていたといえるだろう。

参考文献
① ケーギ、W. 著（坂井直芳訳）『小国家の理念』中央公論社、1979 年。
② ブルクハルト、J. 著（新井靖一訳）『世界史的考察』筑摩書房、2009 年。
③ Burckhardt, Jacob, *Historische Fragmente*, K. F. Koehler Verlag 1957.
　 ブルクハルトの文化史講義草稿を抜粋し、編集刊行したもの。
④ Burckhardt, Jacob, *Briefe. Vollständige und kritische Ausgabe*, Bd. V, Schwabe & Co. Verlag 1963.
　 ブルクハルト全書簡集。詳細な注釈がついた原典批判版。

あとがき

　編者は福岡県に生まれ、その隣の佐賀県で育った。佐賀市内からは北に背振山、その西に天山がみえた。東西南北を瞬時にたしかめる方法を小学校で教えられた。道に迷っても、しばらく歩いて見晴らしのよい場所に出て、遠くに青い山脈をみつければ、行くべき方向はすぐにわかった。昔の旅人もそうしてきたはずである。山の向こうからやってくる旅人に越中富山の薬売りがいた。大きな柳行李を背負った行商人である。はるばる富山から、よくもこんなに遠くまできたものだ。富山の薬売りは、もちろん関東にも足をのばしていた。飛騨山脈つまり日本のアルプスを越えてくるのである。富山に薬を扱う商売が根づいたのは、16世紀以降、中国の薬種（漢方）が手に入るようになってからだという。越中富山は、海も山も越える広域的なネットワークのなかに位置していたのである。

　薬売りの話題をもちだしたのは、それが人間の日常生活に密接に関係するからである。本書の各章とケーススタディも、政治や経済、思想や宗教を扱っていても、また絵画（美術）を論じていても、その時代に生きた人間たちに注目する視点でまとめられている。本書の執筆者はみな研究者であり、難解な原典を読んで現地調査を行う専門家たちであるが、それぞれの関心は、アルプス世界の自然と文化に魅入られた経験や、アルプスおよびアルプスと接続する世界で展開した人間の営みに感動をおぼえ、また衝撃を受けた体験に根ざしている。それらの体験のなかには、本書を手にとる読者の体験と重なり合うものが必ずあるはずである。

　本書は、アルプスを軸として互いに交流するヨーロッパ諸地域に関心をもつすべての人のために編まれた入門書である。本書を研究者集団の独占物にしないささやかな試みとして、編者は本書の序章に福岡県の元小学校教師、大場和夫氏のスケッチを掲載させていただいた（10頁）。本書のカ

バーにも同氏の作品を用いている。大場氏はアルプスに抱かれた静かな村ソーリオを訪ね、たくさんの絵を描いてきた画伯である。その絵は、何百字の紙幅を費やすよりずっと豊かにアルプスの魅力を伝えている。編者はその絵に、この村のミクロヒストリアを添えることにした。本文に絵を添えることは幾度も経験してきたが、絵に文を添えるのはこれがはじめてである。ともあれ本書は、文字と図像の両方で成り立っている。ただし本書の扱う範囲はアルプス世界のすべてではない。論じきれなかったことはたくさんある。本書の読者たちがやがてそのつづきを書き、また描くことを願っている。

　なお本書の構想は、数年前まで昭和堂の編集部に勤務していた松尾有希子氏との対話のなかで生まれた。第1部と第2部の分けかたは松尾氏のアイディアによるものである。本書の担当を引き継いでくれた神戸真理子氏は、多様性の博物館のようなアルプス世界を扱う本書の刊行のために、何度も原稿を点検し、固有名詞の表記や用語（概念）の選択を含め、数々の有益な助言を執筆者たちに根気よく与え、各種の図表の活用を提案し、本書の完成度を格段に高めてくれた。おふたりの編集者に心から感謝したい。

　　2015年早春　荒船山の奇岩を望む山荘にて

踊　共二

● 事項索引 ●

あ

アインジーデルン　029, 125, 136, 138, 153

アウクスブルク　008, 041, 092, 101-102, 104-105, 122, 230, 238-242

アウクスブルク宗教平和令　146, 157

アジェンダ21　006

アナール学派　002, 004

アヌシー　161, 170

アムステルダム　092

アルピニズム　008, 071-074, 076, 089, 114

アルペンクラブ　073-074

糸車 Spinnrad　051-052, 056, 060

イニシアティブ Initiative　034

印刷業　127, 138, 149-150, 234-235, 244, 249

インターラーケン　073-074, 078

ヴァイラー（山村）Weiler　057

ヴァチカン Vatican　008, 106-109

ヴァリス（ヴァレー）　077, 079, 106, 114, 116, 127, 215

ヴァルド派　140, 144, 151-152, 159

ヴァンセンヌの啓示 L'illumination de Vincennes　161, 163, 166, 168, 176

ウィーン　019, 126, 132, 219, 242

ウィーン体制　044-046

ウィリアム・テル伝説　021-022, 030, 216

ヴィルフランシュ　091-092

ウェストファリア条約 Westfälischer Friede　040, 157

駅逓 Post　027, 240-242

エッツ渓谷　102

か

改革派 Reformierte　039, 042, 050, 065-066, 068-069, 094, 127, 129-130, 139, 141, 143-152, 154-157, 159, 244-251

カッペル戦争 Kappelerkrieg　039, 145-146, 148

カッペルの第二平和条約　146, 148, 157

貨狄尊者（かてきそんじゃ）　124

カトリック保守派　185-186, 189-190, 198-199

カルヴァン主義（カルヴィニズム）　160, 174-175

カロリング・ルネサンス　016

カントン　017, 020, 033, 046, 052, 130, 196, 198, 253-254

貴人 Edelleute　030

郷土愛　121, 129-133

九月一揆 Septemberputsch　111

グラウビュンデン　001, 006, 009-010, 016, 028, 077, 213, 219, 228- 229

グラン・サン・ベルナール峠　003,
　019
言語境界　015-017, 024
建国伝説（スイス）　021, 216
原初3邦（スイス）　020-021, 023-
　024, 027
交替休耕式農法 Egartenwirtschaft
　057, 061
コムーネ（イタリア）　031, 253
ゴルナーグラート鉄道　078, 115

さ

再洗礼派　125, 132, 157-158
サヴォワ（サヴォイア）　006, 018-019,
　042, 091, 140, 151, 205-206, 242
更紗　092, 094
山岳農民　006, 023, 025, 027, 030,
　115, 121, 126-129
ザンクト・ガレン　029, 091-092, 094,
　126-127, 132, 139, 152-153, 239
ザンクト・ガレン修道院　016, 134-135,
　148
ザンクト・ゴットハルト峠　021, 027,
　232, 239
三十年戦争 Dreißigjähriger Krieg
　039-041, 148, 151
サンチャゴ・デ・コンポステーラ　222
三圃制農法 Dreifelderwirtschaft　056-058,
　061, 063
ジェノヴァ　021, 090-092
市書記官 Stadtschreiber　111-112
自然 Natur　110
市民総会　025
ジャガイモ　061

シャンパーニュ年市　090-091
シュヴァーベン戦争　028, 036
周縁　001-002, 004-005, 011, 014,
　017, 020
自由主義急進派（フライジン）　189
自由民　022, 126
主権邦と従属邦（スイス）　028-029
手工業組合（ツンフト）
　ツンフト　097, 098, 099, 232
　手工業組合　097, 098, 099, 121
シュタウフェン家　017, 018, 021
ジュネーヴ　008, 016, 029, 051, 072-074,
　090-095, 137, 139-141, 143-145,
　149-152, 156, 159-160, 162, 164,
　170, 175, 192, 204-205, 216-219,
　225-226, 228-231, 240, 242, 244-
　251
ジュネーヴ詩篇歌 Psautier de Genève
　244-251
食糧管理局　102, 104
臣従民 Untertan　052, 111, 113
新プラトン主義　125, 132
シンプロン峠　091
森林書記　102, 104
スイス衛兵　008, 043, 106-109
スイス革命（ヘルヴェティア革命）
　028, 043, 111
スイス観光連盟　083
スイス社会民主党　189
スイス政府観光局　082
スイス第二信仰告白　145
スイスホテル協会　081, 117
スイス盟約者団　028-029, 037, 039-040,
　042, 049, 097, 138-139, 145, 147-148,
　151-152, 180, 232, 237

スイス傭兵 Reisläufer　036, 042, 046
スイス旅行公庫協同組合　085
スイス連邦鉄道　083
すべては善である Tout est bien　168,
　　170, 173
贅沢 Luxus　065-066, 068
占星術　125
村民集会 Landsgemeinde　025

た

ダヴォス　077, 080
タクシス家　239-240, 243
地球環境　006
地誌　129-131
地中海　001-002, 004, 008, 017, 019,
　　051, 090-091, 095, 121, 131, 238
チューリヒ・オーバーラント地方
　　Zürcher Oberland　051-052,
　　055-059, 061-063, 066-069
チロル地方　031, 101-102, 104-105,
　　126, 239-240
ツェルマット　008, 073, 077-079,
　　114-117
帝国代官区 Reichsvogtei　021, 024
ディジョン・アカデミー　161, 163, 165
テュヒラー Tüchler　052
テル、ウィリアム　021-022, 030, 124,
　　193-196, 216-217, 220
伝令と飛脚 Läufer, Bote　239-240, 243
ドイツ農民戦争　031
都市と農村 Stadt und Landschaft　111
都市文明史観　004
トリノ　019, 091-092, 124, 161, 170-171
ドルフ（村）Dorf　057-058

トレント公会議（1545-1563）　146
問屋 Verleger　051-052
問屋制家内工業 Verlagssystem, Verlag
　　System　051-052

な

ナショナリズム　008, 085-086, 130,
　　179-181, 183, 185-186, 188-189,
　　198, 200, 216, 254
ナント王令　094, 151
ニース　001, 019, 091
ヌシャテル　026, 029, 092, 094, 140,
　　141, 151, 152, 161
農奴　006, 022

は

バーゼル　008, 016, 025, 027-030, 044,
　　046, 092, 096-100, 121-122, 124-127,
　　129, 138-142, 146, 148-149, 152,
　　205, 218, 228, 230, 232-237, 239,
　　255
バーゼル大学　150, 232-237, 249,
　　252-254
バーゼル・ラント　098
ハイジ　008, 110-113, 196, 200
機織り機（Webstuhl）　052, 056
ハプスブルク（家）(Habsburg)　018-025,
　　027-030, 032, 036, 039, 041-042,
　　120, 129-130, 147, 240, 242
ハプスブルク城　030
バルヘント織　239
「瀕死のライオン像」(Löwendenkmal)
　　043, 046

フィーアヴァルトシュテッテ湖（四州湖）
　　026-027, 077, 216, 225
フィルメルゲン戦争（第一次 1656 年、
　　第二次 1712 年）　148
フィルス　102
フェルガー（Fergger）　052
普墺戦争　253-254
フッガー家　008, 101, 238-243
フッガー通信（Fuggerzeitungen）241-242
フラルツ・ハウス（Flarz-Haus）　063-064
フリブール（フライブルク）　025,
　　126, 140, 146-147, 153, 161, 223,
　　225-226, 239
ブルゴーニュ公家　017-018, 021
ブルゴーニュ戦争（Burgunderkriege）
　　025, 036
ブレンナー峠　090, 209, 238
プレアルプス　014
プロト工業化（Protoindustrialisierung）
　　050, 052, 069
ヘルヴェティア共和国（Helvetische
　　Republik）　043-044, 184-185,
　　188, 194
ヘルヴェティア協会　184, 194
ベルナーオーバーラント鉄道　078
「防衛軍事協定」（Defentional）　040-041
ボーデン湖　026, 128, 223, 239, 243
ホテルプラン協同組合　084, 089
ポン＝ド＝ボヴォワザン　092

ま

マジョーレ湖　026
貧しさ（Armut）　055, 068
マッターホルン　073, 077-078, 114-115

マリニャーノ　038, 220
マルセイユ　001, 008, 090-095, 131
ミストラル　001
ミラノ　016, 021, 036-037, 090, 147,
　　209, 218, 239-240
ミラノ公　018, 020, 024, 037, 121, 147
民間医療　126
無為（Müssiggang）　050, 065, 068
盟約者団 Eidgenossenschaft　025, 180
『盟約者団新聞』（Eidgenössische Zeitung）
　　111-112
名誉　008, 096-099
モン＝スニ峠　091
モンブラン　001, 073

や

薬草学　125
ユグノー　042, 094, 144, 151, 156,
　　160, 247
ユングフラウ鉄道　078

ら

ラスト（Rast）　060, 067-070
ラテン語学校　127
リギ鉄道　078
リュトリの草原　020, 189, 195
リヨン　091-095, 144, 161-162, 175,
　　242, 246-247, 250
ルツェルン　006, 019, 022-023, 026-027,
　　043, 074, 077, 113, 121-122, 128,
　　132, 139, 147, 153-154, 187, 223,
　　225-227, 239
レヴァント（貿易、産品）　091-092

レヒ川　　008, 101-105
レマン湖　　001, 019, 026, 072, 074,
　　　084, 094, 204, 211, 220, 223, 226
ローマ劫略　　106, 108
ロマンシュ語　　016

● 人名索引 ●

あ

アーメルバハ、ヨハネス
(Amerbach, Johannes 1440/45-1513)
235-236

アンダーソン、ベネディクト
(Anderson, Benedict 1936-)　181, 200

ヴァディアン、ヨアキム
(Vadian [von Watt], Joachim 1484-1551)
132-135, 139

ヴィッツ、コンラート
(Witz, Konrad ?-1445?)　202, 204-205,
215, 221

ヴィットーリオ・エマヌエーレ2世
(Vittorio Emanuele II 1820-1878)　019

ウィンパー、エドワード
(Whymper, Edward 1840-1911)　073,
114

ヴォルテール、フランソワ=マリー・アルーエ
(Voltaire, François-Marie Arouet 1694-1778)
164, 173

ヴォルフ、カスパー
(Wolf, Caspar 1735-1783)　215

エドワード6世
(Edward VI 1537-1553)　248

エラスムス、デジデリウス
(Erasmus, Desiderius 1466-1536)
120, 122, 124-125, 127, 138-139,
228, 235

エルヴェシウス、クロード=アドリアン
(Helvétius, Claude-Adrien 1715-1771)
164

オキーノ、ベルナルディーノ
(Ochino, Bernardino 1487-1564)
228-231, 248

オットー大帝
(Otto I. der Große 912- 973)　016

か

カール5世（Karl V 1500-1558)
106, 141, 144, 239, 247

カール大帝
(Karl der Große ca.747-814)　016

カズンズ父子　212-213

カズンズ、アレクサンダー
（Cozens, Alexander 1717-1786)

カズンズ、ジョン・ロバート
（Cozens, John Robert 1752-1797)

カラム、アレクサンドル
(Calame, Alexandre 1810-1864)
216-217, 219

カルヴァン、ジャン
(Calvin, Jean 1509-1564)
137-138, 140-141, 143, 149-150,
157-160, 173, 175, 228-231, 235,
244-245, 249-250

キケロ（Cicero B.C.106-B.C.43)
120, 127

クック、トーマス
(Cook, Thomas 1808-1892)　　075-076
グラレアヌス、ハインリヒ
(Glareanus, Heinrich 1488-1563)
　　129-133
クランマー、トマス
(Cranmer, Thomas 1489-1556)　　247
グレーベル、コンラート
(Grebel, Konrad 1498-1526)　　132
クレメンツ、ヨーゼフ・アントン
(Clemenz, Joseph Anton 1810-1872)
　　114
コーン、ハンス
(Kohn, Hans 1891-1971)　　183, 200

さ

ザイラー、アレクサンダー（初代）
(Seiler, Alexander 1819-1891)
　　079-080, 114-116
ザイラー、アレクサンダー（2代）
(Seiler, Alexander 1864-1920)
　　082, 117
ザイラー、フランツ
(Seiler, Franz, 1897-1966)　　117
ザイラー、ヘルマン
(Seiler, Hermann 1876-1961)　　117
シュピーリ、ベルンハルト
(Spyri, Bernhard 1821-1884)　　111-112
シュピーリ、ヨハンナ
(Spyri, Johanna 1827-1901)
　　111-113, 196, 200
ショイヒツァー、ヨハン・ヤーコプ
(Scheuchzer, Johann Jakob 1672-1733)
　　072, 193, 195

シラー、ヨハン・クリストフ・フリードリヒ・フォン
(Schiller, Johann Christoph Friedrich von 1759-1805)
　　193-194, 199, 217
スミス、アンソニー D.
(Smith, Anthony D. 1939-)　　183
セガンティーニ、ジョヴァンニ
(Segantini, Giovanni 1858-1899)
　　218-219, 221
ソシュール、オラス＝ベネディクト・ド
(Saussure, Horace-Bénédict de 1740-1799)
　　073, 211

た

ターナー、ジョゼフ・マロード・ウィリアム
(Turner, Joseph Mallord William 1775-1851)
　　210, 213, 214, 221
ダテヌス、ペトルス
(Dathenus, Petrus 1530/32-1588)　　248
ダンテ（Dante Alighieri 1265-1321)　　130
チェーリオ、エンリーコ
(Celio, Enrico 1889-1980)　　086
ツヴィングリ、フルドリヒ［ウルリヒ］
(Zwingli, Huldrych [Urlich] 1484-1531)
　　038, 065, 127, 132, 137-139,
　　141-143, 146, 155, 158-159
ディデー、フランソワ
(Diday, François 1802-1877)　　216-219
ディドロ、ドニ
(Diderot, Denis 1713-1784)　　163, 173, 177
テプフェール、ロドルフ
(Töpffer, Rodolphe 1799-1846)　　216, 221
デューラー、アルブレヒト
(Dürer, Albrecht 1471-1528)　　122-123,
　　209, 218

ドゥットヴァイラー、ゴットリープ
(Duttweiler, Gottlieb 1888-1962)　　084
ド・ベーズ、テオドール
(De Bèze, Théodore 1519-1605)
　　150, 245, 247
ドルバック、ポール＝アンリ・ティリー
(Holbach, Paul-Henri Thiry baron d'
　1723-1789)　　168, 173-174, 177

な

ナポレオン・ボナパルト
(Napoléon Bonaparte 1769-1821)
　　　009-010, 042, 044-045, 182
ノックス、ジョン
(Knox, John 1510-1572)　　151, 248-249

は

バーク、エドマンド
(Burke, Edmund 1729-1797)　　213
ハインリヒ7世
(Heinrich VII 1211-1242)　　021
ハラー、アルブレヒト・フォン
(Haller, Alprecht von 1708-1777)
　　072, 193, 199
パラケルスス
(Paracelsus [Theophrastus von Hohenheim]
ca.1493-1541)　　125-126, 135-136, 236
ピコ・デラ・ミランドラ、ジョヴァンニ
(Pico della Mirandola, Giovanni 1463-1494)
　　125
ヒューム、デイヴィッド
(Hume, David 1711-1776)　　160, 164
ビュフォン、ジョルジュ＝ルイ・ルクレール

(Buffon, Georges-Louis Leclerc, comte de
　1707-1788)　　168-169, 177
ヒルティ、カール (Hilty, Carl 1833-1909)
　　180, 188-189, 194, 199
ファン・エイク、ヤン
(Van Eyck, Jan 1395?-1441)　　203-204
フィチーノ、マルシリオ
(Ficino, Marsilio 1433-1499)　　125, 132
フィヒテ、ヨハン・ゴットリープ
(Fichite, Johann Gottlieb 1762-1814)
　　182-183
ブツァー、マルティン
(Bucer, Martin 1491-1551)　　143-144, 247
フッガー、ヤーコプ
(Fugger, Jakob 1459-1525)　　240-241
ブラウン、ルードルフ
(Braun, Rudolf　1930-2012)
　　　050, 060, 062, 064-066, 070
プラッター、トーマス
(Platter, Thomas 1499-1582)
　　127-129, 135, 236
フランソワ1世 (François I 1494-1547)
　　038, 106, 140, 210
ブラント、ゼバスチャン
(Brant, Sebastian 1457/58-1521)　　235
ブリューゲル、ピーテル
(Bruegel, Pieter ?-1569)　　209-210
ブリンガー、ハインリヒ
(Bullinger, Heinrich 1504-1575)
　　143-144, 229
ブルクハルト、ヤーコプ
(Burckhardt, Jacob 1818-1897)　　008,
　　252-255
プルタレス、ジャック＝ルイ
(Pourtalès, Jacques-Louis 1722-1814)

094
ブルンチュリ、ヨハン・カスパー
(Bluntschli, Johann Caspar 1808-1881)
194
フルンツベルク、ゲオルク・フォン
(Frundsberg, Georg von 1473-1528)
106, 109
ブローデル、フェルナン
(Braudel, Fernand 1902-1985)
002, 004, 011, 020
フローベン、ヨハネス
(Froben, Johannes 1460頃-1527)
235
フンツィカー、ヴァルター
(Hunziker, Walter 1899-1974)
084-085
ベール、ピエール
(Bayle, Pierre 1647-1706)　　173
ヘス、ルートヴィヒ
(Hess, Ludwig 1760-1800)　　215
ホドラー、フェルディナント
(Hodler, Ferdinand 1853-1918)
219-221
ホブズボウム、エリック
(Hobsbawm, Eric 1917-2012)　　181
ボルド、シャルル
(Bordes, Charles 1711-1781)
162, 165, 177
ホルバイン、ハンス
(Holbein, Hans [der Jüngere] ca.1497-1543)
122-123
ボロメオ、カルロ
(Borromeo, Carlo 1538-1584)　　147

ま

マキャヴェリ、ニッコロ
(Machiavelli, Niccolò 1469-1527)
120-121, 130, 135
マクシミリアン1世
(Maximilian I 1459-1519)
028-029, 036, 129-130, 132,
239-240
マヌエル［・ドイッチュ］、ニクラウス
(Niklaus Manuel [Deutsch]　1484-1530)
121, 123, 215
マロ、クレマン (Marot, Clément 1496-1544)
245, 250
マンテーニャ、アンドレア
(Mantegna, Andrea 1431-1506)　　122
ミケランジェロ、ブオナローティ
(Michelangelo Buonarroti 1475-1564)
107, 229
ミシュレ、ジュール
(Michelet, Jules 1798-1874)
004-005, 011
ミュンスター、ゼバスチャン
(Münster, Sebastian 1489-1552)　　236
メアリ女王 (Mary I 1516-1558)
144, 149, 248-249

や

ユベール、マリー
(Huber, Marie 1695-1753)　　175-177
ユリウス2世 (Julius II 1443-1513)
106

ら

ラーヴァター、ヨハン・カスパー
(Lavater, Johann Caspar 1741-1801)
043
ラウザーバーグ、フィリップ・ジェイムズ・ド
(Loutherbourg, Philip James de 1740-1812)
213-215
ラウバー、ヨーゼフ
(Lauber, Joseph 1787-1868)　114
ラファエロ、サンツィオ
(Raffaello Sanzio 1483-1520)　107
リッツ、セザール
(Ritz, César 1850-1918)　079-080
ルイ 11 世 (Louis XI 1423-1483)
090-091
ルイ 12 世（Louis XII 1462-1515)
036
ルイ 14 世（Louis XIV 1638-1715)
041, 151, 252

ルイ 16 世（Louis XVI 1754-1793)
043
ルソー、ジャン＝ジャック
(Rousseau, Jean-Jacques 1712-1778)
072, 160-178, 211
ルター、マルティン
(Luther, Martin 1483- 1546)　083,
127, 132, 137, 141, 143, 157, 158,
226, 228, 240,
ルドルフ 1 世（Rudolf I 1218-1291)
019
ルナン、エルネスト
(Renan, Ernest 1823-1892)
182-183, 200
ルポン、ジュール
(Repond, Jules 1853-1933)　107-109
レオナルド・ダ・ヴィンチ
(Leonardo da Vinci 1452-1519)
122, 202, 206-210, 215, 221

執筆者紹介 （執筆順）

踊　共二（おどり・ともじ）　序章・1章・5章・あとがき
　＊編者紹介は奥付に記載。

森田安一（もりた・やすかず）　2章
　所属：日本女子大学名誉教授。専門はスイス史、宗教改革史。
　主な業績：『スイス——歴史から現代へ（地域主義・直接民主政・武装中立）』（刀
水書房、1980年）、『スイス中世都市史研究』（山川出版社、1991年）、『物語　スイ
スの歴史』（中央公論新社、2000年）。

渡辺孝次（わたなべ・こうじ）　3章、ケーススタディ
　所属：松山大学経済学部准教授。専門は社会思想史。
　主な業績：『時計職人とマルクス』（同文舘、1994年）、「工業化、経済危機と社
会運動」（森田安一編『スイスの歴史と文化』刀水書房、1999年）。

森本慶太（もりもと・けいた）　4章、ケーススタディ
　所属：大阪大学ほか非常勤講師。専門はスイス近現代史、観光史。
　主な業績：「現代スイスにおけるソーシャル・ツーリズムの誕生——スイス旅行
公庫協同組合の設立（1939年）とその背景」（『旅の文化研究所研究報告』第21号、
2011年）、『パスポートの発明——監視・シティズンシップ・国家』（ジョン・トー
ビー著、共訳、法政大学出版局、2008年）、「紅の豚——「戦間期」の英雄」（藤川隆
男・後藤敦史編『アニメで読む世界史2』山川出版社、2015年）。

本間美奈（ほんま・みな）　6章、ケーススタディ
　所属：明治大学非常勤講師。専門は近世出版文化史。
　主な業績：「宗教改革期における出版業と改革派——福音主義者の「仏訳詩篇」
から改革派の『詩篇歌』へ」（『比較都市史研究』28-2号、2009年）、「16世紀低地
地方における仏訳詩篇歌出版と改革派教会」（『駿台史学』第140号、2010年）。

小林淑憲（こばやし・よしのり）　7章
　所属：北海学園大学経済学部教授。専門は西洋政治思想史。
　主な業績：「文芸共和国におけるスイス——ジュネーヴとその周辺」（踊共二・
岩井隆夫編『スイス史研究の新地平——都市・農村・国家』昭和堂、2011年）、「ルソー
——反時代的著述家の改革思想」（犬塚元責任編集『岩波講座　政治哲学2　啓蒙・
改革・革命』岩波書店、2014年）。

穐山洋子（あきやま・ようこ）　8章
　　所属：東京大学大学院総合文化研究科附属グローバル地域研究機構ドイツ・ヨーロッパ研究センター助教。専門はスイス近現代史。
　　主な業績：『中立国スイスとナチズム──第二次大戦と歴史認識』（共著、京都大学学術出版会、2010年）、「1893年のシェヒター禁止と19世紀後半スイスの文化的ネーション形成」（『現代史研究』第60号、2014年）、「19世紀スイスのユダヤ人──包摂と排除のはざまで」（『ユダヤ・イスラエル研究』第28号、2014年）。

岡村民夫（おかむら・たみお）　9章
　　所属：法政大学国際文化学部教授。専門は表象文化論。
　　主な業績：『旅するニーチェ　リゾートの哲学』（白水社、2004年）、『イーハトーブ温泉学』（みすず書房、2008年）、『柳田国男のスイス──渡欧体験と一国民俗学』（森話社、2013年）。

【ケーススタディ執筆者（執筆順）】

深沢克己（ふかさわ・かつみ）
　　所属：東京大学大学院人文社会系研究科教授。専門は近世フランス史・地中海史。
　　主な業績：『海港と文明──近世フランスの港町』（山川出版社、2002年）、『商人と更紗──近世フランス＝レヴァント貿易史研究』（東京大学出版会、2007年）、『ユーラシア諸宗教の関係史論──他者の受容、他者の排除』（編著、勉誠出版、2010年）、『友愛と秘密のヨーロッパ社会文化史──古代秘儀宗教からフリーメイソン団まで』（共編著、東京大学出版会、2010年）。

田中俊之（たなか・としゆき）
　　所属：金沢大学歴史言語文化学系教授。専門はスイス中世史。
　　主な業績：「15世紀北西スイスの都市・領主・農民──バーゼルの領域形成をめぐる権力関係」（踊共二・岩井隆夫編『スイス史研究の新地平──都市・農村・国家』昭和堂、2011年）、「15世紀後半バーゼル農村部におけるハプスブルク系在地貴族──未刊行史料の活字化と分析」（『金沢大学歴史言語文化学系論集［史学・考古学篇］』6、2014年）。

渡邉裕一（わたなべ・ゆういち）
　　所属：日本学術振興会特別研究員PD。専門は中近世ドイツ都市史、環境史。
　　主な業績：「貧民への木材供与──16世紀アウクスブルクの事例から」（『エクフラシス』第2号、2012年）、「木材、市場、規範設定──中近世アウクスブルクの事例から」（『比較都市史研究』第33巻第2号、2014年）、「帝国都市アウクスブルクの森林管理・行政」（『史観』第171冊、2014年）。

黒川祐子（くろかわ・ゆうこ）

所属：放送大学ほか非常勤講師。専門は西洋服飾史。

主な業績：「花嫁はなぜヴェールを被るのか」（増田美子編『花嫁はなぜ顔を隠すのか』悠書館、2010年）、『絵とたどるモードの歴史』（G. レーネルト著、翻訳、中央公論美術出版、2011年）。

猪刈由紀（いかり・ゆき）

所属：上智大学外国語学部、東洋大学文学部ほか非常勤講師。専門は中近世ヨーロッパ史。

主な業績：Das Wallfahrtswesen in Köln. Vom Spätmittelalter bis zur Aufklärung. SH-Verlag 2009,「中世都市ケルンと巡礼制度」（『比較都市史研究』28-2号、2009年）、「18世紀ケルン市参事会の政策に見る世俗化と宗派性の変容──巡礼援助と対プロテスタント政策を事例として」（『西洋史学』第245号、2012年）。

高津美和（たかつ・みわ）

所属：早稲田大学文学学術院非常勤講師。専門はイタリア・ルネサンス史。

主な業績：「16世紀ルッカの『異端者』と政治エリート──イタリアと宗教改革・人文主義」（森田安一編『ヨーロッパ宗教改革の連携と断絶』教文館、2009年）、「16世紀ルッカにおけるアオニオ・パレアリオの教育活動──近世イタリアの宗教的『共生』をめぐる一考察」（森原隆編『ヨーロッパ・「共生」の政治文化史』成文堂、2013年）。

佐藤るみ子（さとう・るみこ）

所属：上智大学、学習院大学非常勤講師。専門はスイス中世史。

主な業績：「スイスにおける製紙業の誕生──バーゼルの製紙業創始者たち」（森田安一編『スイスの歴史と文化』刀水書房、1999年）、「中世スイス都市の領域政策とツンフト──15世紀バーゼルの市民権獲得者リストを手がかりに」（踊共二・岩井隆夫編『スイス史研究の新地平──都市・農村・国家』昭和堂、2014年）。

栂　香央里（とが・かおり）

所属：日本女子大学文学部学術研究員・兼任講師。専門はドイツ中近世史。

主な業績：「宗教改革期アウクスブルクにおけるフッガー家──宗派的対立・寛容のはざまで」（森田安一編『ヨーロッパ宗教改革の連携と断絶』教文館、2009年）、「近世におけるフッガー家の情報ネットワーク──アウクスブルクの改暦紛争をめぐって」（『比較都市史研究』31-1号、2012年）、「近世におけるフッガー家のネットワーク──帝国（Adel）と都市（Patriziat）身分のはざまで」（博士論文、日本女子大学、2014年）。

森田　猛（もりた・たけし）

所属：兵庫教育大学大学院学校教育研究科准教授。専門はヨーロッパ史学史。

主な業績：「スイス人史家がみたヨーロッパ近代国家──ブルクハルトの講義を通して」（踊共二・岩井隆夫編『スイス史研究の新地平──都市・農村・国家』昭和堂、2011年）、『ブルクハルトの文化史学──市民教育から読み解く』（ミネルヴァ書房、2014年）。

■ 編者紹介 ■

踊 共二（おどり・ともじ）

武蔵大学人文学部教授。専門はスイス史、中近世ヨーロッパ史。
1960年、福岡県生まれ。早稲田大学第一文学部で西洋史を学び、1991年に同大学大学院文学研究科博士課程を満期退学。2002年に博士（文学・早稲田大学）の学位を取得。
主な業績に、『改宗と亡命の社会史——近世スイスにおける国家・共同体・個人』（創文社、2003年）、『ヨーロッパ読本 スイス』（共編著、河出書房新社、2007年）、『図説スイスの歴史』（河出書房新社、2011年）、『スイス史研究の新地平——都市・農村・国家』（共編著、昭和堂、2011年）、『中近世ヨーロッパの宗教と政治——キリスト教世界の統一性と多元性』（共編著、ミネルヴァ書房、2014年）などがある。

アルプス文化史——越境・交流・生成

2015年3月31日　初版第1刷発行

編　者　踊　共　二
発行者　齊藤万壽子

〒606-8224　京都市左京区北白川京大農学部前
発行所　株式会社　昭和堂
振替口座　01060-5-9347
TEL（075）706-8818／FAX（075）706-8878

© 2015　踊共二ほか

印刷　亜細亜印刷
装丁・本文デザイン　［TUNE］常松靖史

ISBN978-4-8122-1507-4
＊乱丁・落丁本はお取り替えいたします。
Printed in Japan

本書のコピー、スキャン、デジタル化等の無断複製は著作権法上での例外を除き禁じられています。本書を代行業者等の第三者に依頼してスキャンやデジタル化することは、たとえ個人や家庭内での利用でも著作権法違反です。

踊共二・岩井隆夫 編

スイス史研究の新地平
──都市・農村・国家

A5・上製・336 頁
本体 4,500 円＋税

　スイスは地域や共同体ごとに多様な歴史過程をもつ。中世盛期～現代を都市・農村・国家の風景という観点から明らかにする、新しいスイス史研究入門書。。第 1 部では、スイス史全体を概説し、第 2 部・第 3 部の各論では、多様なスイス像が展開される。

篠原琢・中澤達哉 編

ハプスブルク帝国政治文化史
──継承される正統性

A5・上製・256 頁
本体 4,000 円＋税

　多民族で構成されたハプスブルク帝国はいかにして存続できたのか。ハプスブルク家はいかに統治の正統性を得ていたのか。ハプスブルク帝国の政治文化から読み解く。

井野瀬久美惠 編

イギリス文化史

A5・並製・358 頁
本体 2,400 円＋税

　第 1 部は宗教・政治・労働など問い直す「制度と文化」、第 2 部でイギリスらしい（と思われる）「なぜ？」を問い直し、第 3 部は 20 世紀イギリスを文化の視点から見直す。制度と文化の関係、文化史の方法に配慮しながら、近代以降のイギリス文化史を考察。

若尾祐司・井上茂子 編

ドイツ文化史入門
──16 世紀から現代まで

A5・並製・344 頁
本体 2,800 円＋税

　身分制から階級社会への移行と高度技術化の中で、人々はどのように自らの生活世界を変えていったのか、人々の生活実感に即した叙述を基軸に置く。

亀井俊介 編

アメリカ文化史入門
──植民地時代から現代まで

A5・並製・328 頁
本体 2,800 円＋税

　17 世紀～今日までのアメリカの歴史と文化を概観したテキスト。メディア、フェミニズム、芸術、性などのキーワードを取り上げ、アメリカの文化像を浮き彫りにする。

昭和堂刊

昭和堂ホームページ　http://www.showado-kyoto.jp

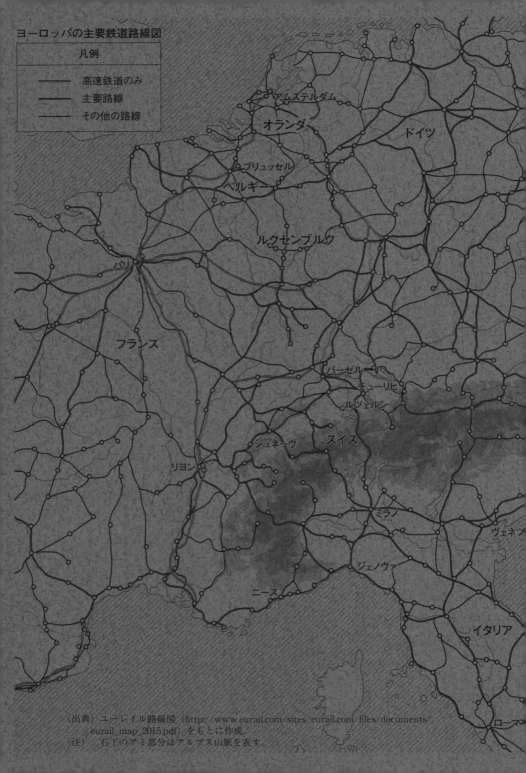